A

a, an *f* un; uno; una; **a flat** la bemol, **a sharp** la sostenido
aback detras
abandon abandonar; franqueza *f*
abandoned dejado
abase humillar *f*
abash avergonzar; confundir
abate rebajar; menguar
abattoir matadero *m*
abbess abadesa *f*
abbey abadía *f*
abbot abad *m*
abbreviate abreviar
abbreviation abreviación *f*
abdicate abdicar
abdication abdicación *f*
abdomen abdómen
abduct apartar; **-ion** abducción *f*
abet *va* estimular; **-ter** fautor *m*
abeyance suspensión
abhor detestar
abide habitar
ability habilidad; capacidad
abilities *pl* talento *m*
ablaze encendido
able capaz; hábil; poder
ably habilmente
abnormal irregular; disforme
aboard a bordo
abode habitación *f*; domicilio *m*
abominate abominar
abomination abominación *f*
abort abortar
abortion aborto
abortive abortivo
abound abundar
about alrededor; cerca de; por; en
above encima; sobre; más arriba; por encima
abreast de frente
abroad fuera; al exterior
abrupt abrupto; **-ness** precipitación *f*
abscess absceso *m*
absence ausencia; distracción *f*
absent ausente; distraido
absolute *a* absoluto
absolution absolución *f*
absorb absorber; **-ent** absorbente
absorption absorción; preocupacion *f*
abstain abstenerse
abstinence abstinencia
abstract abstracto; resumen; sumario *m* abstraer; **-ion** abstracción *f*
absurd *a* **-ity**; absurdo *m*
abundance copia *f*
abundant copioso
abuse abusar; injuriar; abuso *m*
abusive abusivo
abyss abismo *m*
academician académico *m*
academy academia *f*
accede *vn* acceder; asentir
accelerate *va* acelerar
acceleration aceleración *f*
accent acento *m*; **-uate** acentuar
accept aceptar; acoger; **-able** aceptable
acceptance aceptación *f*
access acceso, *m*
accessory accesorio; cómplice
accident *s* accidente *m*
acclaim aclamar
acclamation aclamacion *f*
accommodate acomodar; conformarse
accompany acompañar
accomplice confederado *m*
accomplish efectuar; **-ed** perfecto
accord acuerdo *m*; conceder; acordar; **-ing to** según; conforme; **-ingly** en conformidad
accost abordar
accouchement parto *m*
account cuenta; narrativa *f*; estimar; **- for** explicar; **on no -** de ninguna manera; **accountable** responsable; **accountant** contador *m*
accoutre equipar; **-ments** equipo
accrue resultar
accumulate acumular
accuracy exactitud *f*
accurate exacto
accusation acusación *f*
accuse acusar;
accustom habituar *n*; soler
ace as *m*; **- of spades**

ache mal *m*; doler
achieve ejecutar; **-ment** *s* hazaña *f*
acid ácido *m*
acknowledge reconocer; acusar
acknowledgment reconocimiento *m*
acme cima *f*
acorn bellota *f*
acoustic acústico
acquaintance amigo *m*
acquiesce consentir
acquire adquirir
acquisition adquisición *f*
acquit descargar; abacross de través
act acto *m*; jornada *f*; comedia; representar hacer; **-ing** gerente; **-or** actor; **-ress** actriz *f*
action acción; batalla *f*; proceso; *m*
active activo
activity actividad *f*
actuary *s* actuario *m*
actuate actuar
actinic *a* actínico
acute agudo
adage proverbio *m*
adamant diamante *m*
adapt adaptar; ajustar
add añadir; agregar; **- up** sumar
adder culebra; vibora *f*
addicted inclinado
addition adición; suma *f*
additional adicional
address memorial *m*, dirección *f*; hablar
adept hábil; adepto *m*
adequate adecuado
adhere adherirse
adhesion *s* adhesión *f*
adhesive plaster esparadrapo *m*
adjacent vecino
adjust ajustar
administer administrar
administration administración *f*
admiral almirante *m*
admiration *s* admiración
admire *va* admirar
admiringly *ad* con admiración
admit admitir; **-tance** admisión *f*;
ado dabarahun *f*; **without more -** sin mas ni menos
adolescence adolescencia *f*
adopt *a* adoptar; **-ion** adopción *f*
adore *va* adorar
adorn adornar; **-ment** adorno
adrift flotando; a la deriva
adulation adulación; lisonja *f*
adult adulto
adulterate adulterar
adulteration adulteración *f*
adulterer *s* **adulterous** adúltero
adultery adulterio *m*
advance avance *m*; avanzar
advancement adelantamiento *m*
advantage ventaja *f*
advent adviento *m*
adventure *s* aventura; aventurar
adventurous intrépido
adverb adverbio *m*
adversary adversario *m*
advert advertir
advertise anunciar; **-ment** aviso; anuncio *m*; **-r**
advertising avisador
advice consejo; aviso *m*
advisable conveniente
advise avisar
advisedly deliberadamente
advocate abogado *m*; recomendar
aerate aerear
aesthetics *s pl* estética *f*
afar lejos; de lejos; a lo lejos
affable afable; cortés
affair asunto; negocio *m*
affect afectar; modificar
affection *s* afección *f*; **-ate** *a* afectuoso
affidavit declaración (*f*) jurada
affiliate prohijar
affiliation adopción *f*
affinity afinidad *f*
affirm afirmar; declarar
affix juntar; anexar; afijo *m*
afflict afligir
affluent afluente
afford dar poder
affright terror *m*
affront injuria *f*; insultar
afire fuego
afloat flotante; a flote
afoot a pié

afore antes; primero
afraid timido; **be -** tener miedo; **be - of** temer
afresh de nuevo; otra vez
aft por la popa
after despues de; detrás de; según; **- all** en fin;
afterbirth secundinas *f pl*
aftermath retoño *m*
afternoon tarde *f*
afterwards en seguida; después
again otra vez; **- and -** en muchas veces
against contra; **- the grain** contrapelo
age edad; época *f*; **of -** mayor de edad; **under-** menor; **aged** viejo
agency agencia *f*; medio *m*
agent agente *m*
aggravate agravar
aggression agresión *f*
aggressive *a* agresivo
agile ágil; ligero;
agility agilidad *f*
agitate agitar; mover
agitation agitación *f*
ago, long **-** mucho tiempo ha; **some time -** hace algún tiempo; **how long -?** ¿cuanto ha?
agony agonía *f*
agree concordar; **- to** consentir; **-able** agradable; **-ably** conforme a; **-d** de acuerdo; **-ment** conveniq *m*
aground varado
ahead mas allá; por la proa
aid ayuda *f*; ayudar; socorrer
ail afligir; doler; **-ing** enfermizo
ailment *s* indisposición; dolencia *f*
aim mira; designio *m* intentar; apuntar
aimless sin objeto
air aire *m*; atmósfera *f*; semblante *m* airear; secar; aventar; **-gun** escopeta *f*; de viento; **-hole** respiradero *m*; **-pump** bomba *f* neumática; **-tight** hermético
airy aéreo; frívolo
aisle *s* ala *f* de un edificio; nave *f*
ajar entreabierto
akimbo en jarras
alarm alarma *f*; alarmar; **-bell** rebato *m*; **-clock** despertador *m*; **-ing** alarmante
albeit aunque
album album
albumen albúmina *f*
alcoholic alcohólico
alcove alcoba *f*
alert alerto; **-ness** vigilancia *f*
alias alias; nombre *m* supuesto
alibi coartada *f*
alien ajeno; extranjero *m*
alienate enajenar
alive vivo; viviente
alkaline alcalino
all todo; **- the better** tanto mejor; **- the same** todavia; **not at -** no por cierto; **- right** bien; **All-Souls day** *s* dia de las animas *m*
allay aliviar; calmar
allegation alegación *f*
allege alegar
allegiance lealtad *f*
allegorical *a* alegórico
allegory *s* alegoria *f*
alleviate aliviar
alleviation alivio *m*
alley callejuela *f*
alliance alianza; unión *f*
alligator caimán *m*
allocate asignar
allocation distribución *f*
allot asignar; **-ment** asignación *f*; repartimiento *m*
allow admitir; permitir; **-able** admisible; **-ance** permiso; salario *m*
allure halagar; atraer; **-ment** halago *m*; seducción *f*; **-ing** halagüeño
allusion alusión *f*
ally aliar; unir; aliado *m*
almond almendra *f*; **- tree** almendro *m*
almost casi; cerca de
aloft arriba; sobre; en alto
alone solo; solitario; solamente
along a lo largo; adelante; **- with** junto con
alongside al costado
aloof de lejos

aloud en alta voz
alphabet alfabeto; abecedario *m*
alphabetical *a* alfabético
already ya; todavía
also también; aún; igualmente
alter alterar; mudar; **-ation** alteración; mudanza *f*
alternate alterno; alternar
alternative alternativo; alternativa *f*
although aunque; obstante
altitude altitud; cima *f*
altogether enteramente; del todo
alway, always siempre
amass acumular
amateur aficionado *m*
amaze espantar; confundir
amazement *s* espanto *m*
amazing extraño
ambassador *s* embajador *m*
ambiguity ambigüedad *f*
ambiguous ambiguo
ambition ambición *f*
ambitious ambicioso
amble amblar
ambulance ambulancia *f*
amend *va* enmendar; *vn* enmendarse; restablecerse
amendment enmienda *f*
amends compensación *f*
amenity amenidad *f*
amiability *s* amabilidad *f*
amiable *a* amable
amicable amigable
amidst entre; en medio
amiss mal; vicioso
ammonia amoníaco *m*
ammunition munición *f*
among amongst entre; en; con
amorous amoroso
amount monto *m*; suma *f*; **- to** montar
ample amplio
amplify amplificar
amply ampliamente
amuse entretener; divertir
amusement diversión *f*
an, a un; uno; una
anemia anemia *f*;
anemic anémico
anesthetic *a* anestésico
analogous análogo
analogy analogía *f*
analyst analizador *m*
analysis análisis *m* & *f*
analyze analizar
anarchist anarquista *m*
anarchy *s* anarquía *f*
anathema *s* anatema *m* & *f*
anatomy anatomía *f*
ancestor antepasado *m*
ancestral hereditario
ancestry linaje *m*
anchor ancla; áncora *f*; ancorar; anclar; **-age** anclaje *m*
anchovy anchoa *f*
ancient antiguo; anciano; pabellón *f*
anecdote anécdota *f*
anew de nuevo
angel ángel *m*; **-ic** angelical; angélico
anger ira; cólera *f*; *va* provocar; enojar
angle ángulo; codo *m*
angle pescar con caña
angler pescador *m* de caña
angling arte *f*; de pescar con caña
angrily coléricamente
angry colérico
anguish ansia; pena *f*
animal animal *m*
animate viviente; animar
animated animado
animation animación *f*
animosity animosidad *f*
ankle tobillo *m*; del pie; maleolo *m*; **-t** tobillera *f*
annex, annexe anejo; anexo *m*; anejar; **-ation** anexión *f*
annihilate destruir
annihilation aniquilación *f*
anniversary aniversario *m*
announce anunciar; **-ment** anuncio *m*
annoy molestar; **-ance** molestia *f*
annual anual; anuario *m*
annul anular; **-ment** *s* anulación *f*
annumerate añadir al número anterior
annunciate anunciar
annunciation anunciación *f*

anoint untar; ungir; **–ment** unción *f*
anonymous anónimo
another otro
answer respuesta; refutación *f*; satisfacer; responder
answerable responsable
ant *s* hormiga *f*; **–eater** oso *m* hormiguero; **–hill** hormiguero *m*
antagonist antagonista *m*
Antarctic antártico
antecedent antecedente
antelope *s* antilope *m*
anterior anterior; precedente
anthem *s* antífona *f*
anthology antología
anthropology antropología *f*
antic grotesco
anticipate anticipar
anticipation anticipación *f*
antidote antidoto; contraveneno *m*;
antimony antimonio *m*
antipathy antipatía
antiquated anticuado
antique antiguo; antigualla *f*
antiquity antigüedad *f*
antiseptic antiséptico
antithesis antítesis *f*
anus ano *m*
anvil yunque *m*
anxiety ansia *f*
anxious ansioso
any cualquier; algún
anybody alguno; cualquiera
anyhow decualquier
anything algo
anywhere en cualquier parte
apart aparte
apartment apartamento *m*
apathetic apático
apathy apatía *f*
ape *s* mono *m*; imitar
aperture orificio *m*
apex ápice *m*; cima *f*
aphorism aforismo *m*
aphrodisiac afrodisíaco
apiece por persona
apish imitativo
apocalypse apocalípsis *f*
apologetic apologético
apologize defender; excusar; disculparse
apology *s* apología *f*
apoplectic apoplético
apoplexy apoplejía *f*
apostasy apostasía *f*
apostle apostol *m*
apostolic apostólico
apostrophe apóstrofo *m*
apostrophize apostrofar
apothecary farmacéutico
appall espantar; aterrar; **–ing** espantoso
apparatus aparato; trenvestir *m*
apparel traje; vestido *m*
apparent aparente
appeal apelación *f*, apelar
appear aparecer; **–ance** apariencia *f*
append colgar; **–age** dependencia; accesoria *f*
appendix apendice *m*
appetite apetito *m*
appetizing apetitoso
applaud aplaudir
applause aplauso *m*
apple manzana *f*; **– tree** manzano *m*
applicable aplicable
appliance aparato *m*
applicant postulante *m*
application aplicación *f*; uso *m*
apply aplicar
appoint señalar; nombrar; ordenar; decretar
appointment convenio *m*
appraise a valuar; estimar
appreciable appreciable
appreciate apreciar
appreciation aprecio *m*
apprehend aprehender
apprehension aprehensión *f*
apprehensive aprehensivo
apprentice aprendiz *m*
approach acceso *m*; avenida; acercar; aproximarse
appropriate apropiar *a*; conveniente
approval aprobación *f*
approve aprobar
approximate acercarse; proximo
apricot albaricoque *m*

April Abril *m*
apron delantal; mandil *m*
aquarium *s* acuario
aqueduct acueducto *m*
arbitrary arbitrario
arbitrate arbitrar
arbitration arbitramento *m*
arc arco *m*
arcade arcada *f*
arch arco *m*; *va* arquear
arch a juguetón
archaeologist arqueólogo *m*
archbishop arzobispo *m*
archduke archiduque *m*
archer arquero *m*
architect arquitecto *m*
architecture arquitectura
archives archivo *m*
archway abovedada
arctic ártico
ardent ardiente
arduous arduo; dificil
area área
argue disputar; discurrir
argument argumento
arid árido; seco
aristocracy aristocracia *f*
aristocrat aristócrata *m*; **–ic** aristocrático
arithmetic aritmetica *f*; **–al** aritmético; **–ian** artitmético *m*
ark arca *f*; corfe *m*
arm arma *f*; rama *f*; armar
armament armamento *m*
armchair silla *f* de brazos
armful brazado *m*
armhole sobaco *m*
arms armas *f*
army ejército *m*; tropas *f pl*
around en; cerca; alrededor
arouse despertar; animar
arraign citar; **–ment** acusación *f*
arrange colocar; **–ment** colocación *f*
array formación *f*; vestir
arrears atraso *m*; **in –** en retardo
arrest prisión *f*; arrestar
arrival *s* arribo *m*; llegada *f*
arrive *vn* llegar
arrogance arrogancia *f*
arrogant arrogante
arrow flecha; saeta *f*
arsenal *s* arsenal *m*
arsenic arsénico *m*
arson delito *(m)* de incendiar
art arte *m*
arterial arterial
artery arteria *f*
artful artificioso
arthritis artritis *f*
artichoke alcachofa *f*
artificial artificial
artist artista *m*; **–ic** artistico
artless sencillo; **–ness** sencillez *f*
as como; visto que; pues que; **– for**, **– to** en cuanto; **in – much** tanto; **– soon –** luego que; **– well** tambien; **– yet** hasta ahora
ascend ascender; subir
ascent subida; ascensión *f*
ash fresno (árbol)
ashen *a* hecho de fresno
ash cenicero *m*; **–pan** cenicero *m*; **Ash Wednesday** Miércoles *(m)* de ceniza
ashamed avergonzado
ashore varado; en tierra; a tierra
aside al lado; a parte
ask pedir; rogar
asleep dormido; **fall –** dormirse
asparagus espárrago *m*
aspect aspecto *m*
asphalt asfalto *m*
aspirant aspirante
aspirate aspirar; aspiración *f*
aspire aspirar; desear
ass asno; borrico *m*
assassin asesino *m*; **–ate** asesinar; matar; **–ation** asesinato *m*
assault asalto; ataque *m* asaltar
assay aquilatación *f*; ensayar
assemble *va* convocar; juntarse
assembly asamblea; reunión *f*
assent asenso *m*; **–** asentir consentir
assert sostener; **–ion** aserción *f*
assess tasar; **–ment** tasa *f*
assets capital *m*; activo *m*
assign asignar; cesionario
assimilate asimilar
assist asistir; **–ance** socorro *m*

associate socio *m*; asociar
association asociación; unión *f*
assume tomar; arrogarse
assuming arrogante
assumption presunción *f*
assurance aseguramiento *m*
assure afirmar
assuredly sin duda
asterisk asterisco *m*
astonish asombrar; pasmar; **–ment** asombro *m*
astray extraviado
astride a horcajadas
astrologer astrólogo *m*
astrology astrología *f*
astronomer astrónomo *m*
astronomy astronomía *f*
astute astuto
asylum asilo; refugio *m*
at a; en; **– all events** a todo trance; **– home** en casa; **at a lo menos**, **– least**, *ad* a lo menos; **– length** *ad* por fin; **– most** *ad* a lo más; **– once**, *ad* de un golpe; al instante
atheist ateista *m*
athlete atleta *m*
athletic atlético
atlantic atlántico
atlas átlas; atlante *m*
atmosphere atmósfera
atom átomo *m*; molécula
atrocious atroz; odioso
atrocity atrocidad *f*
attach prender; atar; **–ment** adherencia
attack ataque *m*; atacar
attain lograr; **–able** asequible; **–ment** adquisición *f*
attempt empresa *f*; atentado *m*
attend atender; acompañar; **–ance** atención *f*
attendant sirviente *m*
attention atención *f*
attentive atento
attest atestiguar; **–ation** atestación *f*
attire atavio; *m* adornar
attitude actitud; postura
attorney procurador *m*
attract atraer; inclinar
attraction atracción *f*
auction subasta *f*; **–eer** vendutero *m*
audible oible
audience audiencia *f*
audit *va* rematar; examinar
auditor oidor *m*
augment aumento *m*; **–** aumentar
august Agosto *m*; augusto
aunt tia *f*
auspicious propicio
author autor; escritor
authoritative autorizado
authority autoridad *f*
authorize autorizar
autograph autógrafo *m*
automatic automático
automaton autómata *m*
autumn otoño *m*; **–al** *a* otoñal
auxiliary auxiliar; **– s** auxiliador *m*
avail ventaja *f*; servir
available útil
avalanche avalancha *f*
avarice avaricia *f*
avaricious avaro
avenge vengar
avenue avenida *f*
average promedio *m*; avería *f* medio
aversion *s* aversión
avert desviar; apartar
avoid evitar; escapar
avow confesar; **–al** declaración *f*
awake despierto; despertar
award sentencia; adjudicar
aware cauto; **– of** saber
away ausente; lejos
awe miedo *m* infundir miedo
awful terrible; funésto
awhile poco; tiempo
awkward inculto
axis línea *(f)* central
axle, axle-tree eje *m* de una rueda
ay, aye sí

B

babble charla *f*
baby niño, *m*; nene *m & f*; muñeca *f*; **–ish** infantil; **– linen** envoltura *f*
bachelor soltero; célibe *m*

back dorso *m*; espalda *f*; **– bite** difamar; **–bone** espina *(f)* dorsal; **–door** puerta *(f)* trasera; **–gammon** chaquete *m*; tablas *f pl*; **–ground** fondo *m*; **– stairs** *pl* escalera *(f)* excusada; **–ward** pesado; lento; **–wards** atrás; al revês; **–water** remanso *m*; **–yard** patio *(m)* interior
bacon tocino *m*
bad mal; malsano; **–ly** mal; malamente; **–ness** maldad
bag saco; talego *m*
baggage bagaje *m*
bail fianza; caución *f* dar fianza
bait cebo *m*; **–** *va* cebar
bake cocer al horno; hornear; **–ry** panadería *f*; panadero *m*
balcony *s* balcón *m*
bald calvo; **–ness** calvicie; aridez *f*
bale bala *f* fardo *m*
balk frustrar
ball *s* bola; bala *f*; **– bearing** articulación de nuez; **–cock** flotador *m*
ballet ballet *m*
ballot balota *f*
bamboo bambú
ban bando *m*; proscribir
band venda; orquesta *f*; juntar; **–age** venda; **–box** *s* caja *(f)* de cartón; **–master** maestro *m* de capilla
bandit bandido; proscrito *m*
bandoleer bandolera *f*
bang golpe
bangle brazalete *m*
banish expeler; **–ment** destierro *m*
bank orilla *f*; banco *m*
banker banquero *m*
bankrupt fallido *m*; **become –** quebrar; **–cy** bancarrota
banner *s* bandera *f*
banquet banquete; banquetear
baptism bautismo *m*; **– al** bautísmal
baptize bautizar
bar barra *f*; mostrador *m*
barber barbero *m*
bare desnudo; raso; solo; **–faced** *a* descarado; **–footed** descalzo
barley apenas
bargain pacto; pactar
barge barca *f*
bargee barquero *m*
bark corteza *f*; ladrido *m*
barley cebada *f*
barn granja *f*; **–floor** era *f*
baron barón *m*; **–ess** baronesa *f*
barrack cuartel *m*; barraca *f*
barrel barril; embarrilar
barren árido; **–ness** *s* esterilidad *f*
barricade barricada *f* barrear
barrier *s* barrera *f*
base bajo; ilegítimo; base fondo *m* fundar; **–less** sin fondo; **–ment** basamento *m*
bashful tímido; **–ness** modestia *f*
basin aljofaina; bacia
basis base *f* fundamento *m*
basket cesta *f*
bass bajo *m*
baste apalear
bat racqueta *f*; murciélago *m*
batch hornada *f*
bate rebajar
bath baño *m*
bathe bañar
batten engordar
battery batería *f*
battle batalla *f*; combatir; **–axe** *s* hacha *(f)* de armas; **–dore** raqueta *f*
bawdy impúdico
bay bahía *f*; lauro *m*; **at –** en la extremidad; **– rum** agua *(f)* de laurel; **– tree** *s* laurel *m*
bazaar bazar *m*
be ser; estar
beach costa; playa *f* embarrancar
beacon fanal; faro *m*
bead cuenta *f*
beads *pl* rosario *m*
beagle sabueso *m*
beak pico *m*; punta *f*
beam viga *f* astil *m*; bao *m*; rayo *m*; brillar; radiar
bean haba; judía
bear oso *m*
bear llevar; sostener; sufrir; **–able** soportable
beard barba *f*; desaña; **–less** imberbe
beast bestia *f*; **–ly** bestial

beat golpe *m*; pulsación *f* golpear; batir; tocar vencer
beautiful bello; hermoso
beauty hermosura *f*
becalm calmar
because porque; a causa de
become volverse; hacerse convenir
becoming decente; justo
bed cama *f*; lecho *m*; cuadro *m*; **–clothes** colchas *f pl*; **–ding** ropa (*f*) de cama; **–ridden** postrado en cama; **–room** dormitorio *m*; **–stead** cama *f*
bee *s* abeja *f*; **–eater** abejaruco *m*; **–hive** colmena *f*; **–line** linea (*f*) recta; **–swax** cera *f*
beef buey *m*; vaca *f*; carne (*f*) de vaca *m*
beer cerveza *f*; **–house** ventorrillo *m*
beet acelga *f*; **–root** betarraga
befall suceder
before *pr* delante; enfrente; antes; ya; **–hand** de antemanio
beg rogar; suplicar; mendigar
beggar mendigo; **–ly** pobre
begin empezar; **–ner** novicio *m*; **–ning** origen *m*
begrudge envidiar
behalf favor; patrocinio
behave *vn* conducirse
behavior conducta *f*
behind detrás; tras; al revés; por detrás; **– time** astrasado; **–hand** con atraso
behold mirar; ver
being ente *m*; existencia *f*; persona
belated transnochado
belch eructo *m*
belief fé; creencia *f*
believable creible
believe creer; **–r** creyente fiel *m*
bell campana; campanilla *f*; **–metal** bronce (*m*); **–ringer** campanero *m*
belligerent beligerante
bellow mugir; **–ing** bramido *m*
bellows fuelle *m*
belly vientre *m*; barriga; comba *f*; **–band** cincha *f*
belong pertenecer; tocar a; **–ings** bienes; parientes
beloved amado
below debajo; abajo; bajo
belt *s* cinto *m*; íaja *f*; **–ing** *s* correaje *m*
bench banco *m*; tribunal (*m*) de justicia; caballete *m*
bend comba; plegar; encorvarse
beneath bajo; abajo
benediction bendicion *f*
beneficent benéfico
beneficial beneficioso
benefit beneficio
benevolence benevolencia *f*
bent encorvado
bequeath legar
bequest legado
bereave despojar; **–ment** despojo *m*
berry grano
berth puesto; hamaca *f*
beseech suplicar
beseem convenir
beset importunar; **–ting** habitual
beside cerca; al lado de
besides excepto; sobre además; aún
besiege bloquear
besmear ensuciar
best mejor; lo mejor *m* más bien
bet apuesta *f*; apostar
betray vender; **–al** traición *f*
betroth desposar; **–al** esponsales *m pl*
better *a* mejor; superior; más; mejor; mejorar; **–ment** mejoría *f*
between entre; en medio de; **– whiles** a ratos
beverage bebida *f*
bewail deplorar
beware guardarse; recatarse
bewilder descaminar
bewitch encantar
beyond más allá; alléndе; lejos; a lo lejos
bias sesgo *m*
bib babero *m*
bible biblia *f*
biblical biblico
bibliographer bibliógrafo *m*
bibliography bibliografia *f*
bibliophile bibliófilo *m*
bicarbonate bicarbonato
bicker reñir; disputar
bicycle biciclo *m*
bicyclist biciclista *m*
bid postura; puja *f* convidar; **–ding** orden
bide esperar; residir
biennial bienal
bier féretro; carro (*m*) mortuorio
big grande; encinto
bigot santurrón; **–ry** santurronería *f*
bile bilis *f*; cólera *f*
bilge pantoque *m*
bilingual bilingüe
bill pico *m* (de ave); cuenta; factura *f*; pagaré; cartel *m*; proyecto (*m*) de ley; **– of entry** registro *m*; **– of exchange** letra (*f*) de cambio; **– of fare** lista (*f*) de platos; **– of health** patente (*m*) de sanidad; **– of lading** conocimiento *m*; **– of sale** documento (*m*) de venta; **– payable** vale (*m*.) a pagar
billiards billar *m*
billion billón *m*
bind atar; ceñir; encuadernar; encuadernador *m*; **– ing** astringente
biograher biógrafo *m*
biography biografía *f*
biologist biólogo *m*
biology biologia *f*
bird pájaro *m*; **– cage** jáula *f*; **– call** reclamo *m*; **– lime** liga *f*
birth nacimiento *m*; **–day** cumpleaños *m*; **–right** primogenitura *f*
biscuit bizcocho *m*
bishop obispo *m*
bit bocado; pedazo *m*; brida *f*
bitch perra *f*
bite mordedura *f* morder; **–r** mordedor *m*
biting mordiente; mordaz; corrosivo
bitter amargo; **–ness** amargura *f*
bizarre fantástico
black negro; oscuro; sable; **–en** ennegrecer; **– beetle** escarabajo *m*; **–berry** zarzamora; **–bird** merla *f*; mirlo *m*; **–board** pizzara *f*; **– currant** grosella (*f*) negra; **–guard** picaro *m*; **–ing** betún *m*; **– lead** lápiz de plomo *m*; **– leg** bribón *m*; **–ness** negrura *f*; **–pudding** morcilla *f*; **–smith** herrero *m*; **–thorn** endrino *m*
blade brizna *f*; tallo *m*; pala *f*
blame censura; culpa *f* reprobar; **–less** *a* irreprensible; **–worthy** *a* reprensible
bland blando; **–ness** suavidad *f*
blandishment halago *m*
blank blanco; **– cartridge** cartucho (*m*) sin bola
blanket manta *f*
blare trompetear
blaspheme blasfemar
blasphemer, **blasphemous** blasfemo
blasphemy blasfemia *f*
blatant ruidoso
blaze llama; flamear
bleach blanquear
bleak breca *f*; frio
bleed sangrar; **–ing** sangria *f*
blend mezcla *f*; mezclar
bless bendecir; **–ing** bendición *f*
blind ciego; oscuro velo *m*; celosía *f*; cegar; cubrir; ofuscar; **–fold** vendar los ojos; **– man's buff** gallina (*f*) ciega; **–ness** ceguedad *f*
bliss felicidad *f*; **–ful** feliz
blister vejiga *f*; ampollarse
blithe alegre
block bloque; tajo *m*; manzana *f*; bloquear
blond rubio
blood sangre; linaje *m* ensangrentar; **–hound** sabueso *m*; **–less** *a* exangüe; **–shed** derramamiento (*m*) de sangre; **–shot** *a* ensangrentado; **–thirsty** sanguinario; **– vessel** *s* vena *f*; **–y** sangriento
bloom flor *f* florecer
blot borrón *m*; tachar
blotch roncha *f*; **–y** manchado
blouse blusa *f*
blow golpe *m*: soplar; **– away** disipar; **–up** hacer saltar *f*; **–fly** coronida *f*; **–hole** respiradero *m*; **–pipe** soplete *m*
blubber esperma *f*
blue azul; **–** *va* azular; **–eyed** *a* ojizarco
bluff rudo; confundir
blunder disparate *m* disparatar; **–buss** trabuco *m*
blunt obtuso; embotar
bluntness rudeza *f*
blush rubor; sonrojo *m*
bluster jactancia *f*
boa boa *f*
board tabla *f*; pensión *f*; alimento; cartón; abordar; entablar; alimentar; **–er** pensionista *m*; **boardinghouse** posada *f*; **– school** pupilaje *m*
boast jactancia; jactarse; **–er** fanfarrón *m*; **–ful** jactancioso
boat bote *m* barca *f*
bob borla *f* bambolear
bode presagiar
bodice corpiño *m*
bodily corpóreo enteramente
body cuerpo; individuo; **–guard** guardia *f*; de corps
boggle titubear
boil furúnculo *m*; bullir; **–er** marmita *f* caldero *m*
boisterous borrascoso
bold audaz
boldness intrepidez *f*
bolt cerrojo; pestillo cribar; esquivarse
bomb bomba *f*
bombardment *m* bombardeo
bond ligadura *f*; vale *m*
bondage cautiverio *m*
bondsman esclavo *m*
bone hueso *m*; espina; barba *f* (de ballena) *va* deosar; emballenar; **boneless** *a* pulposo
bonnet bonete *m*
bonus sobreprecio *m*
book libro *m*; registrar; **–case** *s* armario (*m*) de libros; **–ing office** *s* despacho (*m*) de pasajes; **–keeping** *s* teneduira (*f*) de libros; **–marker** marcador *m*; **–seller** librero *m*; **–shelf** estante *m*; **–shop** libreria *f*; **–stall** puesto (*m*) de libros; **– stand** tablillas *f pl*; **–worm** estudiante *m*
boom botalón; estribo
boon favorable; regalo;favor *m*
boor patán *m*
boot *s* bota *f*; toademás; **–hook** tirabotas *m*; **–jack** sacabotas *m*; **–maker** zapatero; **boots** limpiabotas*m*
booth cabaña *f*
booze emborracharse
border orilla *f*; borde *m*; confinar
bore taladro; calibre; majadero *m*; taladrar; molestar; **–dom** enfado *m*
boring perforación *f*; barreno *m*
born nacido
borrow tomar fiado
bosom seno *m*
boss clavo *m*; joroba *f*
botany botánica *f*
botch remiendo *m*
both ambos
bother embarazo *m*; molestar
bottle botella *f*; embotellar
bottom fondo; base; **–less** insondable
bounce salto *m*; jactarse
bound salto *m*; brinco *m*; obligado; confinar; saltar; **–ary** limite *m*; **–less** ilimitado
bountiful generoso
bounty generosidad *f*
bouquet ramillete *m*
bout vez *f*; orgía *f*
bow cortesía *f*; arco; proa *f*; encorvar; saludar; **–legged** patizambo; **–line** bolma *f*; **–man** arquero *m*
bowel intestino *m*
bowl taza; bola *f*; hornillo *m*; bolear
box *s* caja *f*; palco *m*;pescante *m*; boj *m* (árbol)
boy muchacho *m* **–ish** *a* pueril
boycott boycotar
brace lazo; par *m*; pareja *f*
bracelet brazalete *m*
bracing astringente
bracket repisa *f*
brag jactarse; **–gart** fanfarrón *m*
braid lazo *m*; trenzar
brain cerebro *m*
brake freno *m*
branch rama *f*; sucursal *m*; ramal *m*; ramificarse
brand tizón *m*; marca *f*
brandy coñac *m*
brass latón *m*
bravado bravata *f*
brave *a* valiente; bravonel *m*; desafiar; **– ry** valentia *f*
brawl alboroto *m*
breach rotura; brecha *f*
bread pan *m*
breadth anchura *f*
break rotura; pausa *f*; romper; interrumpir; **– down** destruir; faltar; **–up** dispersarse; **– of day** aurora; **–able** frágil; **–age** fractura; rotura *f*; **–down** falta *f* **–ers** embates *m*; *pl* **–fast** desayuno *m*; **–water** tajamar *m*
breast pecho *m*; **–bone** esternón *m*
breath aliento *m*; soplo *m*; **–less** desalentado
breathe alentar;
breech trasero *m*; culata *f*; **–es** calzones *m pl*
breed casta; raza; progenie; educar; parir; **–er** productor
breeze brisa *f*
breezy ventoso
brew mezcla *f*; destilar; fermentar; cervecero *m*; **–ery** cervecería *f*
brick ladrillo *m*; *va* enladrillar; **–layer** alhañil *m*
bridal nupcial
bride novia *f*; **–groom** novio *m*; **–smaid** madrina (*f*) de boda
bridge puente *m*
bridle brida *f*; embridar
brief breve; corto
bright claro; brillante; **–en** pulimentar; brillar
brightness lustre *m*
brilliant brillante
brim borde *m*
bring llevar; traer; conducir; **– about** efectuar; **– forth** producir; **– up** educar
brink orilla *f*; margen; borde *m*
brisk vivo
broad ancho; **in – daylight** en medio del dia; **–cast** al vuelo; **–side** costado *m*; **–sword** mandoble *m*
broccoli brócoli *m* roil tumulto *m*
broken roto; quebrado; **–hearted** abatido
broker corredor *m*
bronze *s* bronce *m*
brooch borche *m*
brook arroyo *m*; tolerar
broom escoba *f*
broth caldo *m*
brothel burdel *m*
brother hermano *m*; **–in-law** cuñado; **–hood** hermandad *f*
brow ceja; frente
brown bruno; moreno; **– paper** papel de estraza
browse pacer
bruise contusión; magulladura
brush *s* cepillo *m*; cepillar; **–wood** rusca
brusque brusco; **–ness** groseria *f*
brutal brutal; **–ity** brutalidad *f*
brute bruto *m*
bubble ampolla; Lullir
bucket cubo
buckle hebilla *f*; hebiflar
bud botón *m*; *va* ingerir
budge moverse
budget presupuesto *m*
buff ante *m*
buffalo búfalo *m*
buffer resorte *m*; acolchado
buffet bofetada *m*
bugle cañutillo *m*
build edificar; construir; **–er** alarife *m*; **–ing** fábrica *f*; edificio *m*
bulb bulbo *m*; cebolla *f*
bulk *s* masa *f*; **–head** propao *m*; **–** grueso
bull *s* toro *m*; bula *f*; **–dog** perro (*m*) de presa; **– fight** corrida (*f*) de toros; **–fighter** *s* torero *m*; **–finch** pinzón (*m*) real; **–'s eye** centro (*m*) de blanco
bullet bala (*f*)
bully matòn *m*; fanfarronear
bump hinchazón; bollo *m*; estallar; **–er** copa (*f*) llena; **–kin** *s* patán; **–tious** presumido

bun buñuelo *m*
bunch comba *f*; racimo *m*
bundle paquete *m*
bunk tarima *f*; **–er** arcón *m*
burden fardo *m*; cargar
bureau oficina *f*
burglar ladrón; **–y** robo en una casa
burial entierro *m*
burn quemadura *f*; **–er** mechero *m*; **–ing** ardiente
burst revetón *m*; brotar
bury enterrar
bus *s* ómnibus *m*
bush arbusto *m*
bushel medida (*f*) de áridos (= 36.347 litros)
business asunto *m*; ocupación *f*
bust busto *m*; estátua *f*
busy ocupado; **–body** entremetido *m*
but excepto; menos; pero
butcher carnicero *m*; degollar; matar
butler despensero; sumiller *m*
butt terrero *m*; culata *f*; topetar
butter manteca *f*; untar
buttercup botón (*m*) de oro
butterfly mariposa *f*
buttermilk suero (*m*) de manteca
button botón *m*; abotonar; **–hole** ojal *m*; **–hook** abotonador *m*
buxom rollizo
buy comprar; comprador *m*
buzz zumbido *m*; zumbar
by por; de; cerca; allí; **– all means** cueste lo que cueste; **– and** – de aquí a poco; **– the** – de paso; **– day** de día; **– chance** acaso **– degrees** poco a poco, **– no means** *ad* de ningúnmodo; **– retail** por menudo; **–gone** pasado; **by–law** ley (*f*) particular; **–path** atajo *m*; **–stander** mirador *m*; **–way** camino (*m*) desviado; **–word** dicho

C

cab simón; cabriolé *m*; **–man** cochero (*m*) de cabriolé; **–stand** estación *f*
cabbage col *m*
cabin cabaña *f*
cabinet gabinete
cable cable *m*; cablear
cablegram cablegrama *m*
cackle cacareo *m*; cacarear
cactus cacto *m*
cadaverous cadavérico
cadence, cadenza cadencia *f*
cadent *a* cadente
cadet cadete *m*
caffeine cafeina *f*
cajole lisonjear
cake torta *f*; pastel *m*
calculate calcular
calculating astuto
calculation calculación *f*
calculus cálculo *m*
calendar calendario; almanaque *m*
calf ternero *m*; **–skin** becerrillo *m*
call llamada *f*; visita; empleo *m* llamar; citar; gritar; **– out** clamar; **– to the bar** declarar abogado; **– upon** visitar; **–er** llamador *m*; visita *f*; **–ing** profesión *f*; empleo *m*
callous calloso
calm sereno; calma
calvary calvario *m*
calve parir
camel camello *m*
camelopard jirafa *f*
camera cámara *f*
camlet camelote *m*
camp campo *m*; acampar
campaign campona *f*; **–er** veterano *m*
can jarro *m*; poder
canal canal *m*
canary canario *m*; **– seed** alpiste *m*
cancel cancelar; borrar; anular
cancer cáncer *m*; **–ous** canceroso
candid cándido; franco
candidate candidato
candidature candidatura *f*
candle vela; candela; **–maker** velero *m*; **–mas** candelaria *f*; **–stick** candelero *m*
candy caramelo *m*; confitar
canine canino; **– teeth** colmillos *m pl*
canister canistillo *m*
cannibal caníbal
cannon cañón *m*; **–shot** cañonazo *m*
canoe canoa *f*
canon canón *m*; canónigo *m*; **–ize** canonizar
canopy dosel; baldaquino *m*
canteen cantina *f*
canter medio galope *m*
canvas cañamazo
canvass solicitación *f*; escudriñar
cap gorra *f*; cápsula *f*
cap-a-pie de punta en blanco
capable capaz
capacity capacidad *f*
capacious *a* capacioso
cape cabo; promontorio
capital capitel *m*; **–letter** mayúscula *f*
capitol capitolio *m*
capitulate capitulatar
capitulation capitulación
caprice capricho *m*
capricious caprichoso
capsize zozobrar
captain capitán
captivate encantar
captive cautivo *m*
captivity cautiverio *m*
captor apresador *m*
capture captura; apresar
car carreta *f*; wagón *m*
caramel caramelo *m*
caravan caravana *f*
carbon carbón; carbono *m*; **–ate** carbonato; **–ic** carbónico
carcass cadáver *m*
card carta *f*; tarjeta; *f* cardar; **–board** cartón *m*; **– case** tarjetero *m*; **– sharper** estafador *m*
cardiac cardiaco
cardinal cardinal; cardenal *m*
care cuidado *m*; **– of** a la casa de; **–ful** cuidadoso; **–less** descuidado; **–lessness** *s* negligencia *f*; **take –** tener cuidado
career carrera *f*
caress carícia *f*; acariciar
cargo carga *f*
caricature caricatura *f*; ridiculizar
carnation clavel *m*
carnival carnaval *m*
carnivorous carnívoro
carol villancico *m*
carpenter carpintero *m*
carpentry carpintería *f*
carpet alfombra *f*; tapiz *m*; **–bag** *s* saco (*m*) de noche
carriage carro; carroza *f*; conducta *f*
carrier arriero *m*
carrier-pigeon paloma (*f*) correa
carrot *s* zanahoria *f*
carry llevar; traer; **– on** mantener; **– out** ejecutar
cart carro *m*; carreta *f* carretear; **–age** carretaje *m*;**–er** carretero *m*
cartload carretada *f*
carte-blanche carta (*f*) blanca
cartographer cartógrafo
carve *va* tallar; trinchar; **–r** trinchante *m*
cascade cascada *f*
case caja *f*; estuche; caso *m*; encajar; **in –** si acaso; **– harden** acerar; **– mate** casamata *f*; **–ment** barbacana *f*
cash dinero (*m*) contante caja *f* cambiar; **for –** al contado; **– book** libro (*m*) de caja; **–ier** cajero *m*; desaforar
cashmere cachemira *f*
cask barril; tonel *m*
casket cajita *f*
cast tiro; molde *m*; fundición *f*; distribución (*f*) de papeles; sumar; fundir; colar; **–away** abandonar; **– iron** hierro (*m*) fundido
caste casta *f*
casting tiro; muda *f* del pelo; **– net** esparavel *m*; **– vote** voto (*m*) decisivo
castle castillo *m*
castor-oil aceite (*m*) de rincino
casual casual; **–ty** casualidad *f*
cat gato *m*; gata *f*
cat-o'nine tails azote *m*
cataclysm cataclismo *m*
catacombs catacumbas *f pl*
catalogue catálogo *m*
cataract catarata *f*
catastrophe catástrofe
catch presa *f* coger; asir; pegarse; **– cold** resfriarse; **– fire** encenderse; **–ing** contagioso
categorical categórico
category categoría *f*
cater proveer
caterpillar oruga *f*
cathartic catártico
cathedral catedral
catholic católico; **–ity** universalidad *f*
cattle ganado *m*; **– pen** redil *m*
caucus junta *f* secreta
cauliflower coliflor *m*
caulk calafatear
cause causa *f*; causar
cauterize cauterizar
caution prudencia; aviso *m* caucionar
cautious cauto
cavalry caballería *f*
cave cueva
cavernous cavernoso
caviar caviar *m*
cavity cavidad *f*
cease cesar
cedar cedro *m*
cede ceder
ceiling techo *m*
celebrant celebrante *m*
celebrate celebrar; **–d** célebre
celebration celebración *f*
celebrity fama *f*
celerity celeridad *f*
celery apio *m*
celestial celeste
celibate célibe *m* soltero
cell celda
cellar *m* bodega *mf*; **–man** bodeguero *m*
cellular celular
celluloid celuloide *m*
cement cemento *m*
cemetery cementerio *m*
censor censor *m*
censure censura *f*; criticar
census censo *m*
cent ciento; centavo. *m*
centigrade centigrado
centimeter *s* centimetro *m*
centipede escolopendra *f*
central central; **–ise** centralizar
center centro *m*; concentrar
century centuria *f*
ceramic cerámico
cereal cereal
ceremonial ceremonial
ceremonious ceremonioso
ceremony ceremonia *f*
certain cierto; **–ly** sin duda
certainty certezá *f*
certificate testimonio *m*
certify certificar
certitude certidumbre *f*
chagrin pesadumbre *f*; vejar
chain cadena *f*; encadenar; **– cable** cable (*m*) encadenado; **– shot** *s* balas (*f*) encadenadas
chair silla *f*; **–man** presidente *m*
chalk greda; tisa *f*; engredar; **–y** gredoso
challenge desafío *m*
chamber cámara *f*; junta; **–lain** chambelán; **–maid** doncella *f*
chamois gamuza *f*
champ morder
champagne champagne
champaign campiña *f*
champion campeón *m*; defender
chance ventura *f*; ocasional; acaecer
chancel presbiterio *m*
chancellor canciller *m*
chandelier arafia *f m*
change mudanza *f*; cambiar; **–able** variable; **–less** constante; **–ling** hijo (*m*) supuesto
channel canal *m*; acanalar
chant canto *m*; cantar
chaos caos *m*; **chaotic** caótico
chapel capilla *f*
chaplain capellán *m*
chapter capítulo; cabildo
character carácter *m*; **–istic** caracteristico; **–ize** caracterizar
charade charada *f*
charcoal carbón (*m*) de leña
charge cargo *m* costa; acusación *f*; ataque *m*; cargar; acusar; atacar; **–r** corcel *m*; plato (*m*) grande
charitable caritativo
charity caridad *f*
charlatan charlatán *m*
charm encanto *m*; gracia *f*; **–ing** agradable
chart carta *f*; **–er** carta *f*; privilegio *m*; privilegiar
chase caza; caña *f*; cazar
chasing cinceladura *f*
chaste casto; puro
chastise, chasten castigar; **–ment** castigo *m*
chastity pureza *f*
chat charla *f*; charlar; **–ty** hablador
chatter chirrido *m*; **–box** charlador *m*
cheap barato; **–en** regatear; **–jack** regatón *m*
cheat trampa *f*; defraudar
check freno; impedimento *m*; refrenar
check mejilla *f*
check pagaré *m*; póliza *f*; **–book** libro (*m*) de pólizas
cheer aplauso *m*; alegrar; aplaudir
cheerful alegre; **–ness** allegria *f*
cheerless triste
cheese queso; **–cake** quesadilla *f*
chemical químico
chemise camisa *f*
chemist químico *m*; **–ry** química *f*
cherish mantener
cherry cereza *f*; **– tree** cerezo *m*
cherub querubín *m*; **–ic** angelical
chess ajedrez *m*; **–board** tablero *m*; **– man** *s* péon *m*
chest caja *f*; **– of drawers** cómoda *f*
chestnut castaña *f*
chew mascar
chicken polluelo *m*; **– pox** viruelas (*f pl*) locas
chide reprobar
chief principal; **–tain** jefe *m*
child niño; nijo *m*; **with –** en cinta; **–hood** niñez *f*; **–ish** pueril; **–less** sin hijos; **–like** infantil
chill frio *m*; enfriar; **–iness** calofrio *m*; **–y** friolero
chime carillón *m*; repicar
chimney chimenea *f*; tubo *m*; **– piece** dintel (*m*) de chimenea; **– pot** caperuza *f* **– sweep** deshollinador *m*
chin barba *f*
china, chinaware procelana *f*
Chinese chinesco; brizna *f*
chintz zaraza *f* chip
chiro(graphy) quirografía *f*
chiromancy quiromancia *f*
chiropodist callista *m*
chirp chirrido *m*
chivalrous caballeresco
chivalry caballería *f*
chlor(al) cloral *m*
chocolate chocolate *m*; **– pot** chocolatera *f*
choice preferencia *f* escogido
choir coro
choke sofocar; ahogar
choking sofocación *f*
choose escoger; elegir
chop tajada *f*; costilla *f*
choral coral
chord acorde *m*
chorus coro *m*
Christ Cristo *m*; **–en** bautizar; **–endom** cristiandad *f*; **–ening** bautismo *m*; **–ian** cristiano *m*; **– name** nombre (*m*) de pila; **–ianity** cristianismo *m*; **–mas Navidad** *f*; **–mas-box** aguinaldo
chronic crónico; **–le** crónica *f*; **–ler** cronista *m*
chronology cronología *f*
chrysanthemum crisantemo *m*
chubby mofletudo
chuck cloquear
chum camarada *m*
chunk tajo *m*
church iglesia *f*; **–ing** purificación; **– yard** *s* cementerio *m*
cider sidra *f*
cigar cigarro; **– case** petaca *f*; **– holder** portacigarros *m*; **–ette** cigarrillo; **–ette-case** cigarrera *f* pitilleva
cinder ceniza *f*
cinnamon canela *f*
circle círculo *m*; circular
circuit circuito *m*; **–ous** circular; tortuoso
circular circular
circulate distribuir
circulation circulación *f*

circum(cise) circuncidar; **–cision** circuncisión f; **–ference** circunferencia f; **–flex** circunflejo; **–locution** circunlocución f; **–navigate** circunnavegar; **–scribe** va circunscribir; –scription circunscripción f; **–spect** circunspecto

circus circo m

cist cista f

citizen ciudadano m; **–ship** ciudadanía f

city ciudad f

civic cívico

civil civil; cortés; **– engineer** ingeniero (m) civil; **– service** servicio (m) del Estado; **–ian** ciudadano m; **–ity** civilidad; **–ization** civilización f; **–ize** civilizar

claim pretensión f; reclamar; **–ant** pretendiente m

clam almeja f; **–my** viscoso

clan tribu f

clang, clank rechino m

clap golpe; aplaudir; **–trap** engañabobos m

clarify clarificar

clarinet clarinete m

class clase f; clasificar; **–ic, –ical** clásico; **–room** clase f

clatter fracaso m

claw garra f; arranar

clay arcilla f; barro m

clean limpio; neto; limpiar; mondar; **–ness** pureza f; **–se** purgar

clear claro; aclarar; **– away** quitar; **–ance** desempeño m; despacho m; **–ing-house** banco (m) de liquidación; **–ness** claridad f

cleats galápagos m pl

cleave hender

cleaver machete m

clemency clemencia f

clench remachar

clergy clero m

cleric clérigo m; **–al** clerical

clerk clérigo; sacristán m

clever hábil; **–ness** habilidad f

click golpe m; chocar

client cliente m; **–ele** clientela f

cliff peñasco m

climate clima m

climax clímax m

climb trepar; subir

climber escalador

cling adherirse

clinic clínica f; **–al** clínico

clip esquileo m; (cercenar): **–per** cortador

clock reloj m; **what o'– is it?** ¿que hora es?; **–maker** relojero m; **–work** mecanismo (m) de reloj

close cerrado m; contiguo; avaro; sofocante; a cerrar; terminar; **–ness** estrechez

closet gabinete m; closure cerramiento m

clot grumo m

cloth tela f

clothe vestir

clothes vestidura f; **– brush** cepillo m; **–horse** enjugador m; **–line** tendeder a f; **– peg** percha f

clothing vestidos m pl

cloud nube f; **–ed** sombrío; **–iness** nublosidad f; **–less** claro; **–y** nublado

clout trapo m

clover trébol m

clown bufón m; **–ish** rústico

club clava f; club m; bastos m pl; **–footed** a patituerto

clue ovillo m

clump s trozo

clumsy grosero; torpe

cluster racimo m

clutch agarrar

coal s carbón (m) de piedra

coarse basto; **–ness** grosería f

coast costa f; **– guard** guarda (m) de costas

coat hábito; pelo m; great–, overgaban m; **– of arms** escudo m; **coating** s lechada f

coax halagar

cobweb telaraña f

cock gallo m; macho m; gatillo m; **– crow** canto (m) del gallo; **–eyed** bizco; **–pit** valla (f) de gallos;

–sure cierto

cockroach cucaracha f

cocoa coco; cacao m

codfish bacalao m; **codliver oil** aceite de bacalao

coddle acariciar

code código m; **codicil** codicilo m

coerce refrenar; **coercion** coerción f

coffee café m; **– cup** taza (f) para café; **– room** café m; **– pot** cafetera f

coffer cofre m

coffin ataúd

cog diente m (de rueda)

cohere adherirse

cohesive cohesivo

coif cofia f; **–fure** tocado m

coign rincón m

coil repliegue doblar

coin moneda (f) acuñar; **–age** acuñación f; **–er** monedero (m) falso

coincide coincidir

coincidence coincidencia

cold frío; insensible; fluxión f; **be –** tener frío; **catch –** resfriarse

colic cólico m

collaborate colaborar

collapse colapso m

collar collar m; collera f

collar-bone clavícula f

collate comparar

collation cotejo m

colleague colega m

collect colecta f; reunirse

collection colección f m

college colegio m

collide chocar

collision colisión f

colloquial familiar

collusion colùsión f

colonel coronel m

color color m; tex f; **–blindness** daltonismo m; **– printing** cromotipia f

colossal colosal

colt potro m

column columna f

coma cola f sopor m; **–tose** letárgico

comb peine m; panal m (miel) peinar; cardar

combat combate m; combatir; **–tant** combatiente m; **–tive** belicoso

combine combinar

combustion combustión f

come venir; llegar; **– about** acontecer; **– back** volver; **– by** obtener; **– down** bajar; **– for** venir a buscar; **– forward** avanzar; **– in** entrar; **– near** acercarse a; **– out** salir; **– over** atravesar; **– round** consentir; **– together** unirse; **– to pass** suceder; **– up** brotar; **– upon** sorprender

comedian comediante m

comedy comedia f

comfort comfortación f confortar; **–able** comodo; **–er** consolador m

comical cómico

comma coma f

command orden m & f; **–er** comandante; jefe m; **–er-in-chief** generalísimo m; **–ment** precepto

commando m mandar

commend encomendar; **–able** recomendable

comment comento m; anotar

commerce comercio m

commission comisión f comisionar; **–aire** mensajero m; **–er** comisionado m

commit cometer; **–tal** encarcelamiento m; **–tee** comite m junta f

commode armario m

commodities géneros m

common común; ordinario ejido m; **– council** concejo (m) municipal; **– law** derecho (m) consuetudinario; **– prayer** liturgia f; **–ly** comunmente; **–place** común lugar (m) comun

commotion conmoción f

commune comuna f; conversar

commun(icable) comunicable; **–icant** comulgante m; **–icate** comunicar; **–ication** comunicación f; **–icative** comunicativo

communist comunista m

community comunidad f

compact compacto; contrato m

companion compañero; socio m; **–able** sociable; **–ship** sociedad f

company compañia f

compare comparar

comparison comparación f

compass círculo m; brújula f compás m circundar

compassion compasión f; **–ate** compasivo

compel compeler

compensate compensar

compensation compensación f

compete concurrir

competition concurrencia f

competitive concurrente

competent a competente; capaz

complain quejarse; **–nant** demandor m; **–t** queja f; ma! m!

complete completo; completar; acabar; **–ness** entereza f

completion terminación f

complex complejo

complexion complexión; tez f

complicate complicar

compliment cumplimiento m

complimentary cumplimentero

component componente

compose componer; calmar; **–r** autor; compositor m

composite compuesto

compound compuesto m; componer

comprehend comprender

comprehension comprensión f

comprehensive comprensivo

comprise comprender

compromise compromiso m

compulsion compulsión f

compulsory obligatorio

comrade camarada m

concave concavo

conceal coultar; **–ment** encubrimiento m

concede conceder

conceit concepción f; vanidad f; **–ed** presumido

conceive concebir; imaginar

concentrate concentrar

concentration concentración f

conception concepción f

concern negocio m; inquietud f; tocar; inquietar; **–ing** tocante a

concert concierto m

concession concesión f

concise conciso; **–ness** concisión f

conclude concluir

concluding último

concoct cocer; **–ion** coerción f

concrete concreto

concur concurrir; **–rence** concurrencia f

concussion concusión f

condemn condenar; **–ation** condenación f

condense condensar

condition condición f; **–al** condicional

condole condolerse; **–nce** pésame m

condone perdonar

conduce conduir

conduct conducta f; conducir; **–ivity** conductibilidad f

cone cono m

confection confección f; **–ery** confitería f

confer conferir; **–ence** conferencia f

confess confessar; **–edly** conocidamente; **–ion** confesión; **–ional** confesionario m; **–or** confessor

confidant confidente m

confide confiar; **confiding** confiado

confidence confianza f

confident a seguro

confine confín m; limitar

confirm confirmar

confiscate confiscar

confiscation confiscación f

conflict conflicto m

conform conformar; **–ity** conformidad f

confuse confundir

confusion confusión f

congenial simpático

congestion congestión f

congratulate congratular

congregate congregar

congress congreso m

conjecture conjetura f

conjure conjurar

connect juntar

connection conexión

connivance connivencia

connoisseur conocedor m

conquer conquistar; **–or** conquistador m

conquest conquista f

conscience conciencia f

conscientious conciensudo

conscious consciente; **–ly** a sabiendas; **–ness** conocimiento m

conscript conscripto m

conscription conscripción f

consecrate consagrar

consecration consagración f

consecutive sucesivo

consent consentimiento m; consentir

consequence consecuencia f

consequent a consiguiente; **–ly** par consiguente

conservation conservación f

conservative conservativo m

conservatory invernáculo m

conserve conservar

consider considerar; **–ate** a considerado; **–ation** consideración f

consign consignar; **– ee** consignatario; **–ment** consignación f

consist consistir; **–ent** consistente

consolation consolación f

console consolar

console consola f

consolidate consolidar

consolidation consolidación f

conspicuous conspicuo; **–ly** insignemente

conspiracy conspiración f

conspire conspirar

constancy constancia f

constant constante

constellation constelación f

constipation constipación

constituency cuerpo (m) de electores

constitute constituir

constitution constitución f

constriction constricción f

construct construir

construction construcción f

consul cónsul m

consult consultar; **–ation** consultación

consume consumir

contact contacto m

contain contener; **–er** recipiente m

contaminate contaminar

contemplate contemplar

contemplation contemplación f

contemporary contemporáneo

contempt desprecio; **–ible** despreciable; **–uous** desdeñoso

contend contender

content contento; satisfecho; contentar; satisfacer; **–s** contenido m; **–edly** pacientemente; **–ment** contentamiento m

contention contención f

contest disputa f; contestar; disputar

context contexto m

continent continente m

contingency contingencia f

continual continuo; **–ly** siempre

continuation continuación

continue continuar durar

continuity continuidad f

continuous continuo

contour contorno m

contract contrato m; pacto m; contraer; **–ion** contracción f; **–or** contratante m

contradict contradecir

contrary contrario; **on the –** al contrario

contrast contraste m

contribute contribuir

contribution contribución f

contrive inventar

control gobierno; freno m

controversial polémico

controversy controversia f

convalescent convaleciente

convene convocar; citar

convenience conveniencia f

convenient conveniente

convent convento m

convention pacto m

converge convergir

conversation conversación f

converse converso; trato m; conversar

convert prosélito m; convertir

convey convexo

convey transportar; comunicar; **-ance** acarreo
convict convicto; condenar
conviction convicción *f*
convince convencer
convoy convoy *m*
cook guisar; cocer; cocinero *m*
cool frío; fresco; frescura *f*; enfriar; refresca
cooler refrigerador *m*
coolness frescura *f*; indiferencia *f*
co-operate cooperar
cope capa (*f*); combatir
copper cobre *m*; calderilla *f*; cobrizo
copy copia *f*; ejemplo; copiar; **fair -** copia (*f*) en limpio; **rough -** borrador *m*; **- book** cauderno (*m*) de escribir; **-right** titulo (*m*) de propiedad
coral *s* coral *m*; **- reef** *s* banco (*m*) de coral
cord cuerda
cordial cordial; **-ity** cordialidad *f*
core pepita *f*
cork corcho *m*; tapón (*m*) de corcho; *va* tapar; **-screw** tirabuzón *m*
corn grano *m*; **- field** terreno (*m*) de granos; **-flower** azulejo *m*
corner ángulo; monopolio *m*
cornet corneta
coronation coronación *f*
coroner juez (*m*) fiscal
corporal caporal *m*
corporation corporación *f*
corporeal corpóreo
corpse cadáver *m*
correction castigo *m*
correctness exactitud *f*
correspond corresponder; **-ence**; correspondencia *f*, **-ent** corresponsal *m*
corridor corredor *m*
corroborate corroborar
corrode corroer; **corrosive** corrosivo
corrupt corrupto
corset corsé *m*
cosmetic cosmétics *m*
cost precio; costo *m* costar; **at -** a precio de costo; **-ly** costoso
costume traje; vestido *m*
cot cuna *f*; hamaca *f*
cottage cabaña; choza *f*
cotton cotón *m*; cotonada *f*
council concilio
counsel consejo *m*; aconsejar; **-or** consejero *m*
count cuenta *f*; conde *m*; contar
countenance rostro *m*
counter contra; mostrador *m*; **-act** *va* contrariar; **- balance** contrapeso *m*; contrapesar; **-feit** contrahecho; imitación *f* fingir; **-foil** contramarca *f*; **-mand** contramandar; **-march** contramarcha *f*; **-pane** cobertor *m*; **-part** parte (*f*) correspondiente; **-point** contrapunto *m*; **-poise** contrapeso *m*
countess condesa *f*
country país; campo *m*
county condado; distrito *m*
couple par *m*; pareja *f*; - *va* unir
coupon cupón *m*
courage valor *m*; **-ous** valiente
course curso; corriente *m*; **of -** sin duda
court corte; **- card** figura *f*; **- martial** *s* consejo (*m*) de guerra; **-ship** galanteo *m*; **-yard** patio *m*; **-plaster** *s* tafetán (*m*) inglés
courteous cortés
cousin primo *m*
cover cubierta *f*; cubrir; **let** colcha *f*
covert cubierto; asilo *m*
covet codiciar; **-ous** codicioso; **-ousness** codicia *f*
cow vaca *f*; domar
coward cobarde; **-ice** cobardia *f*
cower agacharse
coy modesto; **-ness** recato *m*
cozy cómodo; cubierta *f*; (tetera)
crab cangrejo *m*; manzana (*f*) silvestre
crack hendedura; raja *f* hender; **-er** coheta *m*
cradle cuna *f*; mecer
craft arte; **-sman** artifice *m*; **-y** astuto
cramp calambre *m*; laña lañar
cranberry arándano (*m*)

crank cigüeña *f*; capricho *m*
crash fracaso; estallido *m* fracasar; estallar
crate cuévano; ceston *m*
crave rogar; suplicar
crawl arrastrar
crayon lápiz; pastel *m*
craze capricho *m*
craziness locura *f*
crazy distraido
creak crujir
cream crema *f*; **- cheese** requesón *m*
crease raya *f*; arrugar
create crear
creative creativo
creature criatura *f*
credit crédito *m*; influencia *f*; acreditar; **on -** á plazo; **-able** estimable; **-or** acreedor *m*
creek cala
creep arrastrar; **-er** enredadera *f* bara *f*
cremate incinerar
cremation incineración *f*
crescent creciente *m*
cress mastuerzo *m*
crest cresta *f*; **-fallen** abatido
crevice hendedura; grieta
crew cuadrilla *f*
crier pregonero *m*
crime crimen *m*
criminal culpable; reo *m*
cringe humillarse
cripple estropeado; estropear
crisp crespo; crespar; **-ness** rizado *m*
criterion criterio *m*
critic, **-al** crítico; **-ise** criticar; **-ism** critica *f*
crochet crochet *m*; hacer malla
crocodile cocodrilo *m*
crook curva *f*; gancho *m*; **- ed** corvo
crop cosecha *f*; buche *m*; látigo *m*; tajar; pacer
cross enojado; contrario; cruz *f*; cruzar; atravesar; frustrar; **on the -** al través; **- over** traspasar; **-examine** interpelar; **-legged** patizambo; **-ly** *ad* contra; **-road** atajo *m*
crotchet corcheto *m*; corchea *f*
crow cuervo *m*; corneja *f* cantarjactarse; **-bar** bara *f*
crowd turba *f*; amontonar; apretar casco *m*
crown corona *f*; coronar
crucifix crucifijo *m*; **-ion** crucifixión *f*
crucify crucificar
crude crudo
cruel cruel; **-ty** crueldad *f*
cruet vinagreras *f pl*; **- stand** angarillas *f pl*
cruise corso *m*; cruzar; **-r** crucero *m*
crumpet mollete *m*
crumple arrugar
crunch machacar
crusade cruzada *f*
crush choque *m*; presión *f*; triturar
crust corteza; costra; incrustar
cry grito; gritar; llorar
crystal cristal *m*; **-lize** cristalizar
cub cachorro
cube cubo *m*
cuckoo cucu *m*; **- clock** reloj (*m*) de cucú
cucumber cohombro *m*
cuddle abrazo *m*; abrazar
cue apunte *m*; taco *m*
cuff puñada *f*; dar puñadas
culminate culminar
culmination culminación *f*
culprit reo; acusado *m*
cult culto *m*
cultivate cultivar
culture cultura *f*; **-d** erudito
cumbersome incómodo
cumulate acumular
cumulative cumulativo
cunning astuto
cup taza; copa *f*; **- bearer** *s* copero; *m*; **-board** armario *m*
cupid amor *m*; **-ity** deseo *m*
cur perro
curb freno *m*; **-stone** guardacantón *m*
cure cura *f*; curar; adobar (carne); **curing** salazon (pescados)
curious curioso; **-ity** curiosidad *f*;
curl rizo *m*; rizar; **-ing tongs** encrespador *m* rizado
currency circulación; moneda *f*

current corriente
curry guisado *m* (de carne) curtir (piel); guisar; **- comb** almohaza *f*
curse maldición *f*; maldecir
curt corto; **-ness** lacodismo *m*
curtain cortina *f*
curve corva *f*; encorvar
cushion cojín *m*; banda *f* (billar)
custodian custodio *f*
custody custodia *f*
custom costumbre *m*; **-ary** usual; **-er** parroquiano *m*
cut corte *m*; cortar; alzar (los naipes); **- and dry** pronto; **- short** interrumpir
cycle *s* ciclo
cyclone ciclón *m*
cyclopedia enciclopedia *f*
cylinder cilindro *m*
cylindrical cilíndrico
cymbal címbalo *m*
cynic, **cynical** cínico; **-ism** cinismo *m*
cyst ciste *m*

D

dab pedazo *m*; barbada *f*
dabble mojar; **-r** chisgarabis *m*
dace gobio *m*
dactyl dáctilo *m*
dad papá *m*
daddy longlegs zancuda *f*
dado dado *m*
daffodil narciso *m*
daft necio
dahlia dalia *f*
daily diario; cotidiana; diariamente
dainty elegante; golosina *f*
dairy lechería *f*; **- farm** vaquería *f*; **- maid** lechera *f*; **- man** lechero *m*
dais tablado *m*
daisy margarita *f*
dale valle *m*
dam madre *f*; dique *m*
damage daño *m*; dañar; perjudicar
dame dama; señora *f*
damn condenar; **-able** condenable; **-ation** condenación *f*
damp húmedo; **-ness** humedad *f*, **-er** registro
damsel damisela; señorita *f*
dance danza *f*; bailar; **- attendance** hacer plantón; **-r** bailarin *m*
danger peligro *m*; **-ous** peligroso
dare osar
daring audacia *f*
dark oscuro; **- lantern** linterna (*f*); sorda; **-en** oscurecer; **-ness** oscuridad *f*
darling favorito; querido *m*
darn surioido *m*; remendar
dash golpe *m*; linea; mezcla *f*; arrojar; saltar; lanzarse; **-ing** vistoso
date fecha *f*; datar
daughter hija *f*; **-in-law** nuera *f*
dawn aurora; amanecer
day dia *m*; **all - long** todo el día; **- by -** de día en día; **-break** alba *f*, **- scholar** externo *m*; **-time** día *m f*
daydream desvario *m*
dead muerto; **- heat** carrera igual; **- letter office** carta (*f*); devueltas; **- march** marcha (*f*); fúnebre; **- reckoning** derrota (*f*); estimada; **- weight** peso (*m*); inerte; **-en** apagar; **-ly** mortale; **-lock** detención (*f*); completa
deaf sordo; **-en** ensordecer; **-ness** sordera *f*; **- and dumb** sordo mudo
deal parte; cantidad; mano *f* (cartas); repartir; traficar
dean decano *m*
dear querido; costoso
death muerte
debase envilecer
debate debate *m*; discutir; **-r** orador *m*
debit débito *m*
debonair bondadoso
debris restos *m pl*
debt deuda *f*; **in -** *a* adeudado; **-or** deudor *m*
decapitate decapitar
decay corrupción *f*
decease muerte *f*; **deceased** difunto *m*
deceive engañar
december diciembre *m*
decent decente

decentralize decentralizar
deception decepción *f*
deceptive engañoso
decide decidir
decipher descifrar
decision decisión *f*
decisive decisivo
deck adornar
declaration declaración
declare declarar
declension, declination declinación *f*
decline declive *m*; declinar
declivity pendiente *m*
decompose descomponer
decomposition descomposición *f*
decorate decorar
decoration adorno *m*
decorator decorador *m*
decorous decoroso
decorum decoro *m*
decoy seducción *f*
decrease decremento *m*; minorar
decree decreto *m*; decretar
decry desacreditar
dedicate dedicar
dedication dedicación
deduce deducir
deduct rebajar; **-ion** deducción *f*
deed actó *m*
deep profundo; **-en** profundizar
deer ciervo *m*; **- hound** galgo *m*
defamation difamación *f*
default defecto *m*; **-er** contumaz *m*
defeat derrota; fuga *f*; derrotar; frustrar
defect defecto *m*
defective defectuoso
defend defender; **-ant** demandado *m*; **-er** defensor
defense defensa; **-less** indefenso
defensive defensivo
defer diferir; **-ence** deferencia *f*; **-ential** deferente
defiance desafio *m*
defiant provocativo
deficiency falta *f*
deficient deficiente
define definir
definite definido
definition definición *f*
deform deformar; desfigurar; **-ity** deformidad *f*
defy desafiar
degeneracy degeneración *f*
degenerate *m* degenerado; degenerar
degradation degradación *f*
degrade degradar
degree grado *m*; **by -s** gradualmente
deject abatir; **-ed** triste; **-ion** tristeza *f*
delay dilación *f*; retardar
delegate delegado *m*; delegar
delete borrar
deletion canceladura *f*
deliberate prudente; deliberar
delicacy delicadez
delicate delicado
delicious delicioso
delight delicia *f*
deliver entregar; libertar
delivery entrega *f*; parto *m*; distribución *f*
deluge diluvio *m*
demand demanda *f*; demandar; **in -** solicitado; **on -** a presentación
demented demente
demise muerte *f*
democracy democracia *f*
demolish demoler
demon demonio *m*
demonstrate demostrar
demonstration demostración *f*
demoralize desmoralizar
demure modesto
den caverna *f*
denial negación *f*
denomination denominación
denote denotar
denounce denunciar; **-ment** denunciación *f*
dense denso; **density** densidad *f*
deny negar
depart partir; **-ed** partido; **-ure** partida *f*
department departmento *m*
depend pender; **- on** depender de; contar con; **-able** *a* digno de confianza; **-ent** dependiente; **-ence** dependencia *f*

depict pintar
deplete vaciar
depletion vaciamiento *m*
deplore deplorar
deport deportar; **-ation** destierro *m*; **-ment** conducto *m*
depose deponer
deposition deposición *f*
deposit depósito *m*
depreciate menospreciar
depreciation depreciación *f*
depress deprimir
depression depresión *f*
deprivation privación
deprive privar
depth profunidad *f*; abismo *f*
derange desarreglar; **-ment** desconcierto *m*
derelict abandonado; **-ion** descuido *m*
deride mofar
derive derivar
descend descender; **-ant** descendiente
descent descenso *m*; invasión *f* origen *m*
describe describir
description descripción *f*
descriptive descriptivo
desert desierto; desertar; **-er** desertor; **-ion** deserción *f*; **-s** mérito *m*
deserve merecer
design designio *m*; designar; proyectar; diseñar; **-edly** adrede; **-ing** intrigante
designate designar
designation designación *f*
desire deseo *m*; desear
desirable deseable
desk pupitre *m*
desolate desolado; desolar
desolation desolación *f*
despair desesperación *f*; desesperar
despatch despacho *m*; despachar
desperado matón *m*
desperation desesperación *f*
despicable bajo
despise despreciar
despite, in – of á despecho de
despond desconfiar; **-ent** descoperado
despot déspota *m*; **-ic** despótico
dessert postres *m pl*; fruta *f*
destination destinación *f*
destine destinar
destiny destino *m*
destitute destituido
destitution destitución *f*
destroy destruir
destruction destrucción *f*
destructive destructivo
detach destacar; **-ment** destacamento *m*
detail detalle *m*; detallar
detain detener
detect descubrir; **-ion** descubrimiento *m*
detective oficial (*m*); de policia secreta
detention detención *f*
deter disuadir
deteriorate deteriorar
determination determinación *f*
determine determinar
deterrent impedimento *m*
detest detestar
detonate detonar
detract detractar
detriment detrimento *m*; **-al** perjudicial
devastation devastación *f*
develop desenvolver; **-ment** desarrollo *m*
deviate desviarse; deviation desvío *m*
device divisa *f*
devil demonio *m*
devious desviado
devoid privado
devote dedicar; **-e** santón *m*
devotion devoción *f*, **-al** religioso
devour devorar
devout piadoso
devoutly devotamente
dexterity destreza *f*
dexterous hábil
diabetes diabetes *f*
diabolical diabólico
diagnostic diagnósicto
diagonal diagonal *m*
diagram diagrama *f*
dial reloj (*m*) de sol

dialect dialecto *m*
dialogue diálogo *m*
diameter diámetro *m*
diamond diamante *m*
diaper lienzo (*m*); adamascado
diarrhea diarrea *f*
diary diario *m*
dice dado *m pl*; **– box** cubilete *m*
dictate *va* dictar; prescribir; **-s** precepto *m*
dictation dictado *m*
diction dicción *f m*; **-ary** diccionario *m*
die cuño, *m*; matriz *f*; morir
diet dieta *f*
differ diferenciarse; contender; **-ence** diferencia *f*, **-ent** diferente; **-entiate** diferenciar
difficult difícil; **-y** dificultad *f*
dig cavar; **– up** desenterrar
digest digerir; recopilación *f*; **-ible** digerible; **-ion** digestion *f*
digit dígito *m*
dignified noble
dignify dignificar
dignity dignidad *f*
dike dique *m*
dilapidated arruinado
dilemma dilema *f*
dilute diluir; **-d** desleido
dilution dilución *f*
dim turbio; oscuro; deslustrar; **-ly** oscuramente; **-ness** oscuridad *f*
dimension dimensión *f*
diminish disminuir
diminution diminución *f*
din ruido *m*
dine comer
ding-dong din-dan *m*
dingy usado
dining comida *f*; **– room** comedor *m*; **– table** mesa (*f*) de comedor
dinner comida *f*
dip depresión; inmersion
diphtheria dipteria *f*
diplomacy díplomácia *f*
dire horrendo
direct directo; formal; dirigir; **-ion** dirección *f*; **-ly** luego; **-ness** derechura *f*; **-orate** dirección *f*
dirge canto (*m*); fúnebre
dirt cieno *m*; basura *f*; **– cheap** a vil precio *f*; **-iness** suciedad *f*; **-y** sucio; ensuciar
disability inhabilidad *f*
disablement inhabilitación *f*
disagree desconvenir; **-able** desagradable; **-ment** discordia *f*
disallow prohibir
disappear desaparecer; **-ance** desaparición *f*
disappoint frustrar; **-ment** desilusión *f*
disapproval desaprobación *f*
disapprove desaprobar
disarm desarmar; **-ament** desarmadura *f*
disarrange desarreglar; **-ment, disarray** desorden *m*
disaster desastre *m*
disastrous desastroso
disbelief incredulidad *f*
disburse desembolsar
disc disco *m*
discard despedir
discern discernir; **-ible** perceptible; **-ing** a perspicaz; **-ment** discernimiento *m*
discharge disparar; descargar; ejecutar
disciple discípulo *m*
discipline disciplina *f*
disclose revelar
disclosure descubrimiento *m*
disconnect desenganchar
discontent descontentar; descontento
discontinue descontinuar
discord discordia *f*; **-ant** discorde
discount rebaja *f*; descontar
discountenance desanimar
discourage desalentar; **-ment** desaliento *m*
discover descubrir; **-y** descubrimiento *m*
discredit descrédito *m*; desacreditar
discreet discreto
discrepancy discrepancia *f*
discretion discreción *f*

discriminate discriminar
discrimination discriminación *m*
discuss discutir; **-ion** discusión *f*
disdain desdén; desdeñar; **-ful** desdeñoso
disease mal *m*; **-d** enfermo
disfavor desaprobación *m*
disfigure desfigurar; **-ment** desfiguración
disgrace deshonra *f*
disgraceful deshonroso
disguise disfraz *m*; **in –** disfrazado
disgust disgusto *m*; disgustar; **-ing** repugnante
dish plato *m*; taza *f*; fuente *m*; **-cloth** *s* rodilla *f*; **-cover** *s* tapa (*f*) de platoa
dishearten desanimar
dishonest deshonesto; **-y** deshonestidad *f*
dishonor deshonra *f* deshonrar; **-able** deshonroso
disinfect desinfectar; **-ant** desinfectante
disintegrate desagregar
disinterested desinteresado; **-ness** *s* desinterés *m*
disjoin desunir
dislike aversión *f*
dislodge desalojar
dismal triste
dismay desmayo; espantar
dismiss despedir; **-al** dimisión *f*
disobedience desobediencia *f*
disobedient desobediente
disobey desobedecer
disorder desorden *m*; **-ly** desordenado
disorganization desorganización *f*
disown negar
dispel expeler
dispensary dispensario *m*
dispensation dispensa *f*
dispense dispensar
disperse dispersar
dispersion dispersión *f*
displace deponer; dislocar
display ostentación *f*; desplegar
displease disgustar
displeasure ira *f*
disposal disposición *f*
dispose disponer, **– of** vender; **-d** inclinado
disposition disposición *f*
dispossess desposeer
dispute disputa *f*; disputar
disqualification inhabilitación *f*
disqualify inhabilitar
disregard desatención *f*; desatender
disreputable deshonroso; disrepute descrédito *m*
disrespect descortesia *f*; **-ful** irreverente
disrobe desnudar
disruption rotura *f*
dissatisfaction, dissatisfied descontento
dissect disecar; **-ion** disección; anatomía *f*
disseminate diseminar
dissension disensión *f*
dissent disentir; **-er** disidente *m*
dissertation disertación *f*
dissimilar desemejante
dissipate disipar; **-d** libertino
dissolute disoluto; **-ness** licensia *f*
dissolution disolución; muerte *f*
dissolve disolver
distance distancia *f*; **at a –** de lejos
distant distante
distaste disgusto *m*; distasteful desabrido
distil destilar; **-lation** destilación *f*; **-lery** destilatorio *m*
distinct distinto; **-ion** distinción *f*; **-ness** claridad *f*
distinguish distinguir; **-able** distinguible
distort retorcer; **-ion** esguince *m*
distract distraer
distribute distribuir
distribution distribución *f*
district distrito *m*
distrust desconflanza *f*; **-ful** sospechoso
disturb perturbar; **-ance** turbación *f*
diuretic diurético
dive bucear; **-r** buzo

diverge divergir; **-ence** divergenica *f*; **-nt** divergente
divers varios; diversos
diverse diverso
diversion diversión *f*;
diversity diversidad *f*
divert desviar; **-ting** divertide
divest desnudar
divide dividir
dividend dividendo *m*
divine divino; eclesiástico *m*; adivinar
divinity divinidad *f*
division división *f*
divorce separación *f*; divorciar
divulge divulgar
do hacer; ejecutar; obrar; **– away with** suprimir; destruir; **how – you –?** como está V.d; **– without** prescindir de; **that will –** está bien; basta; **well done** bien
dock dique *m*
doctor médico *m*
doctrine doctrina *f*
document documento *m*
dodge treta *f*; tretar
doe gama *f*
dog perro *m*; perseguir
dogmatic dogmatico
doings hechos *m pl*
doldrums calmas ecuatoriales; melancolia *f*
dole limosna *f*; distribuir; doleful doloroso
doll muñeca *f*
dollar dollar
dolphin delfin *m*
domain dominio *m*
dome cúpula *f*
domestic doméstico; **-ate** domesticar
domicile domicilio *m* domiciliar
dominate dominar
domination dominación *f*
domineer dominar; **-ing** arrogante
domino dominó *m*
donation donación *f*
donkey asno; burro *m*; **– engine** máquina auxiliar
don't no hágale Vd
doom *m*; destino; (*m*) sentenciar; **-sday** (*m*)del juicio universal
door puerta *f*; **-keeper** portero *m*; **-mat** felpudo *m*; **-post** jamba; **-step** umbral *m* **-way** portada *f*
dormant durmiente
dormitory dormitorio *m*
dose dósis; medicinar
dot punto; puntear
dotted puntuado; **– line** linea (*f*) de puntos
double doble; doblar; **--barrelled** de dos cañones; **– bass** contrabajo *m*; **--breasted** cruzado
doubt duda *f*; dudar; **-ful** dudoso; **-less** sin duda
dough masa; pasta *f*
dove palomo *m*
dowdy desaliñado
down plumón; duna *f* abajo; **-east** abatido; **-fall** *s* caida *f*; **-pour** liuvia *f*; **-right** france; **-stairs** abajo; **-trodden** *a* sojuzgado; **-wards** hacia abajó
downy velloso
dowry dote *m*
doze dormitar
dozen docena *f*
drab de color pardo
drag garfis *m*; arrastrar; **-net** *s* red barredera
dragon dragón *m*; **-fly** mosca (*f*)
drain desaguadero *m*; zanja *f*; agotar; **-age** desagüe *m*
drama drama *m*; **-tie** dramático; **-tist** autor (*m*); dramático
drape trapear; **-r** pañero; **-ry** paños *m pl*
drastic drástico
draught trago *m*; dosis *f* corriente *m* (de aire) libranza *f*; **-board** tabiero (*m*); de damas; **-s-man** dibujante *m*; **-y** airoso
draw tirar; delinear; vaciar; **-back** recuiar; **-off** ascar; **– lots** echar suertes; **– up** redactar; **-back** descuento *m*; **-bridge** puente (*m*) levadizo; **-er** sacador *m*; **-ers** *s pl*; calzoncillos *m pl*; **-ing** *s* dibujo
dread miedo *m*; temer; **-ful** terrible

dream sueño; soñar; **–er** visionario *m*
drench purgante *m*; brevar
dress vestido; traje *m*; vestir; curar; cocinar; **– up** ataviarse; **– circle** circo *m*; **–coat** frac *m*; **–ing** curación *f* adorno *m*; **–ing gown** bata *f*; **–ing-room** tocador *m*; **–maker** costurera *f*
drift designio *m*; derivar
drill *s* taladro *m*; barrena *f*; ejercicio *m*; taladrar; barrenar
drink bebida *f*; beber; **–able** potable
drip gotilla *f*
dripping pringue *m*
drive pasco *m* (en coche); conducir; andar; en coche; **–r** cochero *m*
driving propulsión *f*
drizzle escarcha *f*
droll bufón
droop caer; abatirse; **–ing** *a* lánguido
drop gota *f*; pendiente *m*; pastilla *f*; soltar; gotear; **– in** entrar deimproviso
drought seca *f*
drove manada *f*; boyada *f*; **–r** ganadero *m*
drown ahogar anegar
drowsiness somnolencia *f*
drowsy soñoliento
drunk borracho; **–ard** borrachón *m*; **–enness** embriaguez *f*
dry seco; secar; **–ness** sequedad *f*; **–point** buril *m*; **–rot** merulió *m*
duchess duquesa *f*
duck ánade *m*; zabullir cabecear; **–ing** zabullida *f*; **–ling** anadejo *m*
dumps melancolía *f*
due debido; tributo *m*
duel duelo; **–list** duelista *m*
duet dúo *m*
dug cavado *f*
duke duque *m*
dull lerdo; mate; embotar
dumb mudo; **–bell** campana (*f*) sorda
dumbfound confundir
dummy maniquí *m*
dune duna *f*
dungeon calabozo *m*
duplicate duplicado; duplicar
duplicity duplicidad *f*
duration duración *f*
during mientras; durante
dusk sombrío; crepúsculo *m*; **–y** negruzco
dust polvo *m*; polvorear; **–cart** *s* carro (*m*) de basura; **–cloak** sobretodo (*m*) de lienzo; **–ter** trapo del polvo *m*; **–man** basurero *m*; **–pan** *s* pala; **–y** a polvoriento
dutch; **– oven** asador (*m*); de vuelta
dutiful obediente; dutiable sujeto á derechos
duty deber *m*; derecho *m*; **on duty** de servicio
dwell habitar
dwelling domicilo *m*
dye tintura *f*; teñir; **–ing** teñidura *f*
dying moribundo
dynamic dinámico
dynamite dinamita *f*
dynasty dinastía *f*
dysentery disentería *f*

E

each cada; **– other** el uno el otro
eager ansioso; **–ness** ansia *f*
eagle águila *f*
ear oreja *f*; oído *m* espigo *f*; **–ache** dolor (*m*) de oídos; **–ring** zarcillo *m*; **–shot** alcance (*m*) del oído
early temprano, de buena hora
earn ganar; **–ings** salaric *m*
earnest ardiente; prenda *f*; **in –** seriamente
earth tierra *f*; mundo *m*; **–en** a terreno; **–enware** loza *f*; **–ly** terrestre; **–quake** *s*
ease facilidad *f*; ocio aliviar; mitigar; **at –** con desahogo
easily fácilmente
easy fácil
east este; oriente *m*; **–er** pascua *f*; **–erly** oriental; **–ward** hacia el oriente
eat comer
ebb, **– tide** reflujo; *m* menguar
eccentric excéntrico

echo eco *m*; resonar
eclipse eclipse *m*; eclipsar
ecliptic *s* eclíptica *f*
economic económico
economist ecónomo *m*
economize economizar *f*
economy economía
ecstasy éxtasis *m*
edge filo *m*; orilla *f*; margen *m* & *f*
edible comestible
edict edicto *m*
edit publicar; **–ion** edición
educate educar
education educación *f*
educational educador
effect efecto *m*; efectuar bienes *m pl*; **–ive**, **–ual** eficaz
efficiency eficiencia *f*
efficient eficiente
effort esfuerzo *m*
egg huevo *m*; **–cup** *s* huevera *f*; **–plant** berenjena *f*; **–shaped** *a* oval; **–shell** cascarón *m*; **new laid –** huevo fresco *m*; **soft-boiled –** pasado por agua
egoist egoista *m*; **–ic** egoístico
egress *s* salida *f*
eider-duck eder *m*; **– down** plumazo *m*
eight ocho; **–een** diez y ocho; **–eenth** décimo octavo; **–fold** octuplo; **–ieth** octogésimo; **–y** ochenta; **–h** octavo
either el uno ó el otro; sea ya
ejaculate exclamar
eject expeler; **–ment** expulsión *f*
eke aumentar
elaborate elaborada; elaborar
elastic elástico; **–ity** elasticidad *f*
elate engreir; **elation** engreimiento *m*
elder mayor; **– tree** saúco *m*; **–ly** anciano
eldest mayor
elect elegir; electo; **–ion** elección *f*; **–orate** electorado *m*
electric eléctrico; **–ian** físico *m*; **–ity** electricidad *f*
electrify electrizar
electroplate platear al galvanismo; electroplata *f*
elegance elegancia *f*
elegant elegante
element elemento *m*; **–ary** elemental
elevate elevar
elevation elevación *f*
elevator ascensor *m*
eleven once; **–th** undécimo; onceno
elf duende *m*
eligibility elegibilidad *f*
eligible elegible
eliminate eliminar
elimination eliminación
elk anta *f*
ell ana *f*
elm olmo *m*
elongate alargar
elongation prolongación *f*
elope escaparse; **–ment** fuga *f*
else otro o; **–where** en otra parte
emaciation enflaquecimiento *m*
emancipate emancipar
embalm embalsamar
embark embarcar; **–ation** embarcación *f*
embarrass embarazar; **–ment** *s* embarazo *m*
embassy embajada *f*
embezzle malversar; **–ment** malversación *f*
embitter agriar
embrace abrazo *m*; abrazar
embroider bordar; **–y** bordado *m*
embroil embroilar
emerald esmeralda *f*
emerge salir; **–nce** emergencia *f*; **–ncy** urgencia *f*
emery esmeril *m*
emigrant emigrado *m*
emigrate emigrar
emigration emigración *f*
eminence altura; eminencia *f*
eminent eminente
emissary emisario *m*
emission emisión *f*
emit emitir
emotion conmoción *f*; **–al** entusiasmado *m*
emphatic enfático
emphasis énfasis *m* & *f*

emphasize acentuar
empire imperio *m*
employ emplear; **–ee** empleado *m*; **–er** patrón *m*; **–ment** empleo *m*
empower autorizar
empress emperatriz *f*
emptiness vacuidad *f*
empty vacío vaciar
emulate emular
emulation emulación *f*
enable facilitar
enact decretar
encamp acamparse; **–ment** campamento *m*
encase encajar
enchant encantar; **–ment** encanto *m*; **–ress** encantadora *f*
encircle ceñir
enclose incluir
enclosure recinto *m*
encomium encomio *m*
encounter encuentro; encontrar
encourage animar; alentar; **–ment** estímulo *m*
encroach usurpar; **–ment** usurpación *f*
encyclopedia enciclopedia *f*
end fin; conclusión *f*; acabar; cesar
endanger arriesgar
endeavor esfuerzo *m*; intentar
endless perpetuo
endorse endosar; **–ment** endoso *m*
endow dotar; **–ment** dotación *f*
endurable soportable
endurance paciencia *f*
endure tolerar; durar
enema jeringa *f*
enemy enemigo *m*
energetic enérgico
energy energía
enforce compeler; **–ment** coacción *f*
enfranchise emancipar
engage empeñar; **–ment** contrato; combate *m*
engine máquina *f*; **– driver** maquinista *m*; **–er** ingeniero *m*; **– turning** guilloquis *m*
engrave grabar
engraving grabado *m*
engross engrosar
engulf engolfar
enhance encarecer
enjoin encargar
enjoy gozar; **– oneself** divertirse; **–ment** goce
enlarge engrandecer; **–ment** ampliación *f*
enlighten iluminar; **–ment** ilustración *f*
enlist alistar; **–ment** alistamiento *m*
enliven animar
enormity enormidad *f*
enormous enorme
enough bastante
enquire inquirir
enrage enfurecer
enrapture encantar
enrich enriquecer
enroll alistar; **–ment** registro
ensure garantir
entail vinculo
entangle enmarañar; **–ment** enredo *m*
enter entrar; asentar
enterprise empresa *f*
entertain entretener; **–ing** alegre; **–ment** entretenimiento
enthusiasm entusiasmo *m*
enthusiast entusiasta *m*
enthusiastic entusiástico
entice seducir; **–ment** seducción *f*
enticing seductivo
entire entero; **–ty** entereza *f*
entitle titular
entity entidad *f*
entrance entrada *f*; **– hall** vestibulo *m*; **–ment** arrebato *m*
entreat suplicar; **–y** petición
entry entrada *f* registro *m*
envelop envolver
envelope envoltura *f*
enviable envidiable
envious envidioso
environment circumstancias *f pl*
environs alrededores *m pl*
envoy enviado *m*
envy envidia *m*; envidiar
epidemic epidémico; epidemia *f*
epilepsy epilepsia *f*

epileptic epiléptico
epilogue epílogo *m*
episode episodio *m*
equal igual; igualar; **–ity** igualdad *f*; **–ize** igualar
equation ecuación *f*
equestrian ecuestre
equilibrium equilibrio *m*
equip equipar; **–age**, **–ment** equipaje *m*
equitable equitativo
equity equidad *f*
equivalent equivalente
equivocal equívoco
equivocation equivocación *f*
era era; época *f*
eradicate erradicar
eradication erradicación *f*
erase borrar
erasure raspadura *f*
ere antes; **– long** al instante; **– now** ya
erect recto; erigir; **–ion** erección *f*
erotic erótico
err errar vagar
errand recado *m*; **– boy** muchacho (*m*) mandadero
erratic errático; **–ally** erradamente
erroneous erróneo
eruption erupción *f*
escapade escapada *f*
escape escapar *f*; evitar
escort escolta *f*; convoyar
esquire escudero; señor *m*
essay ensayo *m*; ensayar
essence esencia *f*
essential esencial
establish establecer; **–ment** establecimiento *m*
estate estado *m*
esteem estima *f*; estimar
estimate aprecio; tasar
estimation estimación *f*
estrange extrañar; **–ment** enajenamiento *m*
eternal eterno
eternity eternidad *f*
ether éter *m*; **–eal** etéreo
ethics ética *f*
ethnic gentil
etiquette etiqueta *f*
eunuch eunuco *m*
evacuate evacuar
evacuation evacuación *f*
evade evadir
evaporate evaporar
evaporation evaporación *f*
evasion evasión *f*
eve vigilia *f*; **–ning** tarde *f*; vespertino
even llano; uniforme; allanar; aun
event evento; **in the – of** en caso de
ever siempre; **– since** desde entonces; **–green** siempreviva *f*; **–lasting** eterno; **– ever** siempre
every cada uno; **–day** todos los días; **–body** todo el mundo; **–day** ordinario; **–thing** todo *m*; **–where** por todas
evict deposeer; **–ion** despojo *m*
evidence evidencia; *f* evidenciar partes
evil malo; **– eye** mal ojo *m*
evince demostrar
evolve desenvolver
exact exacto exigir; **–ion** exacción *f*; **–ness** exactitud *f*
exaggerate exagerar
exaggeration exageración *f*
exalt exaltar; **–ation** exaltación
examination examinación *f*
examine examinar
example ejemplar *m*
exceed exceder; **–ingly** extremamente
excel sobresalir; **–lence** excelencia *f*; **–lent** excelente
except exceptuar; menos; **–ion** excepción *f*
excess exceso *m*; **–ive** excesivo
exchange cambio *m*; cambiar
excite excitar; **–ment** excitación *f*
exclaim exclamar
exclamation exclamación *f*
exclude excluir
exclusion exclusión *f*
exclusive exclusivo
excommunicate excomulgar
excruciate atormentar
excruciating atroz

excuse excusa *f*; excusar
execute ejecutar
execution ejecución *f*; **–er** verdugo *m*
executive poder (*m*) ejecutivo
executor albacea *m* & *f*
exemplary ejemplar
exemplify ejemplificar
exempt exento; exentar
exercise ejercicio *m*; ejercer
exert esforzar; **–ion** esfuerzo *m*
exhaust apurar; **–ion** agotamiento *m*
exhibit exhibir; **–or** expositor *m*; **–ion** exposición
exhilarate alegrar
exhilaration alegría *f*
exhort exhortar *f*
exile destierro; desterrar
exist existir; **–ence** existencia *f*
exit salida *f*
exodus exodo *m*
exonerate exonerar
exoneration exoneración *f*
exorbitant excesivo
exotic exotico
expand dilatar
expansion expansión *f*
expansive expansivo
expect esperar; **–ation** *s* expectación *f*
expedient expediente *m*
expedite expedir
expel expeler
expend expender; **–iture** desembolso *m*
expense *s* gastos *m pl*; costo *f*; **expensive** *a* costoso
experience experiencia; experimentar
experiment ensayo *m*
expert experto
expiration expiración *f*
expire expirar
explain explicar
explanation explicación *f*
explanatory explicativo
explicit explícito
explode detonar
exploit hazaña *f*; explotar
explore *va* explorar
explosion explosión *f*
explosive explosivo
exponent exponente *m*
export exportar; **–ation** *s* exportación *f*
expose exponer
exposition exposición *f*
exposure exposición *f*
express expreso; expresar; **–ion** expresión *f*; **–ive** *a* expresivo; **–ly** de intento
exquisite exquisito
extend extender
extension extensión *f*
exterminate exterminar
extinct *a* extinto; **–ion** *s* extinción *f*
extinguish extinguir; **–er** apagador *m*
extortion extorsión *f*
extra extra
extradition extradición *f*
extraneous extraño
extraordinary extraordinario
extravagance extravagancia *f*
extract extracto *m*; extraer; **–ion** extracción *f*
extreme extremo
extremity extremidad *f*
eye ojo *m*; yema *f*; ojear; mirar; **–ball** niña (*f*) del ojo; **–brow** ceja *f*; **–glass** anteojo *m*; lente *f*; **–lash** pestaña *f*; **–let** ojete *m*; **–lid** *s* párpado *m*; **–sight** vista *f*; **–tooth** colmillo *m*; **–witness** *s* testigo (*m*) ocular

F

fable fábula; ficción *f*; **–d** fabuloso
fabric fábrica *f*; **–ate** fabricar
fabulous fabuloso
face cara *f*; frente *m*; arrostrar
facet faceta *f*
facetious chistoso
facility facilidad *f*
facilitate facilitar
fact hecho *m*; **in –** en efecto
faction facción *f*
factor factor *m*
factory fábrica *f*
faculty facultad *f*
fade decaer; **–d** marchito
fail faltar; **–ure** falta *f*
faint lánguido; desmayarse; **–ness** languidez *f*
fair bello; claro; justo; feria *f*; **– play** equidad *f*; **–ly** justamente; **–ness** belleza *f*
faith fé *f*; **–ful** fiel; **–fulness** fidelidad *f*; **–less** *a* pértido
fall caida *f*; otoño *n*; caer; bajar; **– asleep** dormirse; **– back** retroceder **– down** prosternarse; **– in love** enamorarse; **– on** atacar; **– out** reñir; **– sick** enfermar
fallibility *s* falibilidad *f*
false falso
falsify falsificar
fame fama *f*
familiar íntimo; **–ity** familiaridad *f*
family familia *f*
famine hambre *m*
famish hambrear
famous famoso; **–ly** muy bién
fan abanico *m*; abanicar
fanatic; **–al** fanático; **–ism** fanatismo *m*
fancy fantasía *f*; imaginar; **– fair** bazar *m*
fantastic fantástico
fantasy fantasia *f*
far remoto; lejos; **by –** mucho; **– and wide** por todas partes; **–fetched** imaginado; **–sighted** prudente
farce farsa *f*; **farcical** cómico
fare comida *f*; viajero *m* ir; viajar; **–well** adios!; despedida *f*
farm granja *f*; cultivar; **–er** agricultor *m*; **–house** *s* alqueria *f*; **–yard** corral *m*
fascinate fascinar
fashion modo *m*; formar; **in –** de moda; **–able** á la moda
fast firme; rápido; rapidamente; **– day** día de ayuno; **–en** atar; **–ening** atadura *f*
fat gordo; sebo; saín *m*
fatal funesto; **–ity** fatalidad *f*
fate destino *m*; **–d** destinado
father padre *m*; **–in-law** suegro *m*; **–land** *s* patria *f*; **–less** huérfano; **–ly** paternal
fatigue fatiga *f*; fatigar
fatten engordar
faucet canilla *f*
fault falta *f*; defecto *m*; **–finder** censurador *m*; **–less** perfecto; **–y** defectuoso
favor *s* favor *m*; carta *f*; favorecer; **–able** favorable; **–ite** favorito
fear miedo; temer; **–ful** medroso; **–fully** *ad* temerosamente; sin medida; **–fulness** terribilidad *f*; **–less** intrépido
feasible factible
feast fiesta *f*; festejar
feat hecho *m*; hazaña
feather pluma *f*
febrifuge febrífugo *m*
febrile febril
February febrero *m*
fee honorario *m*; pagar
feeble débil; **–ness** debilidad *f*
feed comida *f*; comer; **feeding-bottle** mamadera *f*
feel tacto *m*; sentir; **–er** antena *f*; **–ing** tierno tacto *m*; percepción; compasión *f*
feline felino
fell cruel; feroz; cortar
felloe pina (*f*) de rueda
fellow compañero; socio; *m*; **– citizen** conciudadano; **– feeling** simpatía; **–ship** compañia *f*; beca *m*; felonía *f*
felon reo *m*; **–ious** pérfido; **–y** felonía *f*
felt fieltro *m*
female hembra; mujer *f*
feminine femeniño
fence cerca; defensa; esgrima *f*; cercar; esgrimir; **–r** esgrimidor *m*
fend parar; **–er** guardafuego *m*
ferment fermento *m*; fermentar; **–ation** fermentación *f*
fern helecho *m*
ferocious feroz
ferocity ferocidad *f*
ferry pasaje; barquear; **–boat** barca *f*; **–man** barquero *m*
fertile fértil
fertilization fecundación *f*
fertilize fertilizar
fervent ferviente
festival fiesta *f*
festive alegre
festivity festividad *f*
fetch buscar
feud feudo *m*
fever fiebre; **–ish** febril; **–ishness** calenturilla
few poco; **a –** algunos
fiber fibra *f*
fibrous fibroso
fickle ligero; **–ness** inconstancia *f*
fiction ficción *f*
fictitious ficticio
fiddle violín *m*; **–r** violinista *m*; **– string** cuerda *f*
fidelity fidelidad *f*
fidget contonearse; **–y** inquieto
fiend demonio *m*; **–ish** diabólico
fierce feroz; **–ness** ferocidad *f*
fiery ardiente
fifteen quince; **–th** quinceno
fifth quinto; **–ly** en quinto lugar
fiftieth quincuagésimo
fifty cincuenta
fight combate *m*; combatir
figment ficción *f*
figurative alegórico; **–ly** figuradamente
figure figura *f*; tipo *m* figurar
file fila; lima *f*; limar; enfilar
filings limaduras *f pl*
fill bartura *f*; llenar
fillet venda; faja *f*; filetear
film película *f*
filter filtro *m*; filtrar
filth fango *m*; **–y** sucio
final final; último; **–ity** finalización *f*
finance hacienda (*f*) publica; renta *f*
find hallazgo *m* hallar; **– out** adivinar
fine fino; bello; multa *f* multar; **In –** por fin; **–ry** adorno *m*
finger dedo *m*; **– bowl** enjuague *m*
finish acabamiento *m*; terminar
finite finito
fir abeto *m*; **–cone** piña *f*
fire fuego *m*; lumbre *f* ardor *m*; **on –** encendido; encender; **–box** hogar *m*; **–brand** tizón *m*; **–brick** ladrillo (*m*) refractario; **– brigade** bomberos *m pl*; **–clay** arcilla (*f*) refractaria; **–damp** grisú *m*; **– engine** bomba (*f*) de incendios; **– escape** apar ato (*m*) de salvamento; **–fly** luciérnaga *f* **–grate** rejilla *f*; **–guard** guardafuegos *m*; **–irons** utensilios (*m pl*) de un hogar; **–man** bombero *m*; **–place, –side** hogar *m*; **–proof** a prueba de fuego; **–wood** leña *f*; **–works** fuegos (*m pl*) artificiales
firm firme; casa (*f*) de comercio
first primero; **– or last** temprano o tarde
fish pescado *m* pescar; **–bone** espina *f*; **–erman** pescador *m*; **–ing boat** barcalonga *f*; **–ing line** sedal *m*; **–ing net** red (*f*) de pescar; **–ing rod** caña (*f*) de pescar; **–ing tackle** aparejo (*m*) de pescar; **– kettle** besuguera *f*; **– market** pescadería *f*
fit paroxismo; acceso; ajuste *m*; ajustar; convenir; equipar; **by fits and starts** a ratos; **–ting** apto; **–ful** caprichoso; **–ness** conveniencia *f*
five cinco; **–fold** quintuplo
fix embarazo *m*; fijar
fixture mueble (*m*) fijo
flabby flojo
flag bandera *f*; pabellón *m*; enlosar; flaquear
flake copo *m*
flame llamarada *f*; brillar
flamingo flamenco *m*
flank flanco *m*; flanquear
flannel flanela *f*
flap falda *f*; aletear
flare echar llamas
flash relámpago *m*; relampaguear; **–light** destello *m*
flask botella *f*
flat llano; insípido; piso *m*; bemol *m*; **–ten** allanar
flatter adular; adulacion *f*
flavor sabor *m*; sazonar
flaw grieta *f*; **–less** cutero
flea pulga *f*
flee escapar; huir
flesh carne
flexibility flexibilidad *f*
flight huída *f*
flighty inconstante
flimsy delgado
fling tiro *m*; lanzar
flirt coqueta *f*; coquetearation coqueteria *f*
float boya *f*; flotar
flock manada; bandada *f*; congregarse
flood diluvio *m*; inundar; **–gate** com puerta (*f*) de esclusa; **– tide** pleamar *m*
floor piso *m*; solar; **–ing** entarimado *m*; **–cloth** encerado *m*
flotation flote *m*
flotsam restos flotantes
flounce vuelo *m*
flounder rodaballo *m*; patear
flour harina *f*
flow curso *m* fluir
flower flor *f*; florecer; **–bed** cantero *m*; **–girl** florera *f*; **–pot** florero *m*; **–stand** jardinera *f*; **–y** florido
fluctuate fluctuar
flue cañón (*m*) de chimenea
fluency fluidez *f*
fluent fluente
fluid fluido; liquido
fluke chirpa (billar); pestaña (*f*) del ancla
flurry ráfaga *f*
flush rubor; flux *m*; limpiar
fluster agitación *f*
flute flauta; estriar; **– player** flautista *m*
fluting estriadura *f*
flutter revoloteo *m*; agitar
flux flujo *m*; disenteria *f*
fly mosca *f*; coche *m*; volar
foal *s* potro *m*
foam espuma *f*; espumar
focus foco *m*; enfocar
foe (man) enemigo *m*
fog bruma *f*; oscurecer; **–gy** nebuloso; **–horn** sirena *f*
foil florete *m*; embotar
fold pliegue *m*; plegar; encerrar; **–ing-bed** catre *m*; **–ing-chair** silla (*f*) de tijera; **–ing-door** puerta de dos hojas
foliage follaje *f*
folk gente; mundo *m*; **old –** viejos *m pl*
follow seguir; **–er** partidario *m*
folly tontería; locura *f*
fond amante; mimar; **–ness** pasión *f*
food vitualla *f*; pasto *m*
fool loco; bufón *m*; chasquear; **–hardy** temerario *m*; **–ish** tonto
foot pie *m*; pata *f*; **–ball** pelota (*f*) de viento; **–board** zaga *f*; **–lights** lámparas *f pl*; **–man** lacayo *m*; **–path** senda *f*; **–race** carrers (*f*) á pie; **–step** pisada *f* **–stool** escabel *m*; **–warmer** estufilla *f*
for porque; por; a causa de; para; como **as – me** tocante a mi; **–ever** siempre
forbear abstenerse
forbearance paciencia *f*
forbid vedar
force fuerza *f*; forzar; madurar (plantas)
forcible prevaleciente
ford vado *m*; vadear
fore anterior; delante; antes; **– and aft** de popa á proa; **to the –** en evidencia; **–cast** pronosticación *f*; conjeturar; **–close** *va* excluir; **–father** abuelo *m*; **–finger** dedo (*m*) indice; **–go** renunciar á; **–going** precedente; **–gone** anticipado; **–ground** primer término; **–head** frente *f* **–man** capataz *m*
foreign extranjero
forest bosque *m*; **–er** guardabosque *m*; **–ry** selvicultura *f*
forfeit multa *f*; perder; **–ture** conflacación *f*
forge fragua; forjar; **–ry** falsificación *f*
forget olvidar; **–ful** olvidadizo; **–fulness** olvido *m*; **–me-not** vellosilla *f*
forgive perdonar; **–ness** perdón *m*
fork tenedor *m*; **–ed** hofcado
forlorn abandonado
form forma; banco *m*; formar
formality formalidad *f*
formation formacion *f*

former anterior; **-ly** antiguamente
formulate fomular
forsake dejar
fort fuerte *m*
forth fuera; **and so** – y asi de lo demás; **-coming** *a* venidero; **-with** luego
fortieth cuadragésimo
fortification fortificación *f*
fortify fortificar
fortitude valor *m*
fortress fortaleza *f*
fortunate afortunado
fortune fortuna *f*; dote *m*; **-teller** sortilego *m*
forward presumido; precox; pronto; adelante; avanzar; promover
fossil fósil *m*
foster oriar
foul sucio; ensuciar; – **play** traición *f*; **-ness**
found fundar; fundir; **-ation** fundación *f*; **-er** fundador; desparse
fountain fuente *f*
four cuatro; **-fold** cuadruplo; **-footed** cuadrúpedo; **-teen** catorce; **-teenth** catorceno; **-th** cuarto
fox zorro *m*
fraction fracción *f*
fracture fractura *f*; quebrar
fragile frágil
fragment fragmento *m*
fragrance fragrancia *f*
fragrant fragrante
frame fábrica *f*; marco *m* fabricar; **-work** *s* armasón *m*
franchise franquicia *f*
frank franco; **-ness** franqueza *f*
frantic frenético
fraternity fraternidad *f*
fraud fraude *m*; **-ulent** fraudulento
freckle peca *f*
freak capricho *m*
free libre; gratuito; libertar; – **and easy** sin restricciones *m*; **-dom** libertad *m* (*f*) franco
freeze congelar
freezing-point punto (*m* de congelación
freight carga *f*; fletar
French francés
frenzy frenesí *f*
frequent frecuente
fresh fresco; nuevo; **-water** agua dulce; **-en** *va* refrescar; **-et** arroyo *m*; **-man** novicio *m*; **-ness** frescura *f*
fretful mohino
friction fricción *f*
Friday viernes *m*; **Good** – viernes santo
friend amigo *m*; **-less** desamparado; **-ship** amistad *f*, **-ly** amigable
fright espanto *m*; **-en** espantar; **-ful** horrible; **-fulness** horror *m*
frill vuelo *m*
fringe franja *f*
frisk gambeta *f*; brincar
frog rana *f*
frolic cala verada *f*
from de; desde; después
front delantero; frente *m*; **-age** frente; – **door** puerta (*f*) principal
frost helada *f*
froth espuma *f*; **-y** espumoso
frown ceño *m*; fruncir el ceño
frozen a helado
fruit fruto *m*; **-erer** frutero *m*; **-ful** *a* prolifico; **-fulness** fertilidad *f*; **-ion** fruición *f*; **-less** infructuoso; – **tree** árbol (*m*) frutal
frustrate frustrar
fry fritada *f*; freir; **-ing pan** sartén *m*
fuel combustible; pábulo *m*
fugitive fugitivo
fulfill cumplir; realizar; **-ment** realización *f*
full lleno; completamente; **in** – á la larga; **in** – **swing** á todo correr; – **moon** luna llena; – **well** muy bien; – **dress** traje de etiqueta; **-length** *a* de grandeza natural
full abatanar
fumble *vn* tartamudear
fume humo; humear
fumigate sahumar
fumigation sahumerio *m*
fun diversión
function función *f*; **-ary** empleado *m*

fund fondo *m*
funeral funerales *m pl*
funnel tubo
funny cómico
fur *s* forro (*m*) de pieles; piel *m*; incrustación *f*
furious furioso
furlough licencia (*f*) temporal
furnace horno *m*
furnish proveer
furniture muebles *f pl*
furrier peletero *m*
further ulterior; más lejos; además; aun; adelantar
furthest lo más lejos
fury furor *m*; ira *f*
fuse cebo *m*; mecha *f*; fundir
fusee huso *m*
fusion fusión *f*
fuss alboroto *m*; **-y** fastidioso
futile fútil
futility futilidad *f*
future futuro

G

gab boca *f*
gable caballete *m*; **-end** tímpano *m*
gag mordaza *f*; amordazar
gage caución *f*; empeñar
gaiety alegería *f*
gain ganancia *f*; ganar
galaxy galaxia *f*
gale viento fresco *m*
gallant valeroso; **-ry** galantería *f*
gallery galería *f*
galley galera *f*
gallon galón *m* (4.54 litr.)
gallop galope *m*; galopar
gamble jugar; garitear; **-r** tahur *m*
game juego *m*; caza *f*; – **pie**, pastel de cacería; **-bag** morral *m*; **-cock** gallo (*m*) de pelea; **-keeper** guardabosque *m*; **-ly** valerosamente; **-some** juguetón
gaming juego *m*; – **house** garito *m*
gamut gama *f*
gander ganso *m*
gang cuadrilla *f*; **-er** capataz *m*; **-way** pasamanos *m*
gangrene gangrenarse; gangrena *f*
gaol carcel *m*
gap boquete *m*; grieta *f*; intérvalo *m*; mellar; escoplear
gape bostezo *m*; bostezar; entreabrirse
garb vestido *m*; vestidura *f*; traje *m*
garble entresacar; garbillar; alterar
garden jardin; huerto *m*; cultivar un jardín ; **-ing** jardinería *f*; **-er** jardinero *m*
gargle gárgara *f*; gargarizar
garish charro; **-ness** charrada *f*
garland guirnalda *f*; ensortijar
garlic ajo *m*
garment traje; vestido *m*; vestidura *f*
garner hórreo; granero *m*; entrojar
garnet granate; candeletón; estrinque *m*
garnish guarnecer
garniture aderezo *f*
garrison guarnición *f*; guarnecer
garrotte garrote *m*; estrangulación *f*; ahogar
garter jarretera *f*; cenojil *m*; liga *f*
gas gas *m*; **-alier** candil (*m*) de gas; – **burner** mechero *m*; **-eous** gaseoso
gash cuchillada *f*; dar una cuchillada
gasp suspiro (*m*) convulsivo; boquear
gate puerta *f*; **-way** puerta (*f*) cochera
gather coger; acumularse; **-ing** reunión *f*
gaudy fastoso
gauge vara *f*; aforar
gaunt flaco; **-ness** flaqueza *f*
gauze gasa *f*
gawk cuclillo
gay gayo; alegre
gaze mirada (*f*) fija; mirar
gazette gaceta *f*; **-er** gacetero *m*; diccionario (*m*) geográfico
gear aparejo *m*; engranage
gelatin gelatina
geld castrar
gem piedra (*f*) preciosa; joya *f*
gender género *m*
general común; general *m*; – **staff** estado mayor; generalidad *f*;

generalizar
generation generación *f*
generosity generosidad *f*
generous generoso
genial genial; **-ity** alegria *f*
genius genio *m*
genteel gentil
gentility urbanidad *f*
gentle suave; bien nacido; **-man** caballero *m*; **-ness** suavidad *f*; **-woman** señora *f*
genuine genuino
geographer geógrafo *m*
geography geografia *f*
geological geológico
geologist geólogo *m*
geology geología *f*
geometry geometria *f*
geranium geranio *m*
germ germen *m*
Germany Alemania *f*
get ganar; liegar; – **better** mejorarse; – **drunk** emborracharse; – **on** avanzarse; – **out** salir; – **ready** preparar; – **up** levantarse
geyser geiser *m*
ghost espectro *m*
giant gigante *m*; gigantesco
giddiness vértigo; **giddy** vertiginoso
gift don, *m*; **-ed** dotado
gigantic gigantesco
gild dorar; **-ing** doradura *f*
gills agallas *f pl*
gin ginebra; trampa *f*
ginger jengibre *m*
gingham guinga *f*
gipsy gitano *m*
girl muchacha *f*; **-hood** doncellez *f*; **-ish** muchacho
give dar; entregar; – **birth to** producir; – **evidence** atestiguar; – **in**, ceder; – **over** cesar; – **out** publicar; – **tongue** gritar; – **up** dejar; cesar; – **way** recular; dador *m*
glacier ventisquero *m*
glad alegre; **-den** *va* alegrar; **-ness** alegria *f*
glade claro *m*
glamour prestigio *m*
glance ojeada *f*
glare deslumbramiento *m*
glass vaso; espejo *m*; **-blower** vidriero *m*; **-paper** papel (*m*) de lija
glaze vidriar; **glazier** vidriero *m*
gleam relámpago
glean espigar; **-ing** rebusca *f*
glee alegría *f*
glen valle *m*
glide resbalar
glimmer vislumbre *f*
glimpse ojeada *f*
glitter lustre; brillar
globe globo *m*
gloom oscuridad *f*; **-y** sombrío
glorification glorificación *f*
glorify glorificar
glorious glorioso
glory gloria *f*
glove guante *m*; guantero *m*
glow calor *m*; arder
glue cola; encolar
glum tétrico
gnarl nudo *m*
gnaw roer
go ir; andar; – **mad** enloquecerse; – **out** salir; – **wrong** extraviarse
go paso *m*; energía *f*; **-between** entremetido
goal objeto; fin *m*
goat cabra *f*
gobble tragar
God Dios, **-chlld** ahijado *m*; **-dess** diosa *f*, **-father** padrino *m*; **-less** impío; **-mother** madrina *f*; **-send** dicha *f*
gold oro *m*; **-beater** batihoja *m*; **-en** dorado
gondola góndola *f*
gondolier gondolero *m*
gong gongo *m*
good bueno; **in – time** a tiempo; **very** – muy bien; **-bye**, – **day** a Dios; – **evening** buenas tardes; – **Friday** viernes (*m*) santo; – **humor** buen humor *m*; **-looking** hermoso; – **luck** dicha f; – **morning** buenos días; – **night** buenas noches; **-ness** bondad *f*; **-s** géneros *m pl*

goose ganso *m*; oca *f*
gore sangre (*f*) cuajada; nesga *f*; picar
gorgeous espléndido
gorilla gorila *m*
gospel evangelio *m*; **-ler** evangelista *m*
gossip compadre *m*; charlar
gothic gótico
gout gota *f*; gotoso
govern gobernar; **-ess** gobernadora *f*; **-ment** gobierno *m*; **-or** gobernador *m*; regulador *m*
gown talar *m*
grab agarrar
grace gracia; adornar; **-ful** gracioso **-less** réprobo
gracious gracioso
gradation graduación *f*
grade grado *m*
gradient inclinación *f*
graduate graduado *m*; graduar
graft injerto *m*; injertar
grain grano *m*
grammar gramática *f*, – **school** colegio *m*; **-ian** gramático *m*
grand grande; **-child** nieto *m*; **-eur** grandeza *f*; **-father** abuelo *m*; **-mother** abuela *f*
grant don *m*; conceder
grape uva *f*; **-stone** granuja *f*
graphic gráfico
graphite grafito *m*
grasp puño *m*; empuñar
grass yerba; verdura *f*; **-hopper** cigarrón *m*; – **plot** césped *m*
grate reja *f*, rallar; **-r** rallo *m*
grateful grato; **-ness** gratitud *f*
gratification gratificación
gratify gratificar
gratitude gratitud *f*
grave grave; serio sepultura *f*; **-digger** sepulturero *m*; **-n** grabado; **-r** buril *m*; **-stone** piedra (*f*) sepulcral; **-yard** cementerio *m*
gravel casquijo *m*; mal (*m*) de piedra
gravy salsa *f*
gray gris
graze pacer
grease grasa *f*; engrasar
greasy grasiento
great grande; **a -many** muchos; **-grandfather** bisabuelo *m*; **-grandson** biznieto *m*; **-ness** grandeza *f*
greed voracidad *f*; **-y** voraz
green verde; verduras *f pl*; **-gage** ciruela (*f*) verdal; **-grocer** verdulero *m*; **-house** invernáculo *m*; frescura *f*
greet saludar; **-ing** salutación *f*
gregarious gregario
grey gris; **-hound** galgo *m*
grief pesar *m*; dolor *m*
grievance molestia *f*
grieve agraviar
grievous penoso
grill asar en parrillas
grim horrendo
grime mugre *f*; **grimy** mugriento
grin mueca *f*
grind moler; **-er** molinero *m*; diente (*m*) molar
grip(e) enlace *m*; asir
grit cascajo *m*; **-ty** arensoso
groan gemido *m*; gemir
grocer especiero *m*; **-y** especeria *f*
grog grog *m*; **-gy** achispado
groom mozo *m*
groove mueca *f*; estriar
grope tentar
gross bruto; gruesa *f*
grotesque grotesco
ground tierra *f*; suelo; fondo *m*; fundar; rendir; varar; **-floor** piso (*m*) bajo; **-less** *a* infundado; **-plan** *s* plano (*m*) horizontal; **-rent** alajor *m*; **-s** sedimento; parque *m*; **-sel** yerba (*f*) caña
group grupo *m*; agrupar
grow cultivar; crecer; **-th** crecimiento *m*
growl gruñido *m*; gruñir
grudge rencor *m*; envidiar
gruel broma *f*
gruesome espantoso
gruff áspero
grumble, grunt gruñir
guarantee garantía *f*; garantir
guard guarda *f*; guardia *m* & *f*; conductor *m*; guardar; **-ian** guardián *m*; tutelar; **-ianship** tutela *f*

guess conjetura *f*
guest huésped; convidado *m*
guidance conducta *f*
guide guía; guiar; **--book** itinerario *m*; **--post** hito *m*
guilt delito *m*; culpa *f*; **–less** inocente; **–y** culpable
guitar guitarra *f*
gulf golfo; abismo *m*
gull gaviota *f*; engañar; **–ible** crédulo
gulp engullir
gum goma *f*; engomar
gun fusil; cañón *m*; **– barrel** cañón (*m*) de fusil; **–boat** cañonera *f*; **–cotton** algodón (*m*) fulminante; **–metal** bronce (*m*) de cañón; **–ner** artillero *m*; **–powder** pólvora *f*; **–shot** tiro *f*
gush borbotón *m*; brotar
gut tripa *f*; destripar
gutter gotera *f*
guy guía *m*
gymnasium gimnasio *m*
gymnast atleta *m*
gymnastics gymnástica *f*
gypsy gitano *m*

H

habit hábito; uso *m*; **–ation** habitación *f*
hack rocín *m*; muesca *f*; tajar
hag bruja *f*
haggard huraño
haggle regatear
hail salve; granizo *m*; saludar
hair cabello; pelo *m*; **–brush** bruza *f*; **–dresser** peluquero *m*; **–less** *a* pelon; **–pin** *s* horquilla *f*; **–splitting** quisquilloso; **–spring** pelo *m*; **–y** peludo
hale sano; vigoroso
half medio; semi a mitad; mitad *f*; **--breed** mestizo; **--brother** hermano uterino; **--hearted** cobarde; **--moon** semilunio *m*; **--witted** *a* necio
halibut platija *f*
hall aula *f*; vestíbulo *m*; **–mark** marca (*f*) del contraste
hallow consagrar
hallucination alucinación
halo halo *m*
halve partir en dos mitades *f*
ham jamón; pernil *m*
hammer martillón; macho *m*; martillar
hammock hamaca *f*
hamper cesto; embarazar
hand mano *f*; palmo *m*; poder *m*; aferrar; **by –** por mensajero; **off–** rudo; **–bill** cartel *m*; **–book** manual *m*; **–cuff** esposa *f*; **–ful** manojo *m*; **–icraft** arte (*f*) mecánica; **–iwork** obra *f*; **–kerchief** pañuelo *m*; **–le** mango; manejar; **–maid** criada *f*; **–rail** guardalado *m*; **–writing** escritura *f*; **–some** bello; **–y** diestro
hang colgar; ahorcar; **–er** alfanje *m*; **–ings** tapices *m pl*; **–man** verdugo *m*
hap caso *m*; **–hazard** suerte *m*; **–less** desventurado
happen acaecer
happily felizmente
happiness felicidad *f*
happy feliz
harbor puerto; asilo *m*; hospedar
hard duro; difícil; **– of hearing** medio sordo; **– up** necesitado; **–en** endurecer; **–ened** incorregible; **--headed** sensible; **--hearted** inhumano; **–ihood** vigor *m*; **–ily** atrevidamente; **–ly** apenas; **–ness** dureza; dificultad *f*; **–ship** privación *f*; **–ware** *s* quincallería *f*; **–y** robusto
hare liebre *m*
harelipped labihendido
harm mal; daño *m*; injuriar; **–ful** dañoso; **–less** inofensivo
harmonious armonioso
harmonize armonizar
harmony armonía *f*
harness *s* arnés *m*; jaeces *m pl*; **–** *va* enjaezar; ensillar; **--maker** *s* guarnicionero *m*
harpoon *s* arpón *m*; **–** *va* arponear
harpy *s* arpiá *f*
harsh *a* áspero; austero; **–ness** *s* asperesa *f*
harvest *s* cosecha; siega *f*; **–** *va* cosechar; segar
harvester *s* segador; cosechero *m*
haste *s* prisa; precipitación *f*; **–n** *va* acelerar **–** *vn* apresurarse; darse prisa
hastily *ad* precipitadamente
hasty *a* apresurado; colérico
hat *s* sombrero *m*; **–band** *s* cintillo *m*; **–box** *s* somberera *f*
hatch *va* criar pollos; tramar; **–** *vn* empollarse
hatches *a pl* cuarteles *m pl*
hatchet *s* destral *m*; hachita *f*
hate *s* odió *m*; **–** *va* odiar; aborrecer; detestar; **–ful** *a* aborrecible; odioso; detestable
hatred *s* odio *m*; aversión *f*
hatter *s* sombrerero *m*
haughtily *ad* arrogantemente
haughtiness *s* altives *f*; orgullo *m*
haughty *a* altivo; orgulloso
haul *s* tirón; estirón *m*; redada *f* (de peces) *va* tirar; halar
haunt *s* guarida *f*; **–** *va* frecuentar; rondar; visitar; **–ed** *a* frecuentado por duendes; **–er** *s* frecuentador *m*
have *va* haber; tener; poseer; **– at** atacar; **– on** llevar; traer; **– rather** querer más; preferir
haven puerto; abrigo; asilo *m*
hawk halcón *m*; vender por las calles; buhonero
hay heno *m*; **–maker** *s* apilador (*m*) de heno; **–stack** niara *f*
hazard riesgo *m*; tronera *f* (billar) arriesgar; **–ous** arriesgado
haze brumazón *m*; hazy brumoso
hazel castaño; **–nut** avellana *f*
he el
head cabeza *f*; jefe *m* proa *f*; mandar; **From – to foot** de pies á cabeza; **– foremost** de cabeza; **–ache** dolor (*m*) de cabeza; **–dress** –cofia *f*; **–ing** portada *f* (libro)
health salud *f*; **–y** salubre
heap pila *f*; montón *m*; amontonar
hear oir; entender; **–ing** oído *m*; audiencia *f*; **–ken** escuchar; **–say** rumor *m*
hearse carro (*m*) fúnebre
heart corazón; centro *m*; **by –** de memoria; **–ache** pesar *m*; **–broken** desesperado; **–burn** cardialgia *f*; **–en** animar; **–felt** sentido; **–ily** cordialmente; **–less** insensible; **–rending** doloroso; **–y** acordial; vigoroso
heat calor; ardor *m*; calentar; **–er** calentador *m*
heather brezo *m*; heathen pagano
heave alzar; lanzar
heaven cielo *m*
heavily pesadamente
heavy grave; pesado
hectic hético
heed atender; **–less** negligente
heal talón; tacón *m*
height altura *f*; **–en** realzar
heir heredero *m*; **–ess** *s* heredera *f*
hell infierno *m*; **hellish** infernal
helmet yelmo *m*
help ayuda *f m* ayuda; **–er** asistente *m*; **–ful** *a* útil; **–less** impotente *f*; **–mate** compañero *m* & *f*
helter-skelter atropelladamente
hem ribete *m*; ribetear
hemisphere hemisferio *m*
hemorrhage hemorragia *f*
hemorrhoids almorranas *f pl*
hen gallina *f*
hence de ahí; por esto
her su; de ella; la le
herald heraldo *m*; anunciar
herb yerba *f*
herd hato *m*
here aquí; acá; **– and there** acá y allá; **– is**; **– are** he aquí; **–about** aquí alrededor; **–after** en adelante; **–by** por esto; **–tofore** basta el día; **–upon** sobre eso; **–with** con esto; junto
hereditary hereditario
heredity herencia *f*
herein en esto; **–after** en seguida
heritage herencia *f*
hermit ermitaño *m*; **–age** ermita *f*
hero héroe *m*; **–ic** heróico; **–ine** heroína *f*; **–ism** heroísmo *m*
herring arenque *m*
herself ella misma
hesitate dudar
hesitation hesitación *f*
heterogeneous heterogéneo
hibernate invernar
hibernation invernación *f*
hiccup hiccough hipo *m*; hipar
hickory nogal (*m*) de América
hidden oculto
hide piel *m*; esconder; **--and-seek** escondite *m*
hideous horrible
hiding-place escondrijo *m*
high alto; hediondo; **– and dry** encallado; **– altar** altar mayor; **– church** ritualístico; **– mass** misa (*f*) mayor **–born** bien nacido; **--colored** a subido de color; **– fed** craso; gordo; **–flown** binchado; **--handed** despótico; **–lands** tierras (f.p.) montañosas; **–lander** montañés *m*; **–ly** altamente; **--minded** magnánimo; **–ness** altura; alteza *f*; **– pressure** alta presión *f*; **--priced** caro; **– road** camino (*m*) real; **– seas** altá mar *f*; **--spirited** brioso; **--strung** nervioso; **--tide** marea (*f*) alta; **–way** camino *m*
hilarious muy alegre
hilarity alegria *f*
him le; él; **–self** él mismo
hind cierva *f*
hint insinuación *f*; sugerir
hip cadera *f* gerir; **--bath** baño (*m*) de asiento
hippopotamus hipopótamo *m*
hire alquiler; salario *m*; alquilar; **–ling** mercenario *m*; **–r** alquilador *m*
his su suyo; de él; lo suyo
historian historiador *m*
historic(al) histórico
history historia *f*
hit golpe *m*; pegar
hive colmena *f*
hoard tesoro *m*; amontonar
hoarding cercado (*m*) de tabla
hoarse ronco; **–ness** ronquera *f*
hoax chasco
hob plancha (*f*) de taladro
hobby ocupación (*f*) favorita; **--horse** caballito *m*
hoe azada *f*; azadonar
hog cerdo *m*
hoist alzamiento *m*; alzar
hold presa; custodia *f*; bodega *f*; tener; contener; **– out** mantenerse; **– the tongue** callar; **– together** ligarse; **– up** sostener; **–er** posessor; mango *m*; asa *f*
hole agujero; hoyo *m*
holiday día (*m*) de fiesta *f* vacaciones *f pl*
holiness santidad *f*
hollow falso; hueco *m*; ahuecar *f*
holly acebo *m*
holocaust holocausto *m*
holy santo; **– waters** agua (*f*) bendita
homage homenaje *m*
home casa *f*; domicilio *m*; **at –** en casa; **–made** doméstico; **–less** sin casa ni hogar; **–ly** simple; **–sickness** nostalgia *f*; **–ward** hacia casa; **–ward-bound** de vuelta
homicidal homicida
homogeneous homogéneo
honest honrado; honesto; **–y** honestidad *f*
honey miel *m*; **–comb** panal *m*; **–moon** luna (*f*) de miel
honorary honorario
honor honor *m*; honrar
honorable honorable
hood caperuza *f*
hoof casco *m*
hook gancho *m*; enganchar; **by – or by crook** de un modo u otro; **–nosed** aguileño; **–s and eyes** corchetes *m pl*
hoop aro; cerco
hoot grita *f*; canto *m*; gritar
hop brinco; lúpulo *m*; saltar
hope esperanza *f*; esperar; **–ful** esperanzado; **–less** desesperado
horde horda *f*
horizon horizonte *m*; **–tal** horizontal
horn cuerno *m*; **–blower** bocinero *m*; **–ed** cornudo
hornet tábano *m*
horrible horrible
horrify horrorizar
horror horror *m*; **–stricken** aterrado
horse caballo *m*; caballería *f*; **on –back** á caballo (de caballos); **–shoe** herradura *f*; **–whip** látigo *m*; **–woman** amazona *f*
hose calzas medias *f pl*; tubo (*m*)
hospitable hospitalario
hospital hospital *m*; **–ity** hospitalidad *f*
host ejército *m*; hostia *f*; **–elry** hosteria *f*; **–ess** posadera *f*
hostage retén *m*
hostile hostil
hot cálido; ardiente; **–bed** era *f*
hotel posada *f*
hound galgo; perro *m*
hour hora *f*; **–glass** reloj (*m*) de arena; **–hand** horario *m*; **–ly** á cada hora
houri huri *f*
house casa *f*; menaje *m*; albergar; **– agent** corredor (*m*) de casas; **–hold** familia *f*; **–holder** amo (*m*) de casa; **–keeper** ama (*f*) de llaves; **–maid** criada *f* (de casa)
how como; cuan; **–ever** sin embargo **– do you do?** ¿cómo está? V? **– far?** ¿á qué distancia? **– long?** ¿cuánto tiempo? **– many?** ¿cuántos? **– much?** ¿cuánto?
howl aúllo *m*; aullar
hub cubo *m*
huddle confusión *f*
hue color; matiz *m*
hug abrazo *m*; abrazar
huge vasto
hulk casco *m*
hum zumbar
human(e) humano; **–ity** humanidad *f*; **–itarian** humanitario
humble humilde; humillar; **–bee** abeja (*f*) silvestre
humbly humildemente
humid húmedo; **–ity** humedad *f*
humiliate humillar
humiliation humillación *f*
humility humildad *f*
humor humor; *m* complacer; **–ist** fantástico *m*; **–ous** cómico
hunch pedazo
hundred ciento *m*; **–fold** céntuplo *m*; **–th** centésimo; **–weight** quintal *m*
hunger hambre *m*; hambrear
hungrily ávidamente
hungry hambriento
hunt caza *f*; cazar; **–er** cazador; **–ress** cazadora *f*
hurdle zarzo *m*
hurricane huracán *m*
hurry precipitación *f*; apresurarse
hurt daño; mal *m*; herir
husband marido *m*; economizar
hush *i* chitón; apaciguar; **--money** soborno *m*
husk cáscara *f*; pellejo *m*; **–iness** ronquera *f*; **–y** ronco
hustle empujar
hut cabaña; choza *f*
hutch arca *f*
hyacinth jacinto *m*
hybrid híbrido *m*
hygiene higiene *m*
hygienic higiénico
hymn himno *m*; **–al** himnario *m*
hyphen guion *m*
hypnotic hipnótico
hypnotize magnetizar
hypocrisy hipocresía *f*
hypocritical hipócrita
hypothesis hipótesis *f*
hysterics histerismo *m*
hysterical histérico

I

i yo
iambic yámbico; yambo *m*
ibex íbice *m*
ice hielo *m*; helar; **–berg** banco (*m*) de hielo; **–bound** aprisionado por el hielo; **– cream** sorbete *m*
icicle cerrión *m*
icy glacial
idea idea *f*
ideal ideal; **–istic** idealista *m*; **–ize** idealizar

identical idéntico f
identify identificar
identity identidad
idiocy idiotez f
idiom idioma m
idiosyncrasy idiosincrasia f
idiot idiota m ; –ic imbécil
idle vano; frívolo; idle(r) holgazán;
  –ness holgazaneria
idol idolo m; –ater idolatra m;
  –atrous idolátrico; –atry idolatria f;
  –ize idolatrar
idyll idilio m; –ic pastoral
if si; – not sino
ignite encender; ignition ignición f
ignominious ignominioso
ignorant ignorante; ignorance igno-
  rancia f; ignore ignorar
ill malo; enfermo mal; –bred; –man-
  nered mal educado; –considered
  inmaduro; –fated desgraciado
illegal ilegal
illegible ilegible
illegitimate ilegitimo
illicit ilícito
illiteracy ignorancia f
illiterate iliterato
illness enfermedad f; mal m
illogical ilógico
illuminate iluminar
illusion ilusión f; illusive ilusivo
illustrate ilustrar; illustration
  ilustración f
illustrious ilustre
image imagen
imaginable imaginable
imaginary imaginario
imagination imaginación f
imagine imaginar
imbecile imbécil
imitation imitación f
immaculate immaculado
immaterial inmaterial
immature inmaduro
immeasurable inmensurable
immediate inmediato; pronto;
  –ly luego
immense inmenso; –ly sin medida
immerse sumergir
imminent inminente
immodest inmodesto
immoral inmoral
immortal inmortal; –ity inmortalidad
  f
immovable inmóvil
immunity inmunidad
impact choque m
impair deteriorar
impart comunicar
impartiality imparcialidad f
impassable intransitable impassive
  impasible
impatience impaciencia f
impatient impaciente
impeach acusar; –ment denuncia f
impel impeler
imperative imperativo
imperceptible imperceptible
imperfect imperfecto
imperial imperial
imperishable eterno
impersonation representación f
impertinence impertinencia f
impertinent impertinente
impetuosity impetuosidad f
impetus impetu m
impiety impiedad f
implant implantar
implement utensilio m
implicate implicar
implicit implicito
implore implorar
imply implicar
impolite descortés
import importación f; importar; –
  duty derecho de importación;
  –ance importancia f, –ant impor-
  tante; –ation importación f
importunate importuno
importunity importunidad f
impose imponer
imposing magnifico
imposition imposición f
impossible imposible
impotent impotente
impracticable impracticable
impregnate impregnar
impress marca f imprimir; –ion

impresión f; –ive solemne
imprint imprenta f imprimir
imprison aprisionar; –ment encarce-
  lamiento m
improbable improbable
impromptu improvisación f; extem-
  poráneamente
improper impropio
impropriety impropiedad f
improve mejorar
improvement mejora f
improvise improvisar
imprudent imprudente
impudence impudencia f
impulse impulso m
in en; por; con dentro
inability inhabilidad f
inaccessible inaccesible
inaccurate inexacto
inaction inacción f
inactivity pereza f
inadmissible inadmisible
inalienable inajenable
inane vacío
inanimate inanimado
inarticulate inarticulado nasmuch
  visto que
inattentive desatento
inaudible lo que no se quede oir
inaugurate inaugurar
inborn innato
incalculable incalculable
incapable incapaz
incarcerate encarcelar
incense incienso m; incensar
incentive incentivo m
inception principio m
incessant incesante
incest incesto m
inch pulgada f
incident incidente m ; –al incidente
incinerate incinerar
incipient incipiente
incision incisión f
incite incitar
inclination inclinación f
incline inclinar
inclose incluir
inclosure recinto m
include incluye
incoherent incoherente
income renta; entrada f; – tax
  impuesto m
incomparable incomparable
incompatible incompatible
incompetent incompetente
incomplete incompleto
inconceivable inconcebible
inconclusive no concluyente
inconsiderate inconsiderado
inconsistent inconsistente
inconvenience inconveniencia f;
  incomodar
inconvenient incómodo
incorrect incorrecto
increase aumento m; acrecentar
incredible increible
incredulous incrédulo
incriminate incriminar
incubate empollar
incubation incubación f
incubator incubador m
incumbent obligatorio; beneficiado m
incurable incurable
indebted endeudado
indecency indecencia f
indecent indecente
indecision indecisión f
indecisive indeciso
indeed verdaderamente
indefensible indefendible
indefinite indefinido
indelible indeleble
indelicate poco delicado; grosero
indemnify indemnizar
indemnity indemnidad f
indent endentar; –ure contrato m
independence independencia f
independent independiente
indescribable indescriptible
index indicio m; gufa f
indicate indicar
indication indicación f
indict acusar; –able ilegal; –ment
  acusación f
indifferent indiferente f
indigestion indigestión f
indignant indignado

indignation indignación f
indignity indignidad f
indirect indirecto
indiscreet indiscreto
indiscretion indiscreción f
indiscriminate indistinto
indispensable indispensable
indispose indisponer
indistinct indistinto
individual individual; individuo m;
  –ity individualidad f
indivisible a indivisible
indolence indolencia f
indolent indolente
indomitable a indomable
indoors dentro
indubitable indudable
induce inducir; –ment inducimiento
  m
induction inducción f
indulge favorecer; –nce indulgencia f;
  –nt indulgente
industrial industrial
industrious industrioso
industry industria f
ineffable inefable
ineffectual ineficaz
inefficient incapaz
inelegant inelegante
ineligible a excluido de elección
inept inepto
inequality desigualdad f
inert inerte
inertia inercia
inestimable inestimable
inexact inexacto
inexhaustible inagotable
inexorable inexorable
inexpedient inoportuno
inexperience inexperiencia
inexplicable inexplicable
inextinguishable inextinguible
infallibility infalibilidad f
infallible infalible
infamous infame
infamy infamia f
infancy infancia f
infant infante; niño; –icide infanti-
  cidio m; –ile infantil
infatuate infatuar
infatuation infatuación f
infection contagio m
infectious contagioso
infer inferir; –ence inferencia f
inferior inferior; –ity inferioridad f
infinite infinito; –simal infinitesimal
infinity infinidad f;
infinitive infinitivo
inflammability combustibilidad f
inflammable inflamable
inflammation inflamación f
inflate inflar
inflation inflación f
inflexible inflexible
inflict infligir; –ion pena f
influence influencia f; influir
influential influente
influenza fluxion (f) epidémica
inform informar; –ation información;
  aviso m; –er informante m
informal informal; –ity informalidad f
infringe infringir; –ment infracción f
infuriate enfurecer
ingenious ingenioso
ingenuity ingeniosidad f
ingenuous ingenuo
ingredient ingrediente m
inhabit habitar; –able habitable; –ant
  habitante m
inhale inhalar
inherit heredar; –ance herencia f
inhibit inhibir; –ion inhibición f
inhospitable inhospito
inhuman inhumano
inimitable inimitable
initial inicial letra (f) inicial
initiate iniciar
initiation iniciación f
inject inyectar; –ion inyección f
injunction precepto m
injure injuriar
injurious injurioso
injury injuria f
injustice injusticia f
ink tinta f; – bottle, – stand tintero
  m; – eraser borrador m; –y negro
inkling sospecha f
inlaid incrustado

inmate inquilino m
inn posada f; –keeper posadero m
inner interior
innocence inocencia
innocent inocente; simple
innovate innovar
innovation innovación f
innuendo indirecta f
inoculate inocular
inoculation inoculación f
inoperative ineficaz
inquest investigación f
inquire inquirir; nador m
inquiry interrogación f
inquisition inquisición f
inquisitive curioso; –ness curiosidad
insane insano
insanity insania f
inscribe inscribir
inscription inscripción f
insect insecto m
insecure inseguro
insecurity inseguridad f
inseparable inseparable
insert insertar; –ion inserción f
inside interior; dentro
insight penetración f
insignificant insignificante
insincere falso
insincerity disimulación f
insinuate insinuar
insinuation insinuacion f
insist insistir; –ence insistencia f
insolence insolencia f
insolent insolente
insomnia insomnio m
insomuch de manera que
inspect inspeccionar; –ion inspec-
  ción f; –or inspector m
inspiration inspiración f
inspire inspirar
install instalar; –ation instalación f
installment plazo m
instance instancia f; ejemplo m
instant urgente; instante m; mes (m)
  corriente; –aneous instantáneo; –ly
  instante
instead of en lugar de; en vez de
instigate instigar
instigation instigación f
instinct instinto m; instinctive
  instintivo
institute instituto m; instituir
institution institución f
instruct instruir; –ion instrucción f;
  aviso m
instrument instrumento m; –al
  instrumental f
insubordinate insubordinado
insufferable insufrible
insufficient insuficiente
insult insulto m; insultar
insurance seguro m
insure asegurar m
insurmountable insuperable
insurrection insurrección f
intact intacto
intangible intangible
integer entero m
integral integral
integrity integridad f
intellectual intelectual
intelligence inteligencia f
intelligent inteligente
intend intentar
intense intenso; –ly vivamente
intent atento; intento m; –ion(al)
  intencion(al); –ionally con inten-
  ción; –ly atentamente; –ness apli-
  cación f
inter enterrar
intercede interceder
intercept interceptar
interchangeable reciproco
intercourse comercio m
interest interés; provecho m;
  interesar
interesting interesante
interfere intervenir; –nce interven-
  ción f
interim interino m; in the – entre-
  tanto
interior interior
interjection interjección
interlude intermedio m
intermed(iary) (iate) intermedio
intermediary mediador m
intermingle (mix) entremezclar

intermittent intermitente
intern internar; **–al** interno; **–ment** internación *f*
international internacional
interpret interpretar; **–ation** interpretación *f*; **–er** intérprete *m*
interrogate interrogar
interrogation interrogación
interrogatory interrogativo
interrupt interrumpir; **–ion** interrupción *f*
intersect entrecortar; **–ion** intersección *f*
intersperse esparcir
interval intervalo *m*
intervene intervenir
invention intervención *f*
interview entrevista *f*
intimacy intimidad *f*
intimate íntimo; insinuar
intimidate intimidar
intimidation intimidación *f*
into en; dentro
intolerable intolerable
intolerance intolerancia *f*
intolerant intolerante
intoxicate embriagar
intoxicating emborrachante
intoxication embriaguez *f*
intricate intrincado
intrigue intriga *f*; intrigar
intrinsic intrínseco
introduce introducir
introduction introducción *f*
introductory preliminar
intrude introducirse; **–r** intruso *m*
intrusion intrusión *f*
intrusive intruso
intuition intuición *f*
invade invadir *f*; invasor *m*
invalid inválido *m*; nulo; inválidar; **–ate** invalidar
invaluable inestimable
invasion invasión *f*
invent inventar; **–ion** invención *f*, **–ive** inventivo
inventory inventario *m*
invest investir *m*, **–iture** investidura *f*; **–ment** empleo *m*; **–or** rentista *m*
investigate investigar
investigation investigación *f*
invigorate vigorar
invincible invencible
invisible invisible
invitation invitación *f*
invite convidar
invoice factura *f*
invoke invocar
involuntary involuntario
involve envolver
inward interior; **–ly**, interiormente; **–ness** intimidad *f*
iodine yodo *m*
iota jota *f*
IOU (I owe you) pagaré *m*
irksome fastidioso
iron hierro *m*; plancha *f*; férreo; aplanchar; **–clad** blindado; **–er** aplanchadora *f*, **–founder** fundidor *m*
ironic(al) irónico; **irony** ironía *f*
irrational irracional
irrecoverable irrecuperable
irregular irregular; **–ity** irregularidad *f*
irrelevant inaplicable
irrepressible indomable
irreproachable irreprochable
irresolute irresoluto
irrespective sin consideración de
irresponsible irresponsable
irretrievable irreparable
irreverent irreverente
irrigate regar
irrigation riego *m*
irritate irritar
irritation irritación *f*
island isla *f*; **–er** isleño *m*
isle(t) isleta *f*
isolate aislar
isolation aislamiento *m*
issue salida; emisión *f*; emitir; salir
it él; ella; ello; lo; la; le
italic, – type letra (*f*); cursiva
itch sarna *f*, **–y** sarnoso
item item; artículo *m*
itinerant vago
itinerary itinerario *m*

its su; suyo; sua
itself el; la; lo mismo
ivory marfil *m*; eburneo
ivy hiedra *f*

J

jack torno; lucio *m* (pescado); sota *f* (naipes); **–ass** burro; **–boot** bota (*f*); fuerte; **– plane** gariopa *f*; **–al** adive *m*; **–daw** chova *f*, **–et** chaqueta *f*
jade rocín; jade *m*
jail cárcel *m*; **–bird** preso *m*; **–or** carcelero *m*
January enero *m*
jar jarro *m*; disputa *f*; chocar
jaundice ictericia *f*
jaunt excursión *f*
jaw quijada; boca *f*; charlar
jay gaya *f*
jealous celoso; **–y** celos
jeer mofar; befa
jelly jalea *f*, **–fish** medusa *f*; jennet caballo (*m*); berberisco
jeopardize arriesgar
jeopardy riesgo *m*
jerk sacudida *f*; sacudir
jersey chaleco *m*
jest chanza; burlarse; **–er** burión *m*
jet azabache; chorro *m*; surtidor *m*
jew judío *m*; **–ess** judía *f*; **–ish** judaico
jewel joya *f*; **–ler** joyero *m*; **–ry** joyería *f*
jib foque *m ;* **– boom** botalón (*m*); de foque
jingle retintín *m*; retinir
job destajo; negocio *m*; **–ber** agiotista *m*; **–bery** negocio (*m*); equívoco
jockey jockey *m*
join juntar; unirse; **–er** ebanista *m*; **–ery** carpintería *f*
joint común; juntura *f*; trozo *m* (carne); juntar
jolly alegre
jolt traqueo *m*; traquear
jot jota *f*; apuntar
journal diario *m*
journey viaje *m*; viajar
jovial alegre; **–ity** jovialidad *f*
joy gozo *m*; **–ful** gozoso
jubilant triunfante
jubilee jubileo *m*
judge juez; juzgar
judgment juicio *m*
judicious juicioso
jug jarro *m*
juggle prestidigitar
juice zumo; jugo *m*
juiciness jugosidad *f*
juicy jugoso
July julio *m*
jumble embrollo *m*; confundir
jump salto *m*; saltar
junction junta *f*
juncture juntura *f*
June junio *m*
jungle matorral *m*
junior menor; segundón *m*
jurisdiction jurisdicción *f*
juror jurado *m*; **jury** jurado *m*
just justo; **– as** como; **– now** ahora mismo; **–ice** justicia; **–ifiable** legitimo; **–ification** justificación *f*, **–ify** justificar
jut sobresalir
juvenile juvenil

K

kaleidoscope caleidoscopio *m*
keen afilado; agudo; **–ness** agudeza *f*
keep torre; guarda *f*; tener; guardar; conservarse; **– back** detener; **– on** continuar; **– up** sostener; **–er** guardián *m*; **–sake** recuerdo *m*
kennel perrera
kerchief cofla *f*
ketchup salsa(*f*); de setas *f*
kettle caldera; tetera *f*, **–drum** timbal *m*
key llave; tecla *f*, **–board** teclado *m*; **–hole** ojo (*m*); de la llave; **–ring** llavero *m*; **–stone** clave *m*
kick puntapié; acocear
kidnap robar niños ú hombres
kidney riñón *m*; **– bean** judía *f*
kill matar; asesinar
kind bueno; género *m*; **–ness** bondad

f, **–ly** benignamente
king rey *m*, **–dom** reino *m*; **– fisher** martín (*m*); pescador; **–ly** real *f*
kiss ósculo *m*; besar
kitchen cocina *f*, **– garden** huerta *f*, **– maid** cocinera *f*, **– range** cocina (*f*); inglesa
kite milano *m*
kitten gatillo *m*; **–ish** juguetón
knack facilidad *f*
knee rodilla *f*, **–cap** rodillera *f*, **–l** arrodillarse
knell clamoreo *m*
knick-knack chuchería *f*
knife cuchillo *m*; **–board** cubertera *f*
knight caballero *m*; **–hood** caballería *f*
knit hacer malla ; **–ting** tejido *m*
knob perilla *m*; **– by** nudoso
knock golpe *m*; tocar; llamar; **– down** derribar; **–off** cesar; **–er** aldaba *f*; llamador *m*
knot nudo *m*; anudar; **–ty** nudoso
know concocer; saber; **–able** conocible; **–ing** instruido; **–ingly** adrede; **–ledge** conocimiento *m*
knuckle artejo *m*

L

label rótulo *m*; etiqueta *f*; rotular
laboratory laboratorio *m*
labyrinth laberinto *m*
lace lazo; encaje *m*; abrochar
lacerate lacerar
laceration laceración *f*
lack falta *f*; carecer
laconic lacónico
lad mozo; muchacho *m*
ladder escalera (*f*)
ladle cucharón *m*
lady señora; dama *f*, **–bird** vaquilla (*f*) de Dios, **Lady Day** día (*m*) de la Anunciación; **–like** señoril; **–ship** señoría *f*
lake lago *m*; laca *f*
lamb cordero *m*
lame cojo; lisiar; **–ness** cojera *f*
lament lamento *m*; lamentar; **–able** lamentable; **–ation** lamentación; queja *f*
lamp lámpara *f*
lance lanza *f*
land tierra *f*; país *m*;desembarcar; **– agent** intendente *m*; **–fall** recalada *f*, **–ing** plataforma *f*, **–ing-stage** desembarcadero *m*; **–lady** mesonera *f*, **–lord** propietario *m*; **–mark** mojón *m*; **–owner** hacendado *m*
lane callejuela *f*
language lengua *f*; lenguaje *m*
lap regazo *m*; falda *f*; arrollar
lapse lapso *m*; escurrir
larceny ratería *f*
large grande; **at –** en libertad
lash latigazo *m*; azotar
lass doncella; muchacha
lasso lazo *m*
last tardío; horma *f*, durar; **– gasp** último suspiro *m*; **– night** anoche; **– week** la semana pasada; **at –** por fin; **–ing** durable; **–ly** últimamente
latch picaporte *m*
late tardío; reciente; difunto; tarde; **–ly** poco ha; **–ness** tiempo avanzado *m*
latent latente
lather espuma *f*
Latin latino; latín *m*
latitude latitud; libertad
latter posterior; último; reciente
lattice celosía *f*
laudatory *a* laudatorio
laugh risa *f*; reir; **–able** risible
laughing risueño; **– gas** gas (*m*) exilarante; **– stock** hazmereir *m*; **–ter** risa *f*
launch lancha *f*, lanzar
laundress lavandera *f*
laundry lavadero *m*
laurel laurel *m*; **– wreath** láurea *f*
lavatory retrete *m*
lavender espliego *m*
law ley *f*, **–ful** legal; legítimo; **–giver** legislador *m*; **–less** ilegal; **–suit** pleito *m*; **–yer** abogado *m*
lawn prado *m*, **–mower** cortadora *f*, **– tennis** volante *m*

lax laxo
laxative laxativo
lay poner; aovar
lay lego; secular; **– s** canción *f*, **–er** lecho; vástago *m*; gallina (*f*) ponedora
laziness pereza *f*, **lazy** perezoso
lead plomo *m*; sonda *f*; emplomar; **–en** plomizo
lead conducir; dominar avance *m*; **– astray** extraviar; **–er** conductor; jefe *m* extraviar
leading principal
leaf hoja *f*, **–less** deshojado; **–let** hojilla *f*, **–y** frondoso
league liga; legua *f*; ligarse
leak gotera *f*, **–age** derrame *m*; **–y** agujereado
lean magro
lean apoyar
leap salto; saltar; **– year** año (*m*); bisiesto
learn instruir; aprender; **–ed** docto; **–er** estudiante *m*, **–ing** erudición *f*
lease arriendo *m*; arrendar
leash lizo *m*
least mínimo; lo menos; **at –**, **–ways** a lo menos; **not in the –** ni en lo más mínimo
leather cuero *m*
leave licencia *f*; dejar; **– off** cesar; **– out** omitir
lecherous lascivo
lecture discurso *m*; lectura *f*; sermonear; **–r** lector *m*
left izquierdo; **to the –** a la izquierda; **–handed** zurdo
legacy legado *m*
legality legalidad *f*
legalize legalizar
legend leyenda *f*
legibility claridad *f*
legible legión *f*, **–ary** legionario
legislate legislar
legislation legislación *f*
legitimacy legitimidad *f*
legitimate legítimo
leisure ocio *m*; **at –** despacio; **–ly** deliberado
lemon limón *m*; **– tree** limonero *m*
lemonade limonada *f*
lend prestar; **–er** prestamista *m*
length largura; duración *f*, **at –** al fin; **–en** prolongar; **–ways** á lo largo; **–y** largo
leniency indulgencia *f*
lenient clemente
leopard leopardo *m*
lesion lesión *f*
less menor; menos; **–en** minorar
lesson lección *f*
lest para que no
let obstáculo *m*; permitir; **– alone** dejar
lethal letal; mortal
letter letra; carta *f*; carácter *m*; **–box** buzón *m*; **–carrier** cartero *m*; **– paper** papel (*m*); de cartas; **–press** impresión *f*; **– writer** epistolario *m*
lettuce lechuga *f*
lewd lascivo
liability responsabilidad *f*
liable responsable
liar embustero *m*
libel libelo *m*; difamar *m*
libelous difamatorio
liberty libertad *f*
librarian bibliotecario *m*
library biblioteca; librería *f*
license licencia *f*; permiso *m*; licenciar
licentious licencioso
lick lamer
lid tapa *f*, párpado *m*
lie mentira; posición *f*; mentir; yacer; **– down** acostarse
lieu lugar *m*; **in – of** en lugar de
lieutenant teniente *m*
life vida *f*, **for –** por toda la vida ; **to the –** alnatural; **–belt** cintura (*f*) salvavidas; **–boat** bote (*m*) salvavidas; **–less** inanimado; **–like** natural
lift alzamiento; elevador *m*; alzar; elevar
light claro; blondo; ligero; luz *f*; día; farol *m*; encender; alumbrar; **–en** alumbrar; **–er** gabarra *f*, **–house** faro; fanal *m*;

-house-keeper torrero *m*; **-ing** alumbrado *m*; **-ly** *ad* ligeramente; fácilmente; **-ness** *s* ligereza *f*; relámpago; rayo *m*; **-ning-conductor** pararrayo *m*; **-s** bofes *m pl*; **-ship** buque (*m*) fanal
like semejante; como; querer; amar; **-lihood** *s* probabilidad *f*; **-ly** probable; probablemente; **-ness** semejanza *m*; **-wise** también
liking gusto *m*; inclinación
lily lirio *m*
limb miembro; limbo *m*
lime liga; lima *f*
limit límite *m*; limitar; **-ation** limitación *f*
line línea *f*; cuerda *f*; forrar; rayar
lineament lineamento *m*
linen lienzo; lino *m*
liniment linimento *m*
lining forro *m*
link eslabón *m*; hacha *f*; encadenar
linoleum hule *m*
lint hilaza *m*
lion león *m*; **-ess** leona *f*
lip labio; borde *m*
liquid líquido; **-ate** liquidar
liquor licor *m*; **in –** borracho
list lista
listless flojo
listen escuchar; **-er** escuchador *m*
literary literario
literature literatura *f*
little poco
live vivo; vivir; **-lihood** mantenimiento *m*; **-liness** viveza *f*; **-ly** animado; vivamente
livestock ganado *m*
liver hígado *m*
living vivo; beneficio *m*
lizard lagarto *m*
load carga *f*; cargar; **-line** linea (*f*) de flotación; **-stone** imán *m*
loan empréstito *m*
loathe detestar
lobe lóbulo *m*
lobster langosta *f*
local local
locality localidad *f*; **localize** localizar
locate situar
location ubicación *f*
lock cerradura; esclusa; cerrar; **-er** cajón *m*; **-et** broche *m*; **-jaw** tétanos *m*; **-keeper** esclusero *m*; **-smith** cerrajero *m*; **-stitch** punto (*m*) de cadeneta
locomotion locomoción *f*
locomotive locomotiva *f*
lodge logia *f*; alojar; residir; **-r** huésped *m*
lodgings cuartos *m p*
lodging-house posada
loft desván *m*
log leño; tronco *m*; **-book** diario (*m*) de navegación
loggerheads, to be at – tener pendencias
logic lógica *f*; **-al** lógico
loin lomo *m*
loiter haraganear; **-er** haragán *m*
lone, -ly solo; **-lyliness** soledad *f*
long largo; desear; **– ago, – since** mucho tiempo ha; **– before** mucho antes; **not – before** poco antes; **not – after** poco después; **so – as** mientras que *f*; **-ing** antojo *m*; **-legged** zancudo; **-lived** *a* longevo
longevity longevidad *f*
longitude longitud *f*
look mirada *f*; semblante *m*; parecer; tener aire de; **– after** cuidar; **– at** considerar; **– into** examinar; **-er-on** mirón *m*; **-ing-glass** espejo *m*; **-out** centinela; vigía *f*
loom telar; asomar
loop ojal *m*; **-hole** tronera *f*
loose suelto; disoluto; **-n** soltar
lord señor; Dios *m*
lose perder; **– one's temper** encolerizarse; **– sight of** descuidar
loss pérdida *f*
lot suerte; lote *m*
lottery lotería *f*
loud ruidoso; **-ness** ruido
lounge haraganear; sofá *f*; **-r** holgazán *m*
lovable amable
love amor *m*; amar; **-r** amante *m*;

-liness hermosura *f*; **-ly** hermoso; **-sick** enamorado
loving afectuoso
low bajo; vil
low mugir; **-ing** mugido *m*; **-er** inferior; abajar; **-est** bajísimo; **-ly** humilde; **-ness** bajeza *f*
loyal leal; fiel; **-ty** lealtad *f*
lozenge pastilla *f*
lubricate lubricar
luck suerte *m*; **-less** infeliz; **-y** dichoso
lucrative lucrativo
ludicrous cómico
lukewarm indiferente
lump masa (*f*) informe; **– sugar** azúcar (*m*) de pilón
lunacy locura *f*; **lunatic** lunatic
lunch merienda *f*; merendar
lung pulmón; bofe *m*
lunge estocada *f*
lurch bandazo *m*; guiñar
lure señuelo *m*; seducir
luscious meloso
lust lujuria *f*; desear; **-ful** lujurioso; **-iness** vigor *m*; **-rous** lustroso; **-y** vigoroso
lute laúd *m*
luxuriance exuberancia *f*
luxuriant abundante
luxuriate lujuriar
luxurious lujurioso
luxury lujuria *f*
lye lejía *f*
lying mentiroso; falso; **– in** parto *m*

M

macadam macadán *m*
macaroni macarrones *m*
macaroon almendrado *m*
mace maza; **– bearer** macero *m*
machinate maquinar
machination maquinación *f*
machine máquina *f*; **– gun** cañón (*m*) mecánico; **-ry** maquinaria *f*; **machinist** maquinista *m*
mackintosh capote (*m*) impermeable
mad loco; **-cap** extravagante *m*; **-den** enfurecer; **-man** loco *m*; **-ness** locura *f*
madam madama; señora *f*
madder rubia *f*
magazine almacén; periódico *m*
magic magia *f*; **-al** mágico; **– lantern** linterna (*f*) mágica; **-ian** mago *m*
magistrate magistrado *m*
magnesium magnesio *m*
magnet imán *m*; **-ic** magnético
magnificent magnífico
magnificence magnificencia *f*
magnify magnificar; **-ing-glass** microscopio *m*
maid, maiden doncella; moza *f*; **maiden** virgíneo
mail mala; cota (*f*) de malla-correo; **-bag** balija; **-boat**, **-coach** diligencia *f*; vapor *m*; correo; **-train** tren (*m*) correo
maim mutilar
main principal; océano; curso *m* (agua); cañería *f* (gas)
maintain mantener; **-able** defendible
majestic majestuoso
majesty majestad *f*
major mayor *m*; jefe (*m*) de escuadrón; **-ity** mayoría *f*
majuscule mayúscula *f*
make hechura; fábrica *f*; hacer; fabricar; **– amends** indemnizar; **– believe** fingir; **– for** dirigirse a; **– friends** reconciliarse; **– good** compensar; **– haste** apresurarse; **– much of** hacer mucho caso de; **– ready** preparar; **– room** hacer lugar; **– sure** asegurar
maker criador; hacedor *m*
makeshift expediente
malaria aire (*m*) infecto; **malarial fever** fiebre palúdica
male masculino; macho
malice malicia *f*
malicious malicioso
malign(ant) maligno; difamar
mallet mallo; mazo *m*
malt malta *f*; **– liquor** cerveza *f*, **-ster** *s* preparador (*m*) de malta
mamma mamá *f*

mammal mamífero *m*
mammoth mammut *m*; vasto
man hombre; criado; peón *m*; esquitar; **-ful** valiente; **-hood** virilidad; **-kind** género (*m*) humano; **-liness** valentía *f*, **-ly** viril
manage manejar; **-ment** manejo *m*; **-r** gerente *m*
mandate mandato *m*
mandrake mandrágora
mane crin *m*
maneuver maniobra *f*; maniobrar
manger pesebre *m*
mangle calandria *f*; lustrar; mutilar
mania manía *f*
maniac loco *m*
manifest manifiesto; manifestar; **-ation** manifestación *f*, **-o** manifiesto *m*
manifold múltiple; varios
manipulate manipular
manipulation manipulación *f*
manna maná *m*
manner manera *f*; modo *m*; modales *m pl*; **-ism** afectación *f*; **-ly** *a* cortés
mansion mansión *f*
manslaughter homicidio involuntario
mantle manto *m*; capa *f*
manual manual; teclado *m* (órgano)
manufactory fábrica *f*
manufacture manufactura *f*, manufacturar; **-r** fabricante *m*
manuscript manuscrito *m*
many muchos; **– a time** muchas veces; **as –** tantos; **how –?** ¿cuántos? **too –** demasiados
map mapa *m*, **– of the world** mapa-mundi *m*
maple arce *m*
mar desfigurar
marble mármol *m*; bolita *f*; marmóreo; jaspear
march marcha *f*; marzo *m* (mes) marchar
mare yegua *f*
margarine margarina *f*
margin margen *m*; borde
marine marino *m*; **-r** marinero *m*
marionette muñeco *m*
marital marital
mark marca *f*; marco *m*; marcar; **-er** marcador; **-ing** marca *f*; **-sman** tirador *m*
market mercado *m*; **– garden** huerta *f*; **-able** vendible
marmalade mermelada *f*
marquess marquis marqués *m*
marriage matrimonio *m*
marry casar
marsh pantano *m*; **-mallow** malvavisco *m*; **-y** pantanoso
marshal mariscal *m*; ordenar
martial marcial
marvel maravilla *f*; **-ous** maravilloso; **-lously** á maravilla
masculine masculino; viril
mash masa *m*; amasar
mask máscara *f*; enmascarar
mason albañil; francmasón *m*; **-ic** masónico; **-ry** albañilería; francmasonería *f*
masquerade mascarada *f*; **-r** mascara *f*
mass masa; misa *f* amasar
massacre matanza *f*; degollar
massive macizo
master maestro; amo; señor; patrón *m*; domar; **-ly** hábil; **-piece** obra (*f*) maestra, **-ship; -y** maestría *f*; **-stroke** golpe (*m*) de maestro *f*
mat estera *f*; esterar
match fósforo *m*; mecha *f*, partido; igual *m*; igualar; **-boarding** tablazón (*m*) machihem brado; **-box** fosforera *f*; **-less** incomparable; **-maker** casamentero *m*
mate consorte *m*; segundo; mate *m*
material material; esencial; **-ize** materializar
maternal materno
maternity maternidad *f*
mathemat(ical); -(ician) matemático *m*; **-(ics)** matemática *f*
matron matrona *f*
matter materia *f*; pus *m*; importar; **what's the –?** ¿de qué se trata? **no – no** importa
mattress colchón *m*

mature maduro; madurar
maturity madurez *f*
maul mazo *m*; maltrata
mausoleum mausoleo
mauve malva
maximum máximo *m*
May may *m*; espina (*f*) blanca; **it – be** puede ser; **– day** el primero de mayo
mayor alcalde *m*
me me; mí
meadow prado *m*
meager magro; **-ness** magrura *f*
meal harina; comida *f*, **-time** hora (*f*) de la comida
mean bajo; mediano; medio *m*; significar; **by all -s** de todos modos; **by no -s** de ningún modo; **-ing** intención *f*, **-ingless** *a* insignificante; **-ness** bajeza *f*, **-while** interín
measles sarampión *m*
measurable mensurable
measure medida *f*; medir; **-ment** medida *f*
meat carne; vianda *f*
mechanic(ian) mecánico *m*; **-al** *a* diestro; **-s** mecánica *f*
medal medalla *f*
meddle entremeterse
medical médico
medicine medicina *f*
meditate meditar
meditation meditación *f*
Mediterranean mediterráneo
medium medio; intermediario *m*
meek manso *f*
meet propio; apto; encontrar; **-ing** asamblea *f*
melancholy melancólico; tristeza *f*
mellow maduro; blando
melody melodía *f*
melon melón *m*
melt derretir; **-ing** fusión *f*, **-ing-pot** crisol *m*
member miembro; socio *m*
membrane membrana *f*
memento recuerdo *m*
memoir memoria *f*
memorial conmemorativo; memoria
memory memoria *f*
men hombres *m pl* gente *f*
menace amenaza *f*
mend reparar; remendar
menial doméstico
menstruate menstruar
menstruation meses *m* reglas *f pl*
mensuration medición *f*
mental mental
mention mención *f*
merchandise mercadería *f*
merchant mercante; negociante *m*
merciful misericordioso
merciless inhumano
mercy misericordia *f*
mere mero; puro; **-ly** simplemente
merge mezclar
merit mérito *m*; merecer
merrily alegremente
merriment júbilo *m*
merry alegre
mesh malla *f*
mesmeric, mesmerist mesmeriano *m*
mesmerize magnetizar
mess desorden; rancho *m*; ensuciar
message mensaje *m*
messenger mensajero *m*
Messrs señores *m pl*
metallic metálico
metamorphosis metamorfosis *f*
metaphor metáfora *f*
mete medir
meteor meteóro *m*; **-ic** meteórico; **-ite** meteorita *f*; **-ological** meteorológico; **-ology** meteorología *f*
meter medidor *m*; metro *m*
metrical métrico
method método *m*; **-ical** metódico
metropolis metrópoli *f*
metropolitan metropolitano
mettle brío; fuego *m*; **-some** brioso
microbe microbio *m*
microscope microscopio *m*
mid medio; **-day** mediodía *m*; **-night** media noche *f*, **-shipman** guardiamarina *m*; **-summer** soisticio (*m*) estival; **-way** *a* medio camino

middle medio; mediano; – **ages** edad
　(f) media; **–class** clase (f) media; –
　deck s segunda cubierta f; **–aged**
　a de mediana edad; **–man** interme-
　diario m
midst medio; centro m
midwife comadre f
might poder m; **–iness** s potencia f;
　–y a poderoso – ad muy
migrate emigrar
migration migración f
mild dulce; ligero; **–ness** benignidad f
mile milla f
militant militante
military militar; soldadesca f
militate oponerse
milk s leche f; ordeñar; m **–man**
　lechero m; **–pail** colodra f; **–sop**
　marica m; **–y** a lácteo
Milky Way Vía (f) Láctea
mill molino m; moler)
miller molinero m
million millón m ; **–aire** millonario m
mince desmenuzar; picar; **–meat**
　pisadrillo m
mincing afectado
mind s mente; opinion f; reparar;
　notar; **–ful** atento
mine mío; mía; míos; mías
mine mina f; minar; **–r** minero m
mineral mineral; **– oil** s petróleo m;
　–ogist mineralogista m
mingle mezclar
miniature miniatura f
minimize reducir á lo mínimo
mining explotación (f) de minas
minister ministro m
ministration, ministry ministerio m
minor menor; **–ity** minoridad f
minstrel ministril m; **–sy** música f
mint casa (f) de moneda; menta f;
　acuñar; batir
minus menos
minute menudo; minuto m; **– book**
　minutario m; **– hand** minutero m;
　–ly minuciosamente
miracle milagro m
miraculous milagroso
mirror espejo m; reflejar
misapprehend entender mal
misapprehension equivocación m
misbehave portarse mal
misbehavior mala; conducta f
miscarriage malparto; mal éxito m
miscarry malparir; salir mal
miscellaneous mezclado
mischief daño m; malicia f; **– maker**
　perjudicador m; **–making** dañino;
　mischievous malicioso
misconception concepto (m) equivo-
　cado
misconduct mala conducta f
misconstrue interpretar mal
misdemeanor delito m
miser misero; avaro m; **–ly** avariento
misery miseria f
misfit chapucería f
misfortune desventura
misgiving recelo m
misguided mal aconsejado
mishap accidente m
misjudge juzgar mal
mislead descaminar; **–ing** engañoso
mismanage administrar mal
misnomer falso (m) nombre
misplace colocar mal
misrepresent falsificar
miss señorita; falta f; perder; carecer
missile proyectil m
missing ausente; **to be –** faltar
mission misión; **–ary** misionero m
mist niebla; bruma f
mistake equivocación f; equivocar;
　–n erróneo
mister (Mr.) señor; don m
mistress maestra; corteja; señora f
misty brumoso
misunderstand va entender mal;
　–ing equivocación f
misuse maltratar
mitigate mitigar
mitigation mitigación f
mix mezclar; **–ed** mixto;
　–ture mixtura f
moan gemido m; gemir
mobile móvil; **mobilise** movilizar
mobility movilidad f
mock falso n; mofar; **–ery** burla f

mockingbird sinsonte m
mode modo m; manera f
model modelo m; modelar
moderate moderado; moderar
moderation moderación f
modern moderno
modernize modernizar
modest modesto; **–y** modestia f
modify modificar
moist húmedo; **–en** humedecer; **–ure**
　humedad f
molar molar; **– tooth** muela f
molasses melaza f
mole muelle; topo m (animal)
molest molestar; **–ation** molestia f
molt, moult mudar; **–ing** muda f
moment momento m; **–arily** momen-
　táneamente; **–ous** muy importante
Monday lunes m
money moneda f; dinero m; **– box**
　caja (f) fuerte; **– lender** logrero m; –
　order libranza (f) postal
monkey mono m
monogamist monógamo m
monogram monograma m
monolith monolito m
monologist monólogo m
monopolist monopolista m
monopolize monopolizar
monopoly monopolio m
monotonous monótono
monotony monotonía f
monster monstruo m
monstrosity monstruosidad f
monstrous monstruoso
month mes m; **–ly** mensual
monument monumento m
mood humor m; **–y** caprichoso
moon luna f; **–beam** ravo (m) lunar;
　–light luz (f) de la luna; **–shine** res-
　plandor (m) de la luna; **–stone**
　piedra (f) especular
moose mosa
mop aljofifa f; aljofifar
morality moralidad f
moralize moralizar
morbid morbido
more más; mayor
moreover además; también
morn(ing) mañana f; matutino; –
　gown bata f
morrow mañana f
morsel bocado trozo m
mortality mortalidad f
mortar mortero m
mortgage hipoteca f; hipotecar
mortification mortificación f
mortify mortificar
mortuary mortuorio m
mosaic mosaico m
mosque mezquita f
moss moho m; **–y** mohoso
most el (la, lo) más f; muy
moth polilla f; **–eaten** apolillado f
mother madre; tía f; **–in-law** suegra
　f; **–less** sin madre; **–ly** maternal; **–
　of-pearl** madreperla f
motion moción f; evacuación f; **–less**
　inmóvil
motive motivo; motor m
motley abigarrado
mottled moteado
motto mote m; divisa f
mould molde m; tierra (f) vegetal;
　matriz f; moldar; **–ing** moldura f; **–y**
　mohoso
mound terraplén m
mount monte m; engaste m; montar;
　engastar; subir; **–ing** armadura f;
　equipo m; subida f
mountain monto m; montaña f; mon-
　tés; **– ash** fresno (m) silvestre; **– eer**
　montañés m; **– ous** montañoso
mountebank saltabanco m
mourn deplorar; lamentarse; **–er**
　llorón m; **–ful** lúgubre; **–ing** a luto
mouse ratón m; **– trap** s ratonera f
moustache mostacho m
mouth boca f; entrada f; declamar;
　–ful bocado m; **–piece** boquilla f
movable móvil
move mudanza f; mover; **–ment**
　movimiento m
moving motriz
mow guadañar; segar; **–ing-machine**
　guadaña f
much mucho; **very –** muchísimo
mud lodo; fango m; **–dy** a cenagoso

muffle embozar; **–r** embozo m
mug cubilete m
mule mulo m
multiple múltiplo
multiply multiplicar
multitude multitud f
mumble barbotar
mumps angina f
munch mascar
municipality municipalidad f
murder asesinato m; matar; **–er** s
　asesino; **–ous** sanguinario
murmur murmullo m; murmurar
muscle músculo m
muscular musculoso
muse musa f; meditar
museum museo m
mushroom seta f; **– ketchup** salsa (f)
　de setas
music música f; **–stand** pupitre m;
　–ian músico m; **–stool** banqueta (f)
　de piano
muslin muselina f
mussel almeja f
must mosto m; brama f (elefantes);
　deber; serpreciso
mustard mostaza f
muster revista f; reunir
musty mohoso
mute mudo m; sordina f (violín)
mutilate mutilar
mutilation mutilación f
mutineer amotinador m
mutinous amotinado
mutiny motín m; amotinarse
mutter gruñir
mutual mutuo
muzzle bozal; hocico m; embozar
my mi; mis; **–self** yo; yo mismo m
mysterious misterioso
mystery misterio m
mystic místico
mystify embrollar
myth mito m; **–ical** fabuloso; **–ology**
　mitología f

N

nab atrapar
nag jaca; regañar
nail uña; clavo; clavar
naive ingenuo
naked desnudo
name nombre; título m; fama f; nom-
　brar; designar; **–less** anónimo; **–ly**
　es decir; **–sake** tocaya m
nap sueño (m); pelo (m)
napkin servilleta f
narcotic narcótico
narrate narrar; contar
narrative narrativa f
narrow estrecho; angósto; **–ness**
　estrechez f
nasty sucio
nation nación f
national nacional; **–ity** nacionalidad
　f; **–ize** hacer nacional
native nativo; indígena m
nativity natividad f
natural natural; **–ize** naturalizar
nature natura f
naught cero; nada m; **–iness** maldad
　f; **–y** malvado
nausea náusea f
nauseous nauseabundo
navel ombligo m
navy marina f
near cercano; cerca de; **– side**
　costado izquierdo; **– sight** miopia f;
　–ly casi; **–ness** proximidad f
neat neto; **–ness** pulidez f
necessary necesario; necesidad f;
　necessaries necesidades f pl
necessitate necesitar
necessitous indigente
necessity necesidad f
neck cuello m; pescuezo m; **– and
　crop** del todo; **–tie** corbata f; **–lace**
　collar m
nectar néctar m; **–ine** durazno m
need necesidad f; necesitar; **–ful** nece-
　sario; **–less** supérfluo; **–y** indigente
needle aguja f
negation negación f
negative negativo; negativa f
neglect descuido m; descuidar; **–ful** a
　negligente
negligence negligencia f

negligent negligente
negotiable negociable
negotiate negociar
negotiation negociación f
neighbor vecino m; **–hood** vecindad f;
　–ing vecino; **–ly** sociablemente
neither ni; ni uno nl otro
nephew sobrino m
nerve nervio; vigor m; fortificar
nervous nervioso; **–ness** nervosidad f
nest nido; nidificar; **–egg** nidal m;
　–le anidar; **–ling** pollo m
net neto; **– weight** peso (m) limpio
net red; **–work** redes f pl
neuter neutro
neutral neutral; **–ity** neutralidad f;
　–ize neutralizar
never nunca; jamas; **–mind** no
　importa; **–theless** no obstante
new nuevo; reciente
news nuevas f pl; **–paper** gaceta f
next próximo; después; **– day** el día
　siguiente; **– door** vecino de; **– week**
　la semana próxima
nibble roer
nice delicado; agradable **–ness**, **–ty**
　delicadeza; exactitud f
niche nicho m
nick mueca f; **– of time** punto crítico
nickel níquel m
nickname apodo m; poner apodos
niece sobrina f
night noche f; **–cap** gorro (m) de
　dormir; **–dress** traje (m) de dormir;
　–fall anochecer m; **–ingale** ruisenor
　m; **–light** lámpara (f) de noche; **–ly**
　nocturno; **–mare** pesadilla f
nimble ágil
nine nueve; **–fold** nueveveces; **–teen**
　a diez y nueve, **–teenth** a déci-
　monono; **–tieth** a nonagésimo; **–ty**
　noventa
ninth noveno
nip uñada f; trago m; rasguñar
nitrate nitrato m
niter nitro m
nitrogen nitrógeno m
no ninguna; no
noble noble
nobody nadie
nod cabeceo m; cabecear
noise ruido; **–less** silencioso
noisy ruidoso
nominal nominal
nominate nombrar
nomination nominación f
nominee nómino m
nonchalance indiferencia f
nonchalant indiferente
nondescript indefinible
none nulo; ninguno
nonentity nada f
nonsense disparate m
nonsensical absurdo
noon mediodía f
nor ni
north norte m; **–east** nordeste m;
　–easterly nordestal; **–erly** septen-
　trional; **– pole** polo (m) ártico; **–
　star** estrella (f) polar ; **–wards**
　norte; **–west** norueste m
nose nariz f
nostalgia nostalgia f
nostril ventana (f) de la nariz
not no; **– at all** de ningún modo
notary notario
notch muesca f
note nota; aviso; notar; **–book** libro
　(m) de memoria; **–d** eminente
nothing nada f; cero m
notice noticia f; observar **–able** cons-
　pícuo
notify notificar
notion noción f; idea f
notoriety notoriedad f
notorious notorio
notwithstanding no obstante; á
　pesar de
noun nombre m
novel nuevo; novela f; **–list** novelista
　m ; **–ty** novedad; innovación f
November noviembre m
novice novicio m
now ahora; **– and then** de cuando en
　cuando
nowhere en ninguna parte
nozzle nariz f; tubo m
nucleus núcleo m

nude desnudo
nudity desnudez *f*
nudge codazo *m*
nuisance incomodidad *f*
null nulo; **-ify** anular
numb entorpecer; **-ness** torpor *m*
number número *m*; numerar; **-less** innumerable
numerical numérico
numeral cifra *f*
numerate numerar
numerous numeroso
nun monja *f*
nunnery convento (*m*) de monjas
nurse nodriza; enfermera *f*; nutrir; fomentar; **-maid** niñera *f*; **-ry** cuarto (*m*) de niños; semillero *m*; **-ryman** horticultor *m*
nut nuez *f*; **- cracker** cascanueces *m*
nutmeg nuez (*f*) moscada
nutrition nutrimento *m*
nutritious nutritivo

O

oak roble *m*
oar remo *m*
oasis oasis *m*
oat avena *f*; **wild -s** avena loca; **-cake, oat-** (en) avenáceo; **-meal** harina (*f*) de avena
oath juramento *m*
obedience obediencia *f*
obedient obediente
obese obeso
obey obedecer
obituary obituario
object objeto; objetar; **-ion** objeción *f*; **-ionable** reprensible; **-ive** objetivo; **-or** impugnador *m*
obligation obligación *f*
obligatory obligatorio
oblige obligar
obliging atento
oblique oblicuo
obliquity oblicuidad *f*
obliterate borrar
obliteration canceladura *f*
oblivion olvido *m*
oblivious olvidadizo
oblong oblongo; paralelogramo *m*
obnoxious desagradable
obscene obsceno
obscenity obscenidad *f*
obscure obscuro
obscurity obscuridad *f*
observable notable
observance observancia *f*
observation observación *f*
observatory observatorio *m*
observe observar
obsolete obsolete
obstacle obstáculo *m*
obstinate obstinado
obstruct obstruir; impedir; **-ion** obstrucción *f*
obtain obtener; **-able** asequible; **-ment** adquisición *f*
obvious obvio
occasion ocasión *f*; **-al** ocasional
occupation ocupación *f*
occupy ocupar
occupier ocupador *m*
occur ocurrir; **-rence** ocurrencia *f*
ocean océano *m*
octagon octágono *m*
octave octava *f*
octet octeto *m*
October octubre *m*
odd impar; **- and even** pares y nones
oddity singularidad *f*.
odds diferencia *f*
off *ad* lejos; al largo; distante de; **- and on** a veces; **to be -** salir; irse; **-day** *s* día (*m*) de vacación; **-hand** *a* de repente; rudo; **-side** *s* lado (*m*) de afuera
offence *s* ofensa *f*; ataque *m*; **-less** *a* inofensivo
offend *van* ofender; **- against** violar; **-er** *s* ofensor *m*; **-ing** *a* culpable
offensive *a* ofensivo; desagradable *s*; ofensiva *f*
offer *s* oferta; propuesta *f*; **-ing** *s* ofrecimiento *m*
offertory *s* ofertorio *m*
office *s* oficio; despacho *m*; oficina *f*; **-r** *s* empleado; oficial *m*

official *a* & *s* oficial; **-ly** *ad* de oficio
offscouring *s* desecho *m*; basura *f*
offset *s* retoño *m*; compensación *f*
offshoot, offspring *s* prole *m*
often *ad* frecuentemente; muchas veces
ogle *s* guiñada; ojeada *f*; **-** *va*; mirar al soslayo
ogre *s* ogro *m*
oil *s* aceite; oleo *m* **-** *va* aceitar; **-bottle** *s* aceitera *f*, **-cake** *s* torta (*f*) de orujo; **-cloth** *s* encerado *m*; **-iness** *s* oleaginosidad *f*, **-man** *s* aceitero *m*; **-painting** *s* cuadro (*m*) al óleo; **-shop** *s* aceitería *f*, **-stone** *s* afiladera *f*, **-y** *a* aceitoso; oleoso
ointment *s* ungüento *m*
old *a* viejo; antiguo; **of -en** otro tiempo; **- age** *s* vejez *f*; **- bachelor** *s* solterón *m*; **an - song** *s* bagatela *f*; **- clothesman** *s* ropavejero *m*; **-fashioned** *a* de hechura antigua; **-ish** *a* algo viejo
olive *s* olivo *m*; **-colored** *a* aceitunado
olympiad *s* olimpiada *f*
olympic *a* olímpico
omelet *s* tortilla (de huevos)
omen *s* agüero; presagio; pronóstico *m*
ominous *a* ominoso; siniestro
omission *s* omisión *f*; olvido *m*
omit omitir
omnibus ómnibus *m*
omnipotent todopoderoso
omniscience omnisciencia *f*
omniscient omniscio
omnivorous omnívoro
on sobre; en; encima; **- and off** á veces; **- one side** á un lado; **and so - y.** así de lo demás
once una vez; **- more** otra vez
one un; uno; **- by one** uno á uno; **- day** en algún día; **- another** uno y otro
onerous oneroso
onion cebolla *f*
onlooker espectador *m*
only único; solamente
onward(s) adelante
onyx ónix *m*
ooze fango *m*; filtrar
opal ópalo *m*
open abierto; patente; franco; **-** *a* abrir; empezar; **-handed** liberal; **-ing** abertura; oportunidad *f*
opera ópera *f*; **-glass** anteojo *m*; **-hat** clac *m*; **-house** teatro (*m*) de la ópera; **-tic** operático
operate operar; obrar
operation operación *f*
opinion opinion *f*
opponent opositor
opportune oportuno
opportunity oportunidad *f*
oppose oponer
opposite fronterizo; en frente
opposition oposición *f*
oppress oprimir; **-ion** opresión *f*; **-ive** opresivo; **-or** opresor *m*
optic(ian) óptico
optimism optimismo *m*
optimist optimista *m*
option opción *f*; **-al** facultativo
opulent opulento
or ó; sea; antes
oral oral
orange naranja *f*; **-ade** naranjada *f*, **-ry** naranjal *m*
oration oración *f*
orator orador *m*; **-y** oratoria *f*
orb orbe *m*
orbit órbita *f*
orchestra orquesta *f*
ordeal ordalia *f*
order orden *f*; mandar; **-ly** metódico; ordenanza *f*
ordinance ordenanza *f*
ordinary ordinario
ordination ordenación *f*
ordnance artillería *f*
ore quijo *m*
organ órgano *m*; **-ic** orgánico
organism organismo *m*
organist organista *m*
organize organizar
orgy orgía *f*
orient oriente *m*

origin origen *m*
originality originalidad *f*
originate originar
ornament ornamento *m*; ornamentar
orphan huérfano
orphanage orfandad *f*
orthodox ortodoxo
ostentation ostentación *f*
ostentatious ostentoso
ostracism ostracismo *m*
ostracize desterrar
other otro; otro; cada
ought deber
ounce onza *f*
our nuestro; **-s** el nuestro; **-selves** nosotros
out extinguido; fuera; **- at elbow** andrajoso; **- of date** anticuado; **- of print** agotado; **- of sorts** indispuesto; **- of tune** discordante; **-bid** sobrepujar; **-break** erupción *f*; **-buildings** *s pl* accesorias *f pl*; **-cast** desechado; **-ory** clamor *m*; **-door** externo; **-fit** *s* equipo *m*; **-fitter** equipador *m*, **-house** cobertizo *m*; **-ing** excursión *f*, **-landish** extranjero; **-last** durar más; **-law** desterrado *m*; **-lay** gastos *m pl*; **-line** *s* perfil *m*; **-look** *s* vista *f*; **-lying** exterior; **-post** *s* avanzada *f*; **-put** producto *m*; **-rage** ultraje *m*; ultrajar; **-rageous** atroz; **-right** luego; **-set** princípio *m*; **-skirts** suburbio *m*; **-spoken** franco; **-stretched** desblegado; **-wards** hacia fuera; **-weigh** preponderar; **-wit** engañar; **-works** obras (*f pl*) exteriores
oval oval *s*; óvalo *m*
ovary ovario *m*
ovation ovacion *f*
oven horno *m*
over sobre; encima de; demasiado; más; **-and -** repetidamente; **- the way** en frente; **- and above** demás; **-all** sobretodo *m*; **-balance** preponderar; **-bearing** arrogante; **-board** al agua; **-burden** sobrecargar; **-cast** nublado; sobrecargar; **-coat** sobretodo *m*; **-come** vencer; **-do** fatigarse; **-dose** dosis (*f*) excesiva; **-due** vencido; **-growth** exuberancia *f*; **-hang** sobresalir; **-haul** examinar; **-head** superior; **-hear** entreoír; **-heat** *va* recalentar; **-look** dominar; recorrer; descuidar; pujar; **-see** inspeccionar; **-seer** capataz *m*; **-shadow** asombrar; ate exagerar; **-step** exceder **-take** alcanzar; **-throw** trastornar; destruir; **-time** hóras (*f pl*) extraordinarias; **-turn** *va* trastornar; **-whelm** *va* abrumar
owe deber
own propio; poseer; piedad *f*
ox buey *m*
oxygen oxígeno *m*
oyster ostra *f*; **- bed** ostrera *f*

P

pa *s* papa; padre *m*
pace *s* paso *m*; andadura *f*; medir a pasos; *n* pasear
pacific pacifico; **-ation** pacificación *f*
pacify pacificar
pack lio *m*; baraja *f*; jauría *f*; empaquetar; **-ing** embalaje *m*; **-et** paquete *m*
pact pacto; contrato *m*
pad rodete *m*; **-** *a* forrar; **-ding** forro *m*
paddle canalete *m*; paleta *f*; remar; **-wheel** rueda (*f*) de paleta
page página *f*; paje *m*
pageant espectáculo *m*; **-ry** pompa *f*
pail cubo; *m*
pain dolor *m*; pena *f*; **-ful** dolorido; **-less** sin dolor
painstaking trabajoso
paint color *m*; pintura *f*; pintar; **-brush** brocha *f*; **-er** pintor *m*; **-ing** pintura *f*
pair par *m*; parear
palace palacio *m*
pale pálido; palizada *f*; **-ness** palidez *f*
pallet camilla *f*
pallid pálido

pallor palidez *f*
palm palma *f*; palmera *f*; **- Sunday** domingo (*m*) de ramos
palpitate palpitar
palpitation palpitación *f*
palsy parálisis *f*
paltry mezquino; vil
pamper atracar; **-ed** gachón
pamphlet folleto *m*
pan vasija *f*; vaso *m*; **-cake** buñuelo *m*
pandemonium pandemonio *m*
panel entrépaño *m*
pang dolor *m*; angustia *f*
panic (*m*) pánico; **-stricken** aterrado
pansy pensamiento *m*
pant palpitar
panther pantera *f*
pantomime pantomima *m*
pants calzoncillos *m pl*
pap papilla; papa *f*
papa papa; padre *m*
paper papel *m*; gaceta *f*; empapelar; **-hanger** entapizador *m*; **-knife** cortapapel *m*; **-mill** fabrica (*f*) de papel; **-money** papel (*m*) moneda; **-weight** *s* pisapapeles *m*
par par; **at -** al par; **above -** a premio; **below -** a descuento
parachute paracaidas *m*
parade parada *f*; ostentar
paradise paraíso *m*
paradox paradoja *f*; **-ical** *a* paradójico
paragon parangón; modelo *m*
paragraph párrafo *m*
parallel paralelo
paralysis parálisis *f*
paralytic paralitico
paralyze paralizar
paramount supremo
paraphrase paráfrasis *f*
parasite parásito *m*
parcel paquete *m*
parch tostar; secar
parchment pergamino *m*
pardon perdón *m*; perdonar; **-able** venial
pare recortar; pelar
parent padre *m*; madre *f*; **-s** padres *m pl*; **-age** parentela *f*, **-al** paternal; maternal
parenthesis paréntesis *m*
parish parroquia *f*, **-ioner** parroquiano *m*
park parque *m*; **-keeper** guardabosoue *m*
parliament parlamento *m*; **-tary** parlamentario
parole palabra *f*; **on -** bajo palabra
parrot papagayo *m*
parsley perejil *m*
parsnip *s* chirivia *f*
part parte *f*; papel *m*; partir; desunir; separar; **- and parcel** porción (*f*) integra; **-song** rondó *m*; **-ly** en parte
partial parcial
participate participar
participation participación *f*
participator participante *m*
particular particular; **in -** particularmente
partition partición *f*
partner socio *m*; **-ship** asociación *f*
partridge perdiz *f*
party partido *m*; facción; tertulia *f*
pasha bajá *m*
pass pasillo; desfiladero *m*; pasar **-book** libro (*m*) de cuenta y razón; **-key** llave (*f*) maestra; **-word** consigna *f*; **-able** transitable; **-ably** tolerablemente; **-age** pasaje *m*; travesía *f*
passenger pasajero; viajero *m*
passing paso
passion pasión; cólera *f*; **-ate** apasionado
passive pasivo
passover pascua *f*
passport pasaporte *m*
past pasado; lo pasado *m*
paste pasta *f*; engrudar
pastime pasatiempo *m*
pastor pastor *m*
pastry pasteleria *f*; pastel *m*; **- cook** pastelero *m*
pasture pastura *f*; pastorear
pasty pastoso

patch remiendo *m*; remendar; **–work** obra (*f*) de retacitos
patent patente; tomar; privilegio; **– leather** charol *m*; **–ee** privilegiado *m*
paternal paterno
paternity paternidad *f*
path senda *f*
pathetic patético
pathology patología *f*
pathos patética *f*
patience paciencia *f*
patient paciente
patriarch patriarca *m*
patriot patriota *m*; **–ic** patriótico
patrol patrulla *f*; patrullar
patron patrón *m*; **–age** patrocinio *m*; **–ize** patrocinar
pattern muestra *f*; modelo *m*
paunch panza *f*
pauper pobre *m*
pause pausa *f*; pausar
pave empedrar; **–ment** pavimento *m*
paving soladura *f*
pavilion pabellón *m*
paw pata; garra *f*
pawn prenda *f*; peón *m*; empeñar
pawnbroker prendero *m*
pay paga *f*; sueldo *m*; pagar; **–back** devoler; **–out** arriar (cable); **–able** pagadero; **–day** día (*m*) de pagos; **–master** *s* pagador *m*; **–ment** pago *m*; **–office** pagaduria *f*
pea guisante *m*
peace paz; quietud *f*; **–ful** pacífico; **–fulness** tranquilidad *f*; **–maker** pacificador *m*
peach melocotón *m*
peak cima *f*
pear pera *f*; **– tree** peral *m*
pearl perla *f*
peasant rústico; **–ry** aldeanos *m pl*
pebble guija *f*
pebbly guijarroso
peck picotear
peculiar particular; **–ity** peculiaridad *f*
pedestrian pedestre; andador *m*
pedigree genealogia *f*; linaje *m*
peep ojeada *f*; mirar; **–hole** judas *m*
peer par; igual *m*; mirar; **–age** nobiliario *m*; **–ess** mujer (*f*) de un Par; **–less** *a* incomparable
peevish enojadizo; **–ness** mal humor *m*
peg clavija *f*; clavar
pelt piel; pelada *m*; apedrear
pen pluma *f*; enjaular; escribir; **–case** estuche *m*
pencil pincel; lápiz *m*
pendant pendiente *m*; pendola *f*
pendent colgante
pending pendiente
pendulum pendulo *m*
penetrate penetrar
penetration penetración *f*
penguin pinguino *m*
peninsula península *f*
penitence penitencia *f*
penitent penitente; **–ial** penitencial; **–iary** penitenciario; penitenciaria *f*
penknife cortaplumas *m*
penmanship caligrafia *f*
penniless sin blanca
penny penique *m*; **–a-liner** gracetista *m*; **– in the slot machine** distribuidor; automático
pension pensión *f*; pensionar; **–er** pensionado *m*
pensive pensativo
pent-house sobradillo *m*
people pueblo; mundo *m*; poblar
pepper pimienta *f*; **–box** pimentero *m*; **–mint** menta
pepsin pepsina *f*
per por
percent por ciento; **–age** tanto por ciento *m*
perceive percibir
perception percepción *f*
perch percha *f*; perca *f*; pertica *f*
percolate colar
percolator colador *m*
perennial perenne
perfect perfecto; perfeccionar; **–ion** perfeccion *f*
perforate perforar
perforation perforación *f*

perform ejecutar; representar; **–ance** ejecucion; representación *f*; **–er** actor *m*; artista *f*
perfume perfume *m*; perfumar
perhaps quizás
peril peligro *m*; **–ous** peligroso
period período *m*; **–ical** periódico
perish perecer; **–able** perecedero
perjure perjurar; **–r** perjuro *m*; **perjury** perjurio *m*
permanence permanencia *f*
permanent permanente
permeate penetrar
permission permisión *f*; licencia *f*
permit permiso *m*; permitir
peroxide peróxido *m*
perpendicular perpendicular
perpetrate perpetrar
perpetual perpetuo
perpetuate perpetuar
perplex embrollar; **–ed** perplejo; **–ity** perplejidad *f*
persecute perseguir
persecution persecución *f*
perseverance perseverancia *f*
persevere perseverar
persist persistir; **–ence** persistencia *f*
person persona *f*; **–age** personaje *m*; **–ality** personalidad *f*; **–alty** bienes (*m pl*) muebles; **–ate** representar; **–ify** personificar
perspective perspectiva *f*
perspire transpirar
perspiration transpiración *f*
persuade persuadir
persuasion persuasión *f*
persuasive persuasivo
pertain pertenecer
pertinent pertinente
pervade ocupar; penetrar
pervasion *s* penetración *f*
pessimism pesimismo *m*
pessimist pesimista *m*
pest(ilence) peste; pestilencia *f*
pester molestar
pet favorito; mimar
petal pétalo *m*
petition petición *f*; suplicar; **–er** suplicante *m*
petrify petrificar
petroleum petróleo *m*
petticoat saya *f*
petty pequeño; **– cash** gastos menores
pew banco (*m*) de iglesia; **–opener** bedel *m*
pewit avefria *f*
pewter peltre *m*
phaeton faetón *m*
phalanx falange *f*
phantom fantasma *m*
pharisaical farisaico
pharisee fariseo *m*
pharmaceutical farmacéutico
pharmacist farmaceuta *m*
pharmacy farmacia *f*
phase fase *f*
pheasant faisán *m*
phenomenal fenomenal
phenomenon fenómeno
phial redomilla *f*
philander coquetear *m*
philanthropic filantrópico
philanthropist filántropo *m*
philanthropy filantropia *f*
philosopher filósofo *m*
philosophical filosófico
philosophy *s* filosofia *f*
phlegm flema *f*; **–atic** flematico
phonograph fonografo *m*
phosphate fosfato *m*
phosphite fosfito *m*
photograph fotograflar; **–er** fotógrafo *m*; **–ic** fotográfico; **–y** fotografia *f*
phrase frase *f*
physic medicina *f*
physical fisico
physician medico *m*
physics fisica *f*
pianist pianista *m*
piano piano *m*; **upright –** piano (*m*) vertical; **grand –** piano de cola
pick pico *m*; seleccion *f*; picar; escoger; **–axe** pico *m*; **–pocket** cortabolsas *m*
picket piquete *m*
pickle esabeche *m*; escabechar
pictorial pictórico

picture cuadro *m*; **–frame** *s* marco *m*; **–sque** pintoresco
pie pastel *m*
piebald abigarrado
piece pedazo *m*; remendar; **–meal** en pedazos
pier pilar *m*
pierce horadar; piercing agudo
pig cerdo; galapago *m* (metal); **–sty** pocilga *f*; **–headed** *a* cabezudo
pigeon pichón *m*; **–hole** plúteo *m*; **– house** palomar *m*
pigment pigmento *m*
pike pica *f*; lucio *m* (pez) **–staff** asta (*f*) de pica
pile estaca; pila *f*; pelillo *m* (tela); apilar; **–driver** martinete *m*
pilfer ratear; **–ing** rateria *f*
pilgrim peregrino *m*; **–age** peregrinacion *f*
pill píldora *f*; **–box** caja (*f*) de píldoras
pillage pillaje *m*
pillar pilar *m*
pillow almohada *f*; **–case**; **–slip** funda *f* (de almohada)
pilot piloto *m*; pilotear
pin alfiler *m*; prender con alfileres; **–afore** delantal *m*
pincers tenazas; pinzas *f pl*
pinch pellizco *m*; pellizcar
pine pino *m*; desfallecer; **–cone** piñon *m*
pineapple piña *f*
pining lánguido
pink clavel *m*; rosado
pint *s* pinta *f*
pioneer zapador; gastador *m*
pious piadoso
pipe tubo; caño *m*; pipa *f*; silbar; **–clay** tierra (*f*) para pipas; **–r** flautero *m*
pistol pistola *f*; **–shot** pistoletazo *m*
piston pistón *m*
pit foso *m*; patio *m* (teatro); boca *f* (estomago)
pitch pez *f*; grado; diapasón *m*; cabezada *f*; embrear; fijar; caer; **– dark** muy oscuro; **–er** cántaro *m*; **–fork** horca *f*
piteous lastimoso
pitfall trampa *f*
pitiable lastimoso
pitiful compasivo
pitiless desapiadado
pittance pitanza *f*
pity piedad *f*; compadecer
pivot gorrón *m*
place lugar *m*; plaza
plagiarism plagio *m*
plagiarist plagiario *m*
plagiarize plagiar
plaid *a* cuadros; **–s** capa (*f*) escocesa
plain llano; evidente; llano *m*
plainly claramente
plainness claridad *f*
plait *s* trenza *f*; pliegue *m*; trenzar; plegar
plan plan *m*; proyectar
plane plano *m*; acepillar
planet planeta *f*; **–ary** planetario
plant planta *f*; plantar; **–er** plantador *m*
plantation plantación *f*
plaster emplasto *m*; enyesar; **–er** yesero *m*
plastic *a* plástico
plate plato *m*; plancha; lamina *f* (metal); valilla *f* (plata); platear; planchear
platform plataforma *f*
platinum platino *m*
play juego; drama *m*; jugar; representar; **– the fool** tontear; **in –** de burlar *m*; **–er** actor; **–ing-cards** naipes *m pl*; **–thing** juguete *m*; **–wright** dramaturgo *m*
plea pretexto *m*
plead intercedar; **–er** abogado *m*
pleasant agradable; **–ness** agrado *m*; **–ry** agudeza *f*
please agradar; contentar; placer; querer
pleasing agradable
pleasure gusto *m*
pledge empeño *m*; prenda *f*; empeñar
plentiful *a* pioso
plenty copia *f*
pliability flexibilidad *f*
pliable flexible

pliers tenacillas *f pl*
plight estádo *m*; condición *f*
plod trajinar; **–ding** laborioso
plot intriga *f*; espacio (*m*) de terreno; conspirar; **–ter** *s* conspirador *m*
pluck valor *m*; desplumar; arrancar; **–y** valeroso
plum círuela; pasa *f*; **–cake** *s* torta (*f*) de pasas; **–pudding** *s* pudin (*m*) de pasas
plumb a plomo; plomada *f*; sondar; **–er** plomero *m*; **–ing** emplomadura *f*
plume pluma *f*
plump gordo; **–ness** gordura *f*
plunder pillaje *m*; saquear
plunge sumersión *f*; sumergir; **–r** buzo *m*
plural plural
plus con; **más**
ply pliegue *m*; ejercer
poach cocer ligeramente en agua; cazar en vedado; **–er** cazador furtivo *m*; **–ing** caza (*f*) en vedado
pocket *s* bolsillo *m*; tronera *f* (billar); embolsar; **–book** cartera *f*
poem poema *m*
poet poeta *m*; **–ess** poetisa *f*; **–ical** poético; **–ry** poesia *f*
poignant picante
point punta *f*; punto *m*; puntuar; **– out** señalar; **to the –** al caso; **– blank** directamente; **–ed** puntiagudo; intencional; **–er** indice; perro *m*; **–less** obtuso
poison veneno *m*; envenenar; **–ous** venenoso
poke saquillo *m*; atizar (lumbre); **–r** atizador; hurgon *m*
police policía *f*
policeman agente (*m*) de policía
policy politica *f*
polish lustre *m*; pilur
polite cortés; **–ness** cortesía *f*
political (**politician**) político
politics politica *f*
polka polca *f*
poll cabeza; lista; registrar; recibir (votos)
pollen polen *m*
pollute manchar
pollution polución *f*
pomegranate granada *f*
pomp pompa *f*; **–osity** ostentación *f*; **–ous** pomposo
pond estanque *m*
ponder ponderar; **–ous** ponderoso
pony jaco *m*
poodle perro (*m*) de lana
pool laguna *f*; charco *m*; puesta (juego)
poor pobre; **–house** asilo (*m*) de mendigos
pop chasquido *m*; **–corn** mais (*m*) confitado
pope papa *m*; súmo pontifice *m*
poplar álamo *m*
poplin popelina *f*
populace populacho *m*
popularity popularidad *f*
populate poblar
population población *f*
populous populoso
porcelain porcelana *f*
porcupine pureco (*m*) espin
pore poro *m*; **– over** estudiar
pork cerdo *m*; **–butcher** salchichero *m*
porous poroso
port puerto *m*; vino (*m*) de oporto; **– the helm** a babor el timón; **–hole** porta (*f*) de bateria
portable portátil
portal portal *m*
portend amenazar
portent portento *m*; **–ous** portentoso
porter portero *m*
portfolio cartera *f*
portion porción *f*; dotar; **–less** ain dote
portrait retrato *m*; **–painter** retratista *m*; **–ure** retrato *m*
portray retratar
position posición *f*
positive positivo
possess poseer; **–ion** posesión *f*; **–or** poseedor *m*
possibility posibilidad *f*
possibly posiblemente

post poste; correo *m*; posta *f*; apostar; poner en el correo; **–age** porte (*m*): **–age-stamp** sello (*m*) de franqueo; **–card** tarjeta (*f*) postal; **–chaise** silla (*f*) de posta; **–mark** sello *m*; **–master** administrador (*m*) de correos; **—mortem** autopsia *f*; **–office** administración (*f*) de correos; **–office order** orden postal; **–paid** franco; **–pone** diferir; **–ponement** aplazamiento *m*; **–script** posdata *f*

posture postura *f*

pot olia; marmita *f*; envasar; poner en tarros; **—herb** hortaliza *f*; **–luck** comida ordinaria *f*

potash potasa *f*

potation trago *m*

potato patata *f*

potent potente

potentate potentado *m*

potential potencial; **–ity** potencialidad *f*

potion poción *f*

poulterer pollero *m*; poultry aves (*f pl*) caseras

pound libra *f*; machacar

pour verter; fluir

pout hocico *m*

poverty pobreza *f*

powder polvo *m*; polvora *f*; pulverizar; polvorear; **—box** *s* caja (*f*) de polvos; **–y** polvoriento

power poder *m*; potencia *f*; **–ful** poderoso; **–less** impotente

practical práctico

practice práctica *f*; clientela *f*; practicar

prairie sábana *f*

praise alabanza *f*; celebrar; **–worthy** loable

prance cabriolar

prank *s* travesura *f*

pray orar; **–er** oracion; súplica *f*; **–er-book** devocionario *m*

preach predicar; **–er** predicador *m*

preamble preámbulo *m*

precarious precario

precede anteceder; preceder

precedence precedencia *f*

precedent ejemplo *m*

precept precepto *m*; **–or** preceptor *m*

precinct límite *m*

precious precioso; costoso

precipice precipicio *m*

precipitate precipitar

precipitation precipitación *f*

precipitous *a* precipitoso

precise preciso

precision precisión *f*

precocious precoz

predatory rapaz

predecessor predecesor *m*

predicament predicamento *m*

predicate predicado *m*

predict predecir; **–ion** predicción *f*

preface prefacio *m*

prefer anteponer; presentar; **–able** preferible; **–ence** preferencia *f*; **–ment** promoción *f*

prefix prefijo *m*; prefijar

prejudice perjuicio *m*; perjudicar; **prejudical** prejudicial

preliminary preliminar

prelude preludio *m*

premeditate premeditar

premier primer ministro *m*; primero

premium premio *m*; prima *f*; **at a –** á premio

premonition aviso (*m*) anticipado

prepaid franqueado

prepare preparar

preparation preparación *f*

preparatory preparativo

prepay franquear

preponderance preponderancia *f*

preposition preposición *f*

prepossess preocupar; **–ing** amable

prescribe prescribir

prescription prescripción; receta *f*

presence presencia *f*

present presente; corriente; regalo *m*; presentar; **at –** actualmente; **–ation** presentación *f*; **–iment** presentimiento *m*; **–ly** *ad* luego

preservation preservación *f*

preservative preservativo

preserve confitura *f*; preservar

preside presidir

presidency presidencia *f*

president presidente *m*

presidential presidencial

press prensa *f*; armario *m*; aprensar; urgir

prestige prestigio *m*

presume presumir

presumption presunción *f*

presumptive presuntivo

presumptuous presuntuoso

pretence pretexto *m*

pretend pretextar; afectar; **–er** pretendiente *m*

pretext pretexto *m*

prevail prevalecer

prevalent predominante

prevent prevenir; impedir; **–ion** impedimento; **–ive** preventivo

previous anterior; previo

prey rapiña; presa *f*

price precio *m*; valuar

pride orgullo *m*

priest sacerdote *m*; **–ess** sacerdotisa *f*; **–hood** clerecía *f*; **–ly** sacerdotal

prim peripuesto

primary primario

prime primero; madrugada; prima *f*

prince príncipe *m*; **–ly** real; **–ss** princesa *f*

principal principal

principle principio *m*

print impresion *f*; impreso *m*; estampa *f*; estampar; imprimir; **out of –** agotado; **–er** impresor *m*; **–ing** *s* imprenta; impresién *f*

prior anterior; prior *m*; **–ity** prioridad *f*

prison prisión *f*; **–er** prisionero *m*

privacy secreto *m*

private privado; particular; confidencial

privation privación *f*

privilege privilegio *m*

prize premio *m*; presa *f*; estimar; levantar

probability probabilidad *f*

probation prueba *f*; **–er** *s* novicio *m*

probe tienta *f*; sondar

problem problema *m*; **–atical** problemático

procedure procedimiento *m*

proceed proceder; **–ing** procedimiento *m*; **–s** producto *m*

process proceso *m*; **–ion** procesion *f*

proclaim proclamar

proclamation proclamación *f*

procreate procrear

prodigal prodigo *m*; **–ity** prodigalidad *f*

prodigious prodigioso

prodigy prodigio *m*

produce producto *m*; producir

product producto *m*; **–ion** producción *f*

productive productivo

profane profano; profanar

profanity profanidad *f*

profess profesar; declarar; **–ly** declaradamente; **–ion** profesión *f*; **–ional** profesional; **–or** profesor *m*

proficient proficiente

profile perfil *m*

profit provecho *m*; aprovechar; **–able** provechoso; **–less** inútil

progress progreso *m*

progression progresión *f*

progressive progresivo

prohibit prohibir; **–ion** prohibición *f*

project proyecto *m*; proyectar; **–ile** proyectil *m*; **–ing** salienta; **–ion** *s* proyeccion *f*

prologue prologo *m*

prolong prolongar; **–ation** prolongación *f*

promenade paseo *m*

prominence prominencia *f*

prominent prominente

promise promesa *f*; prometer

promissory promisorio; **– note** pagaré *m*

promote promover

promotion promoción *f*

prompt pronto; incitar; **–er** apuntador *m*; **–itude** prontitud, *f*

prone prono

pronoun pronombre *m*

pronounce pronunciar

pronunciation pronunciación *f*

propel impeler; **–ler** propulsor *m*

proper propio

property propiedad; calidad *f*

prophecy profecía *f*

prophesy profetizar

prophet profeta *m*; **–ess** profetisa *f*; **–ic** profetico

proportion proporción *f*

proposal propuesta *f*

propose proponer

proposition proposición *f*

prose prosa *f*; prosaico

prosecute proseguir

prosecution prosecución *f*

prosecutor acusador *m*

prospect vista *f*; **–ive** perspectiva

prosper prosperar; **–ity** prosperidad *f*; **–ous** prospero

prostitute prostituta *f*; prostituir

prostitution prostitución *f*

prostrate postrado; postrar

prostration postración *f*

protect proteger; **–ion** protección *f*; **–ive** protectorio

protest protesta *f*; protestar

protrude empujar

proud soberbio; orgulloso

proverb proverbio *m*

provide proveer; estipular; **–d (that)** con tal que

providence providencia *f*

provident próvido; providencial

province provincia *f*

provision provisión *f*

provocation provocación *f*

provocative provocativo

provoke provocar

prowl rondar; vagar

proximity proximidad *f*

proxy poder *m*

prude mojigata *f*; **–ry** gazmoñería; **prudish** gazmoños

prune ciruela *f*; podar

pry espiar

psychic psiquico

psychologist psicólogo *m*

psychology psicologia *f*

puberty pubertad *f*

public público; **–house** taberna *f*

publican tabernero *m*

publication publicación *f*

publicist publicista *m*

publicity publicidad *f*

publish publicar; **–er** editor

pudding almendrado *m*

puddle posa *f*; **–r** refinador *m*

puerile pueril

puff bufido; soplar; bufar; **–ball** begin *m*; **puffy** hinchado

pug embarrar

pugilism pugilato *m*

pugilist púgil *m*

pugnacious belicoso

pull tirón *m*; tirar; remar; **– down** derribar; **– out** extraer; **– up** extirpar

pullet pollita *f*

pulley polea *f*

pulp pulpa *f*

pulpit púlpito *m*

pulsate pulsar

pulse pulso *m*

pumice-stone piedra (*f*); pómez

pump bomba *f*; dar á la bomba; **– handle** palo *m*

pumpkin calabaza *f*

pun equivoco; chiste *m*

punch punzón; ponche (bebida) polichinela *m*; punzar; **–bowl** ponchera *f*; **–eon** cuño *m*

punctual puntual; **–ity** puntualidad *f*

punctuate puntuar

punctuation puntuación *f*

puncture puntura *f*

punish castigar; **–able** punible; **–ment** castigo *m*

punt barco (*m*); apuntar

puny mezquino

pupil niña *f* (ojo); pupilo *m*

puppet titere *m*

purchase compra *f*; comprar

pure puro; **–ness** pureza *f*

purgatory purgatorio *m*

purge purgar

purification purificación *f*

purify purificar

puritan(ic) puritano

purity pureza *f*

purple purpúreo; púrpura *f*

purpose intención *f*; objeto *m*; proponer; **on –** exprofeso; **to no –** en vano; **to the –** al propósito; **–less** sin objeto; **–ly** adrede; de propósito

purr roncar

purse bolsa *f*; **–r** contador *m*

pursue perseguir

pursuit prosecución *f*

push impulso *m*; empujar; **–ing** activo

put poner; **– an end to** terminar; **– by** poner aparte; **– forth** emitir; **– in** insertar; **– off** diferir; **– on** imponer; **– out** apagar; molestar; **– up** establecer; **– up with** tolerar

putty masilla *f*

puzzle acertijo; embrollar

pygmy pigmeo *m*

pyramid pirámide *f*

Q

quadrangle cuadrángulo *m*

quadrant cuadrante *m*

quadruped cuadrúpedo *m*

quadruple cuadruplo

quail codorniz *f*; agacharse

quake extraño

quake temblar; trepidar; **–r** cuáquero *m*

qualification calificación *f*

qualify calificar

quality calidad *f*

qualm escrúpulo *m*

quandary incertidumbre *f*

quantity cantidad *f*

quarrel riña; pendencia *f*; reñir; **–some** contencioso

quart cuarta *f*

quarter cuarto; cuartel *m*; parte *f*; trimestre *m*; cuartear

quaver corchea *f m*; gorjear

quay muelle *m*

queen reina *f*; **–ly** real

queer extraño

quell subyugar

quench extinguir

query cuestión *f*; dudar

quest busca; pesquisa *f*

question cuestión; pregunta *f*; asunto *m*; cuestionar; **–able** cuestionable

quibble juego de palabras; ergotear

quick rápido; vivo; inteligente; carne (*f*) viva; **–en** acelerar; animar; **–lime** cal (*f*) viva; **–ness** presteza *f*; **–sand** arena (*f*); movediza; **–silver** azogue *m*

quiet quieto; pacifico; quietud *f*; calmar; **–ness** quietud *f*

quilt sobrecama; colchar

quince membrillo *m*

quinine quinina *f*

quintette quinteto *m*

quip pulla *f*

quit libre; descargado; dejar; **–tance** descargo *m*

quite completamente

quiver aljaba *f*; temblar

quota cuota *f*

quotation citación *f*

quote citar

R

rabbi rabí *m*

rabbit conejo *m*

rabid rabioso

rabies hidrofobia *f*

race raza; casta; carrera *f*; correr; **–course** hipódromo; **–horse** caballo (*m*) de carrera

racial de raza

raciness picante *m*; aroma *f*

rack tormento; pesebre *m*; atormentar

racket raqueta *f*

radiance resplandor *m*; radiate radiar

radical radical

radius radio *m*

radish rábano *m*

raffle lotería *f*; rifar

rag trapo *m*

raid incursión *f*; pillaje *m*

rail riel *m*; barrera; **–ing** balaustrada; invectiva *f*; **–way** ferrocarril *m*

rain lluvia *f*; llover; **–bow** arco (*m*) iris; **–water** agua (*f*) llovediza; **–y** lluvioso

raise levantar

raisin pasa
rake rastro; tunante *m*; rastrillar
rally ridiculizar; reunir
ram morueco; pisón *m*; apisonar
ramble excursión *m*; vagar; **–r** paseante *m*
ranch rancho *m*
rancid rancio
random fortuito; **at –** al azar
range fila *f*; rango *m*; alinear; **–r** guardabosque *m*
rank rancio; rango *m*; fila *f*; **– and file** soldados rasoa
rankle enconarse
ransom rescate *m*; redimir
rant declamar
rap golpe *m*; golpear
rapid rápido; **–ity** rapidez *f*
rapier espadón *m*
rapt encantado
rapture rapto *m*
rapturous estático
rare raro; ralo; **–ly** rara vez; rarity rareza *f*
rash temerario; erupción *f*; **–er** lonja *f*, **–ness** temeridad *f*
rasp raspador *m*; raspar
raspberry frambuesa *f*
rat rata *f*, **– catcher** cazador (*m*); de ratas; **--trap** ratonera *f*
rate tasa *f*; (velocidad) curso; tipo (descuento); tasar; regañar
rather más bién; algún
ratio razón *f*
ravage saquear
rave delirar
ravish violar; **–ing** delicioso
raw crudo; bruto; **–ness** crudeza *f*
ray rayo *m* (luz); raya *f* (pez)
razor navaja *f*, **– strop** suavizador *m*
reach alcance *m*; extender
react reaccionar
read leer; **–able** legible; **–er** lector; corrector *m*; **–ily** de buena gana
reading lectura *f*, **– desk** atril *m*; **– room** gabinete (*m*) de lectura
ready pronto; dispuesto; **--made** hecho
realistic realistico; realize realizar
reap segar; **–er** segadora *f*
reaping-hook hoz *f*
reappear reaparecer
rear retaguardia *f*; cultivar; encabritarse *m*
rearrange rehacer
reason razón *m*; razonar; **–able** razonable
reassure reasegurar
rebate rebaja *f*; rebajar
rebel rebelde *m*; rebelarse; **–lion** rebelión *f*
rebound rebote *m*; rebotar
rebuild reconstruir
recall revocación *f*; revocar
recant retractar
recapture represar
recede retroceder
receipt recibo *m*
receive recibir; **–r** receptador *m*
recent reciente
receptacle receptáculo *m*
reception recepción *f*
recess retiro *m*; vacaciones *pl*
recharge recarga *f*; recargar
recipe réceta *m*
reciprocal recíproco
reciprocity reciprocidad *f*
reciprocate alternar
recital, recitación; recitación *f*
recite recitar
reckless atolondrado
reclaim reclamar; corregir
recline reclinar
recognition reconocimiento *m*
recognize reconocer
recollect recordarse
recollection recuerdo *m*
recommend recomendar; **–ation** recomendación *f*
recompense recompensa *f*; recompensar
reconcile reconciliar
reconciliation ajuste *m*
reconsider reconsiderar; **–ation** revisión *f*
reconstruct reedificar
record registro; registrar; **–er** archivero; **–s** archivos *m pl*

recount recontar; relatar
recoup recuperar; indemnizar
recover recobrar; convalecer; **–able** recuperable; **–ry** mejoría *f*; recobro *m*
recreation recreación *f*
recruit recluta *m*
rectangle rectángulo *m*
rectify rectificar
rector rector *m*; **–y** rectoria *f*
rectum recto *m*
recuperate recuperar
recur recurrir; **–rence** retorno *m*
recurring periódico
red rojo; rubio; rojez *f*; **– hot** candente; **– lead** minio *m*; **– letter** rúbrica *f*; **– tape** balduque *m*
redden enrojar
redeem rescatar; **–able** redimible; **–er** redentor *m*
redemption redención *f*
redness rojez *f*
reduce reducir
reduction reducctión *f*
redundant redundante
reed caña *f*; tudel *m*
reef arrecife; rizo *m*; arrizar
reel devanadera *f*; baile (*m*) escocés; devanar
refer referir
referee árbitro *m*
reference referencia *f*
refill rellenar
refine refinar; **–ment** refinación *f*, **–ry** refineria *f*
refit reparar
reflect reflejar; **–ion** reflexión *f*
reflector reverbero *m*
reflex reflejo
reform reforma *f*; reformar; **–ation** *s* reformación *f*, **–atory** casa (*f* de corrección); **–er** reformador *m*
refrain refrán *m*; refrenar
refresh refrigerar; **–ment** recreo *m*
refrigerator enfriadera *f*
refuge refugio *m*; **–e** refugiado *m*
refund reembolsar
refusal repulsa *f*
refuse desecho *m*; negar
regain recobrar
regard respeto *m*; estimar; observar; **–ing** tocante
regenerate regenerar
regimen régimen *m*
regiment regimiento *m*
region región *f*
register registro *m*; registrar
registrar registrador *m*
registration inscripción *f*
regret arrepentimiento *m*; arrepentirse de; **with –** con pena; **–able** lamentable
regular regular; **–ity** regularidad *f*
regulate regular
regulation regulación *f*
rehabilitate rehabilitar
rehearsal repetición; prueba *f*
rehearse repetir
reign reino *m*; reinar
reinforce reforzar; **–ment** refuerzo *m*
reins riñones *m pl*
reinstate restablecer
reiterate reiterar
reject rechazar; **–ion** repulsa *f*
rejoice regocijar; alegrar
rejoin replicar; volver a juntar
relapse recaída; recaer
relate relatar; **–d** emparentado
relation relación *f*; pariente *m*
relative relativo; pariente *m*
relax relajar; **–ation** relajación *f*
relay posta; parada *f*
release soltura *f*; libertar
relegate relegar
relegation relegación *f*
reliable seguro
reliant confiado
relief relevo *m*
relieve relevar; socorrer
religion religión *f*
religious religioso
relinquish ceder
relish sabor *m*; saborear
reluctance repugnancia *f*
reluctant recalcitrante
rely *vn* (on) contar con
remain quedar; **–der** resto *m*; **–s** *s pl* restos *m pl*

remark reparo *m*; nota *f*; notar; **–able** notable
remedy remedio *m*; remediar
remember recordar
remembrance recuerdo *m*
remind avisar; **–er** recordacion *f*
remiss remiso; negligente; **–ion** remision *f*
remit remitir; **–tance** remesa *f*
remnant resto *m*
remorse remordimiento *m*; **–less** cruel; feroz
remote remoto
removal removimiento *m*
remove transportar
remunerate remunerar
remuneration remuneracion *f*
rendezvous cita *f*
renew renovar; **–al** renovación *f*
renounce renunciar
renovate renovar
renovation renovación *f*
renown renombre *m*; **–ed** célebre
rent renta *f*; arrendar; alquilar
renunciation renunciación *f*
repair reparo *m*; reparar
repay reembolsar; **–ment** reembolso *m*
repeal revocación *f*; revocar
repeat repetición *f*; repetir; **–edly** repetidamente; **–er** repetidor; reloj (*m*) de repeticion
repel repeler; **–lent** repulsivo
repent arrepentirse
repertoire, repertory repertorio *m*
repetition repetición *f*
replace *va* reemplazar; reponer
replenish *va* rellenar; **–ment** *s* henchidura *f*
reply *s* respuesta; réplica *f*, *n* responder; replicar
report *s* voz *f*; informe; estallido *m*; *a* referir
reporter *s* relator *m*
repose *s* reposo *m*; *n* reposar; **–ful** *a* tranquilo
represent representar; **–ation** representación *f*, **–ative** representativo; representante *m*
repress reprimir; **–ion** represión *f*, **–ive** represivo
reprieve espera *f*
reprimand reprimenda *f*, reprender
reprint reimpresión *f*; mprimir
reprisal represalia *f*
reproach reproche *m* reprochar; **–ful** reprobatorio
reptile reptil *m*
republic república; **–an** republicano
repudiation repudiacion *f*
repugnant repugnante
repulse repulsa *f*; repulsar
repulsive repulsivo
reputable honesto
reputation, repute reputación; fama *f*; **repute** reputar
request ruego *m*; rogar
require requerir; **–ment** requerimiento *m*
requisite necesario; requisito *m*
requisition requisicion *f*
rescue recobro *m*; librar
research escudriñamiento *m*
resemble parecerse
resent resentirse; **–ful** resentido; **–ment** resentimiento *m*
reservation reservacion *f*
reserve reserva *f*; reservar
reservoir cambija *f*
reside residir
residence residencia *f*
resident residente; **–ial** residencial
residue residuo *m*
resign resignar; **–ation** resigna *f*
resist resistir; **–ance** resistencia *f*
resolve resolución *f*; resolver
resource recurso *m*
respect respeto; respetar; **–ability** carácter (*m*) respetable; **–able** respetable; **–ful** respetuoso; **–ing** tocante á; **–ive** respectivo
respiration respiración *f*
respond responder; **–ent** respondedor
response respuesta *f*
responsibility responsabilidad *f*
responsible responsable
rest reposo *m*; pausa *f*; reposar; descansar; **–ful** *a* sosegado; **–less** inquieto

restaurant fonda *f*
restoration restauracion *f*
restorative restaurativo
restore restaurar
restrain retener; **–t** refrenamiento *m*
restrict restringir; **–ion** restricción *f*
result resultado *m*; resultar
resume resumir
retail venta (*f*) al menudeo; revender
retain retener; **–er** airviente
retaliate desquitarse
retaliation revancha *f*
retard retardar; detener
retention retencion *f*
retire retirar; **–ment** retiro *m*
retrace retrazar
retribution retribución *f*
retrieve recobrar
retrospective retrospectivo
return retorno *m*; devolver; volver; **– ticket** billete (*m* de retorno
reunion reunión *f*
reunite reunir
reveal revelar
revelation revelación *f*
revenge venganza *f*; vengar; **–ful** vengativo
revenue renta *f*
reverberate reverberar
revere reverenciar; **–nce** reverencia *m*
reverse contrario *m*; reverso; trastrocar
review revisión *f*; rever; **–er** revisor *m*
revise revise *f*
revival *s* renacimiento *m*; restauración *f*
revive avivar
revoke renuncia *f*; revocar
revolt revuelta *f*; rebelarse
revolution revolución *f*; **–ary** revolucionario
revolve revolver; girar
revolver revolver *m*
revolving giratorio
revulsion revulsión *f*
reward recompensa *f*; recompensar
rheumatic reumático
rheumatism reumatismo *m*
rhinoceros rinoceronte *m*
ribbon cinta *f*
rice arroz *m*
rich rico; fértil; **–es, –ness** riqueza *f*
rid *va* librar
riddle enigma; criba *f*; cribar
ride paseo á caballo ó en coche; cabalgar
rider caballero *m*; cláusula (*f*) adicional
ridge espinazo; surco *m*
ridicule ridiculéz *f*; ridiculizar; **ridiculous** ridiculo
riding equitación *f*
rifle fusil *m*; robar
right derecho; justo; razón; derecho *m*; rectificar; **–hand** derecha; **–ious** justo; **–ful** legitimo
rigid rigido; **–ity** rigidez *f*
rigorous riguroso
rile irritar
rim borde; margen *m*
ring círculo; anillo *m*; sonido *m*; sonar; campanero *m*; **–leader** jefe *m*; **–let** rizo; bucle *m*
rink salon (*m*) de patinar
rinse enjuagar
riot tumulto *m*; amotinar; **–er** jaranero *m*; **–ing** orgia *f*; **–ous** sedicioso
rip rendija *f*
ripe maduro; **–en** *van* madurar; **–ness** madurez *f*
ripping rasgadura
ripple escarceo *m*; cabrillear
rise levantamiento *m*; subida; levantarse; subir; **to – early** madrugar
risk riesgo *m*; arriesgar; **–y** peligroso
rite rito *m*
ritual ritual
rival rival *m*; rivalizar
river rio *m*; **–side** orilla (*f*) de un río
road camino *m*; via; carretera *f*; **–way** calzada *f*
roam rondar; vagar
roar rugido *m*; rugir; bramar
roast asar
rob robar; **–ber** ladrón *m*; **–bery** latrocinio *m*
robe vestido *m*; vestir

robin pitirojo *m*
robust robusto; fuerte
rock roca *f*; peñasco *m*; mecer
rocket cohete *m*
rod varilla; caña *f*
rogue bribón *m*; **–ry** bribonada *f*;
  roguish pícaro
roll rollo *m*; cilindro *m*; rodar; bal-
  ancear; **–call** lista *f*; ruedas
roller rodillo *m*; **–skate** patín (*m*) de
  ruedas
romance romance *m*; novela *f*;
  exagerar
romantic romántico
romp retozo *m*; retozar
rood pértica *f*
roof techo; paladar *m*; techar
rook corneja *f*; trampear; **–ery** nido
  (*m*) de cornejas
room cámara *f*; lugar *m*
roost pértiga *f* del gallinero; anidarse
root raíz *m*; arraigar
rope soga *f*; cordel *m*; **–walk**
  cordelería *f*
rosary rosario *m*
rose rosa *f*; **–ate** rosado; **–bud** botón
  m; **–bush** rosal *m*; **–tte** roseta *f*
rosemary romero *m*
rotary giratorio
rotate girar
rotation rotación *f*; **in –** por turno
rotten podrido; **–ness** podredumbre *f*
rouge arrebol; colorete *m*
rough áspero; brusco; **–draught** bor-
  rador *m*; **–en** poner áspero; **–ness**
  aspereza *f*
round redondo; circular; al rededor;
  ronda *f*; cercar
routine rutina *f*
row rango *m*; fila *f*; remar
rowan serbal *m*
rowdy pelafustán
rower remero *m*
royal real; **–ist** realista *m*; **–ty** dig-
  nidad (*f*) real
rub embarazo *m*; frotar; **–ber** aljofifa
  f; goma (*f*) elástica; partida *f*; **–bing**
  fricción *f*
rubbish escombro *m*; basura *f*
ruby rubí *m*
rude grosero; tosco; **–ness** *s* rudeza *f*
rue ruda *f*; lamentar
ruff lechuguilla *f*
ruffle farala *f*; arrugar
rugged áspero; tosco
ruin ruina *f*; arruinar; **–ous** ruinoso;
  –s ruinas *f pl*
rule regla *f*; imperio *m*; **–** *va* regir;
  gobernar; **–r** gobernador *m*; regla *f*
rum ron *m*; singular
rumble estruendo; retumbar
rumor rumor *m*
run corrida *f*; curso *m*; serie *f*; correr;
  fluir; **–aground** varar; **–away** huir;
  –to seed granar; **–ner** corredor *m*;
  –ning corriente; cursivo
runaway desertor *m*
rupee rupia *f*
rupture rumpimiento *m*; romper
rural rural
rush ímpetu *m*; precipitarse
rusk galleta *f*
russet rojizo
rust orín *m*; enmohecer; **–y** mohoso
rustic rústico; patán *m*
ruthless cruel; inhumano

S

sabbath sábado *m*; sabatino
sable cebellina *f*; negro
saccharine sacarina *f*
sacrament sacramento *m*
sacred sagrado
sacrifice sacrificio *m*; sacrificar
sacrilege sacrilegio *m*
sad triste; **–den** entristecer; **–ness**
  tristeza *f*
saddle silla *f*; lomo (carnero) ensillar
safe seguro; caja de hierro; guardaco-
  midas *m*; **– and sound** sano y
  salvo; **–guard** salvaguardia *f*; prote-
  ger; **–ty** seguridad *f*; **–ty-valve**
  válvula (*f*) deseguridad
sag caída *f*
sail vela; navegar; **–maker** velero *m*;
  –or marinero *m*
saint(ly) santo

sake causa *f*; motivo *m*; **for god's –**
  por amor de Dios
salad ensalada *f*; **–bowl** ensaladera *f*
salary salario *m*
sale venta *f*; **for –** de venta; **–able**
  vendible; **–sman** vendedor *m*
salmon salmón *m*; **–trout** trucha (*f*)
  salmón
saloon salón *m*
salt salado; sal *m*; salar; ada
salutation salutación *f*
salute saludar
salvage salvamento *m*
salvation salvación *f*
salve emplasto *m*; salver salvilla *f*
salvo sálva *f*
same idéntico; mismo
sample muestra *f*
sampler patrón; modelo *m*
sanctify santificar
sanctimonious devoto
sanction sanción *f*; sancionar
sanctity santidad *f*
sand arena *f*; enarenar; **–bag** saco de
  arena; **–bank** bajío *m*; **–paper** papel
  (*m*) de lija; **–pit** arenal *m*; **–y**
  arenose
sandal sandalia *f*; **–wood** sándalo *m*
sandwich emparedado *m*; intercalar
sane sano
sanitary sanitario
sanity sanidad *f*
sap savia *f*; zapar; **–ling** renuevo *m*
sapient sabio
sapphire zafir *m*
sarcasm sarcasmo *m*
sarcastic sarcástico
sardine sardina *f*
sash cinta *f*
satan satanás; satán *m*; **–ic** satánico
satellite satélite *m*
satin raso *m*; de raso
satire sátira *f*
satirical, satirist satírico
satisfaction satisfacción *f*
satisfactory satisfactorio
satisfy satisfacer
saturate saturar
Saturday sábado *m*
sauce salsa *f*; sazonar
saucepan cacerola *f*
saucer salsera *f*
saunter callejear
savage salvaje; **–ry** salvajería *f*
save excepto; salvo
save salvar; ahorrar
saving económico; excepto; economía
  f; ahorro *m*; **–s-bank** caja (*f*) de
  ahorros
Savior salvador; Redentor *m*
savor sabor *m*; **–y** sabroso
saw sierra *f*; proverbio *m*; serrar;
  –dust aserraduras *f pl*; **–yer** aser-
  rador *m*
say decir
saying dicho *m*
scaffold cadalso *m*; **–ing** andamio *m*
scald tiña; escaldadura *f*; escaldar;
  –ing hirviente
scale escama *f*; platillo *m*; escala *f*;
  escamar; escalar
scallop pechina; festón *m*
scalp piel (*f*) del cráneo
scalpel escalpelo *m*
scamp ganapán *m*
scamper correr
scan escudriñar
scandal escándalo *m*; **–ise** escan-
  dalizar; **–ous** escandaloso
scant(y) escaso; corto
scapegoat chivo (*m*) emisario
scar cicatriz *f*
scarce escaso; raro; **–ly** apenas; **–ly**
  ever casi nunca
scarcity escasez *f*
scare espanto *m*; espantar
scarecrow espantajo *m*
scarf banda *f*
scarlet escarlata *f*; encarnado; **–fever**
  escarlata *f*
scatter disipar
scene escena *f*
scent perfume; olor *m*; perfumar;
  oler; **–bottle** frasco (*m*) de esen-
  cias; **–less** inodoro
schedule horario *f*
scheme proyecto *m*; **–r** tramoyista *m*
scholar escolar; literato *m*;

–ly erudito; **–ship** erudición; beca *f*
scholastic escolástico
school escuela *f*; enseñar; **–ling**
  instrucción *f*; **–master** preceptor *m*;
  –mistress maestra *f*; **–room** aula *f*
schooner goleta *f*
science ciencia *f*
scientific científico
scissors tijeras *f pl*
scoff mofa *f*; mofarse; **–er** burlador *m*
scold regañona *f*; reñir; **–ing** regaño *m*
scone galleta *f*
scoop cucharón *m*; achicar
scope alcance *m*; espacio *m*
scorch chamusco *m*
score muesca; marca *f*; puntos;
  escote *m*; veintena; partición *f*; **–** *va*
  escoplear; marcar
scorn desdén *m*; **–ful** desdeñoso
scot escote *m*; **–free** libre de gastos
scout explorador *m*
scramble arrebatiña *f*; **–eggs** huevos
  revueltos
scrap retazo *m*; **–book** álbum (*m*) de
  recortes
scrape raedura *f*; raspar
scratch rasguño *m*; rasguñar
scream chillido *m*; chillar
screen pantalla *f*; cribar
screw tornillo *m*; atornillar; **–driver**
  destornillador *m*; **–steamer** vapor
  (*m*) de hélice
scribble emborronar
scripture escritura sagrada *f*
scroll rollo *m*; voluta *f*
scrub frotar; matorral *m*
scruple escrúpulo *m*
scrupulous escrupuloso
sculptor escultor *m*
sculpture escultura *f*; esculpir
scum nata; espuma *f*; espumar
scuttle canasta *f*; cesto *m*
sea mar *m & f*; océano *m*; **at –** en el
  mar; **–board** orilla (*f*) del mar; **–gull**
  gaviota *f*; **–manship** marinaje *m*;
  –port puerto (*m*) de mar; **–serpent**
  hidra *f*; **–side** playa *f*; **–sickness**
  mareo *m*; **–weed** alga *f*
seal *s* sello *m*; foca *f*; sellar; **–ing-wax**
  s lacre *m*; **–skin** piel (*m*) de foca
seam costura *f*; **–less** inconsútil
seance sesión *f*
search busca *f*; buscar
season estación *f*; sazonar; aclimatar;
  –able estacional; **–ing** condimento
  m; **–ticket** billete (*m*) de estación
seat asiento *m*; sentar
secession separación *f*
seclude apartar; seclusion
  apartamiento *m*
second segundo; segundo *m*; secun-
  dar; **–ary** secundario; **–hand** dese-
  gunda mano; secundario *m*; **–rate**
  de segunda clase
secrecy, secret secreto *m*
secretary secretario *m*
secrete secretar
secretion secreción *f*
secretive misterioso
sect secta *f*
section sección *f*
secure seguro; asegurar
security seguridad *f*
sedate serio; **sedative** sedativo
seduce seducir; seduction seducción *f*
seductive seductivo
see sede *f*; ver; observar
seed semilla *f*; simiente *m*; **–bed**
  semillero *m*; **–ling** retoño *m*; **–pearl**
  aljófar *m*; **–y** usado
seeing visión *f*
seek buscar; solicitar
seem parecer; **–ly** decente
seer profeta *m*
segment segmento *m*
segregate segregar
seize asir
seizure secuestro *m*
seldom raramente
select selecto; escoger; **–ion** selección
  f; muestra *f*
self mismo; propio; **–command** san-
  gre (*f*) fría; **–conceit** vanidad *f*; **–**
  conscious presuntuoso; **–con-**
  tained completo; **–deception**
  ilusión *f*; **–defence** defensa (*f*)
  propia; **–denial** abnegación (*f*) de
  simismo; **–evident** patente;

–government *s* autonomía *f*; **–ish**
  interesado; **–ishness** egoismo *m*; **–**
  respect estima (*f*) de sí mismo
sell vender
semicircle semicírculo *m*
senate senado *m*; **senator** senador *m*
send enviar; **– away** expedir; **– out**
  emitir; **–er** remitente *m*
senile senil; **senililty** antigüedad *f*
senior mayor
sensation sensación *f*
sense sentido *m*; juicio *m*; **–less**
  insensible
sensibility sensibilidad *f*
sensible sensible; sensitivo
sentence sentencia *f*
sentry centinela *m & f*
separate separar
separation separación *f*
September septiembre *m*
sequel secuela *f*
sequence seguida *f*
sequestered aislado
sequin cequí *m*
serenade serenata *f*
serene sereno *f*
sergeant sargento *m*
serial consecutivo
series serie *f*
serious serio; **–ly** de veras; **–ness**
  seriedad *f*
sermon sermón *m*
serpent serpiente *f*
servant criado *m*
serve servir
service servicio *m*; utilidad *f*; **–able**
  útil
servile servil
servility servilismo *m*
serviette servilleta *f*
session sesión; junta *f*
set regular; señalado
set surtido *m*; serie *f*; juego *m*; puesta
  f (delsol)
set *va* poner; arreglar; fijar; engastar;
  plantar; componer (tipos); **– fire to**
  encender; **– forth, – out** publicar;
  irse; **– free** libertar; **– on** incitar; **–**
  right rectificar; **– sail** hacerse a la
  vela; **– up** erigir
settee canapé *m*
setter perro (*m*) de muestra *m*
settle banco; escaño *m*; fijar; ajustar;
  –ment colonia *f*; ajuste; dote; **–r**
  colono *m*
seven siete; **–fold** séptuplo
seventh séptimo
several diverso
severe severo
sew coser
sewer cloaca *f*; **–age** *s* sistema (*m*) de
  cloacas
sewing *s* costura *f*; **– cotton** hilo (*m*)
  de algodón; **– machine** máquina (*f*)
  de coser
shabby usado
shade sombra *f*
shady sombrío
shadow sombra *f*; **–y** umbroso
shaft flecha *f*
shake sacudida *f*; sacudir; agitar;
  temblar; **– hands** darse las manos
shaky titubeante
sham fingido; falso; fingimiento *m*
shame vergüenza *f*; rubor *m*; aver-
  gonzar; **–faced** pudibundo; **–ful**
  vergonzoso; **–less** descarado
shampoo champú *m*
shape forma *f*; talle *m*; formar; **–less**
  deforme; **–ly** simétrico
share parte; reja *f*; acción *f*; dis-
  tribuir; **–holder** accionista *f*
shark tiburón *m*
sharp agudo; acre; puntualmente;
  –en a afilar; **–er** estafador *m*; **–ness**
  agudeza *f*
shatter destrozar
shave rasurar; **–r** barbero *m*
shaving rasura *f*; **–brush** escobilla
  de barba
shawl chal *m*
she ella
shear esquilar; **–ing** esquileo *m*; **–s**
  tijeras *f pl*
sheath vaina *f*; **sheathe** envainar
shed sotechado *m*; verter
sheep carnero *m*; oveja *f*
sheet sábana *f*; pliego *m*; ensábana

shelf anaquel; estante *m*
shell concha; cascara; *f* dencascarar; **–fish** marisco *m*
shelter cobertizo *m*; abrigar
shelve inclinar
shelving inclinado; anaquelería *f*
shield escudo *m*; escudar
shift expediente; cambio *m*; camisa (*f*); mudar; cambiar; **–less** tonto
shin tibia
shine brillo *m*; lucir
shining, shiny luminoso
ship nave *f*; buque *m*; embarcar; **–builder** constructor de buques; **–ment** embarque *m*; **–owner** naviero *m*; **–per** cargador *m*; **–ping** marítimo; buques; **–wreck** naufragio *m*; **–yard** astillero *m*
shirk esquivar
shirt camisa *f*
shiver tiritar; **–ing** tiritona *f*
shock choque *m*; escandalizar; **–ing** chocante; escandaloso
shoe zapato *m*; herradura *f* (caballo); calzar
shoot vástago; tallo *m*; tirar; brotar
shooting tiro *m*; movedizo; **–star** metéoro *m*
shop tienda *f*; **–keeper** mercader *m*
shore costa *f*; **on –** a tierra
shore apuntalar; **shoring** apuntalamiento *m*
short corto; breve; **in –** en breve; **–coming** insuficiencia *f*; **–en** acortar; **–hand** estenografia *f*; **–ly** luego; **–ness** cortedad *f*; **–sighted** corto de vista
shot perdigones *m pl*; munición *f*
shoulder espalda *f*; hombro *m*; cargar al hombro; **–blade** omoplato *m*
shout (ing) aclamación *f* aclamar
shove impulso *m*; ime peler
shovel pala *f*; traspala
show espectáculo *m*; muestra; ostentación *f*; mostrar
shower *s* lluvia *f*; inundar; llover; **–y** lluvioso
shred tira *f*; picar
shrewd astuto; **–ness** astucia *f*
shriek chillido *m*; gritar
shrill agudo
shrink estrechar; **–age** encogimiento *m*
shrub arbusto *m*; **–bery** plantío (*m*) de arbustos
shrug encogimiento *m*
shudder estremecerse
shuffle mezclar
shun evitar
shut cerrar; **– in** encerrar; **– off** interceptar; **– out** excluir; **–ter** contraventana *f*
shuttle lanzadera *f*; **–cock** volante *m*
shy tímido; **–ness** timidez *f*
sick enfermo; **–en** empachar; **–ening** asqueroso; **–ly** enfermizo; **–ness** enfermedad *f*
side lado; costado *m*; **–face** perfil *m*; **–saddle** *s* silla (*f*) de mujer; **–walk** acera *f*; **–ways** *ad* de lado
siege sitio *m*
sieve criba *f*
sift cerner
sigh suspiro *m*; suspirar
sight ver *m*; vista; mira *f*; ver apuntar; **–less** ciego; **–ly** vistoso; **–seer** curioso *m*
sign seña *f*; indicio; signo *m*; señalar; firmar
signal señalado; señal; aviso *m*
signature firma *f*
significance significación *f*
significant significante
signify significar
silence silencio *m*; **silent** silencioso
silk seda *f*; **– goods** *s* sederías *f pl*; **–en** de seda; sedeño; **–worm** *s* gusano (*m*) de seda; **–y** sérico
sill dintel *m*
silliness necedad *f*
silly tonto
silver argentino; plata *f*; platear
similar similar; **–ity** semejanza *f*
simile símil
simmer hervir *a* fuego lento
simple simple *f*
simply simplemente
simultaneous simultáneo

sin pecado *m*; pecar; **–less** impecable; **–ner** pecador *m*
since desde que; desde
sincere sincero; franco
sincerity sinceridad *f*
sing *n* cantar
singer cantor *m*; cantarina *f*
singe chamuscar
singing canto *m*
single sencillo; solo
singly solamente
singular único
sinister siniestro
sink sentina *f*; hundir; bajar
sip sorbo *m*; sorber
siren sirena *f*
sirloin solomo (*m*) de buey
sister hermana; religiosa *f*; **–in-law** cuñada *f*; **–ly** hermanable
sit sentarse; empollar; **–ting** *s* sesión; junta *f*; **–ting-room** sala (*f*) pequeña
site sitio *m*
situate, situated situado
situation situación *f*
six seis
size tamaño; talle *m*; ajustar; sisar
skate patín *m*; lija *f* (pez) patinar
skating patinación *f*; **– rink** salón (*m*) de patinar
skeleton esqueleto *m*
skid calzo (*m*) de rueda
skilful diestro
skill arte; destreza *f*; **–ed** práctico
skim despumar; **–mer** *s* espumadera *f*
skin cutis *m* & *f*; piel *m*; desollar pelar; **–ny** macilento
skip salto *m*; saltar; **–per** saltador; patron *m*; **–ping** salto *m*; **– rope** cuerda (*f*) para saltar
skirt falda *f*
skit burla *f*
skull cráneo *m*; **–cap** casquete *m*
skunk mofeta *f*
sky cielo; firmamento *m*; **– blue** azul celeste
slake extinguir; apagar
slam golpe; capote (juego); cerrar violentamente
slander calumnia *f*; calumniar
slang jerga *f*
slant sesgo; declive *m*
slap manotada *f*
slate pizarra *f*; **–pencil** pizarrin *m*
slaughter matanza *f* matar; **–house** matadero *m*
slave esclavo *m*; **–ry** esclavitud *f*
sleek pulido; liso
sleep sueño *m*; dormir; **–er** durmiente *m*; **–iness** modorra *f*; **–ing-car** cochecama *f*; **–less** desvelado; **–lessness** insomnio *m*; **–y** *a* soñoliento
sleet aguanieve *f*
sleeve manga *f*; **– links** gemelos (*m pl*) de mangas
slice rebanada *f*; rebanar
slide resbaladero *m*; resbalar
sliding escurridizo; **– scale** *s* escala (*f*) móvil
slight ligero; desprecio *m*; desdeñar
slim delgado; sutil
slime fango; lodo *m*; **–y** fangoso
sling honda *f*
slip resbalon; error *m*; resbalar
slipper chinela *f*; **–y** resbaladizo
slit raja *f*; rajar
slope declive *m*
slot muesca *f*
slouch *va* encorvarse
slow lento; tardío; retardar; **–ness** lentitud *f*
slumber sueño (*m*) ligero; dormitar
sly socarrón; **on the –** a hurtadillas; **–ness** mañuela; socarronería *f*
smack sabor *m*; manotada *f*; barco (*m*) de pescar
small pequeño; chico menudo; **–arms** *s* armas (*f pl*) blancas; **–pox** viruelas *f pl*; **–talk** charla *f*
smart agudo; vivo; elegante; escocer; **–ness** agudeza; elegancia *f*
smash fracaso *m*; romper
smear mancha *f*; manchar
smell olor; olfato *m*; oler; **bad –** husmo *m*; **–ing-bottle**, **–ing salts** frasco (*m*) de sales
smile sonrisa *f*; sonreir

smiling risueño
smith forjador *m*; herrero *m*; **–y** herrería *f*
smock camisa *f*; blusa *f* (de obrero)
smoke humo *m*; humear; fumar; **–less** sin humo
smooth liso; pulido; unido; **–en** allanar; **–ness** lisura *f*
smother ahogar
smug limpito
smuggle matutear; matutero *m*
smuggling contrabando *m*
snail caracol *m*
snake culebra *f*
snap estallido *f*; corchete; romper; estallar
snare lazo *m*; enmarañar
snarl enredo *m*; gruñir
sneak arrastrar
sneer fisga *f*
sneeze *s* estornudo *m*; *vn* estornudar
snob afectado; **–bish** pretencioso
snooze sueño *m*; dormitar
snore ronquido *m*; roncar
snort resoplar
shout hocico *m*
snow nieve *f*; nevar; **–ball** bola (*f*) de nieve; **–drift** nieve (*f*) de acarreo; **–drop** campanilla (*f*) blanca) **–shoe** zueco *m*; **–storm** nevasca *f*
snuff rapé *m*; aspirar; despabilar; **– out** apagar; **–box** tabaquera *f*; **–ers** despabiladeras *f pl*
snug abrigado; cómodo
so así; así como; tal; **– be it** así sea; **– that** de modo que
soak empapar
soap jabón *m*; jabonar
soar remontarse
sober sobrio
sociable sociable
social social
society sociedad
sock calcetín *m*
soda soda *f*
sofa sofá *f*
soft blando; tierno; **–en** suavizar; ablandar; **–ness** ablandura *f*
soil tierra *f*; ensuciar
solder(ing) soldadura *f*; soldar; **hard –** soldadura fuerte; **soft –** soldadura de fusión
soldier soldado *m*
sole único; solo; planta *f* (pie); suela *f* (zapato); lenguado *m* (pez); solar (zapatos)
solemn solemne; **–ize** celebrar
solicit solicitar; **–or** solicitador; **–ous** solícito
solid sólido; firme; **–ify** solidificar
solitary solitario
solitude soledad *f*
solution solución
solve resolver
some algún; algunos; **–body** alguien *f*; **–how** de algún modo; **–thing** alguna cosa *f*; **–time** reciente; en otro tiempo **–times** algunas veces; **–what** alguna cosa *f* algún tanto; **–where** en alguna parte
somersault salto (*m*) mortal
son hijo; **–in-law** yerno *m*
song canción; **–ster** cantor *m*
sonnet soneto *m*
soon pronto
soothe calmar
sore doloroso; llaga
sorrow pena; dolor *m*; afiigirse; **–ful** *a* pesaroso
sort clase *f*; genero *f*
soul alma; essencia *f*
sound sano;entero; sonar
soup sopa *f*; caldo *m*
sour ágrio; ácido; agriar
source manantial *m*; fuente *f*; origen
south sur *m*; **–ern**, **–erly** meridional; **–ward** haciael Sur
space espacio *m*
spacious espacioso
spade pala *f*
spare guardar; economizar; preservar; ahorrar; sóbrio; **– room** cuarto para huéspedes *m*
spark chispa *f*
spasm espasmo *m*
speak hablar; decir
speaker orador; presidente
special especial

species especie *f*; género *m*
specify especificar
specimen muestra *f*; modelo *m*
spectacle espectáculo *m*
spectator espectador
speculate especular
speech discurso *m*; arenga *f*; **– day** distribución de premíos; **–less** mudo
speed prisa *f*; éxito *m*; expedir; despachar
speedy pronto; rápido
spell deletrear; escribir con ortografla *f*; encanto *m*; vez *f*; **–ing** ortografia *f*; **–ing book** silabario *m*
spend gastar; emplear; disipar
sphere esfera *f*
spice especie *f*; especiar
spill derramar; espita *f*
spin hilar; alargar
spinach, spinage espinacas *f pl*
spine espina *f*
spinner hilador
spinning filatura *f*; **– wheel** rueca *f*
spinster doncella; hilandera *f*
spiral espiral *f*
spirit espíritu; valor; genio; alcohol *m*; animar; **–ed** animado; vivo
spiritual espiritual
spit asador *m*; saliva *f*; asar; escupir
spite despecho *m*; **in – of** a pesar de; **–ful** malo
splash salpicadura *f*; salpicar
splendid espléndido
spoil botín; despojo *m*; saquear; devastar
spoke rayo; peldaño *m*
spokesman orador *m*
sponge esponja *f*; esponjar
spongy esponjoso
spontaneous espontáneo
spoon cuchara *f*
spoonful cucharada *f*
sport juego; recreo; esport *m*
sportsman deportista *m*
spot mancha *f*; lugar; manchar; **–less** inmaculado
spouse esposo *m*; esposa *f*
spray leña menuda; espuma de mar *f*
spread extensión *f*; xtender
sprightly vivo; jovial; alegre
spring brinco; resorte *m*; primavera; energía *f*; brotar; proceder
sprout retoño; vástago *m*; **Brussels –** coles de Bruselas *f pl*
spruce elegante
spurn rechazar á puntapiés
sputter chisporrotear
spy espía *m* y *f*; espiar; **–glass** catalejo *m*
squab gordo; repleto
squadron escuadra *f*; escuadron *m*
squalid sucio; puerco
square cuadrado *m*; plaza pública *f*; escuadrar; ajustar; cuadrar
squash a plastar
squat agacharse
squeak chillar; dar gritos agudos
squeeze apretar; estrechar
squib petrado *m*
squint bizco; bizcar
squirrel ardilla *f*
stab puñalada *f*
stable cuadra *f*; establo *m*; estable; consante
stack pila *f*; montón *m*; apilar
stage piso; andamio; teatro *m*; escena *f*
stagger vacilar; titubear
stagnant estancado
stain mancha *f*; manchar; teñir; **–ed glass windows** vidrieras de colores *f/pl*
staircase escalera *f*
stairs escaleras *f/pl*; **down–** abajos
stake estaca *f*; puesta *f* (juego)
stale viejo; usado
stall butaca; suneta *f*; plaza
stallion caballo padre *m*
stamp sello; cuño *m*; marca *f*; sellar; imprimir
stand parada; situación *f*; puesto; rango *m*; estar en pié
standard modelo; estandarte *m*
star estrella *f*; estrellar
stare mirar fijamente
start salto *m*; partida *f*; lanzar; saltar; salir

starvation inanición *f*
starve morir de hambre
state estado *m*; pompa *f*; establecer; declarar; **-ly** majestuoso bolsa de comercio *f*; **--holder** accionista *m*
statement exposición; relación *f*
statesman hombre de Estado *m*
station estación *f*; puesto *m*; colocar
stationery papelería *f*
statistical estadística *f*
statue estatua *f*
statute estatuto; reglamento *m*
stay residencia *f*; quedar
steadfast estable; constante
steady firme; sólido
steal hurtar; robar
steam vapor; evaporarse; **- engine** máquina de vapor *f*
steed caballo de carreras *m*
steel acero *m*
steep escarpado; mojar
steer timón *m*; dirigir(se); **-age-passenger** pasajero de entre-puente; **-s man** timonero *m*
stem tronco; tallo
step paso; progreso; escalón *m*; andar; ir; venir; **-father** padrasto *m*; **-mother** madrastra *f*
stereotype estereotipo *m*
sterile estéril
sterling puto; verdadero; moneda esterlina *f*
stern severo; austero; popa *f*
stew estofado *m*; estufa *f*; cocer
steward mayordomo; intendente
stick bastón *m*; pegar(se); agarrarse; **-y** pegajoso; resbaladizo
stiff tieso; rígido; testarudo
stifle ahogar
still allencio; alambique *m*; calmar; destilar; todavia
stimulate estimular
sting aguijón; pinchar; picar
stingy avaro
stir agitar; mover(se)
stitch punto *m*; coser
stocking media *f*
stomach estómago *m*
stone pledra *f*; hueso; (fruta) *m*; **-ware** de barro
stony de piedra; duro
stool taburete *m*; banqueta *f*
stop parada; pausa *f*; parar; detener
storage almacenaje *m*
store almacen *m*; provisión *f*; proveer
storm tempestad *f*
stormy tempestuoso
story cuento *m*, historia *f*; piso *m*
stout fuerte; grueso; cerveza fuerte *f*
stove estufa *f*; horno *m*
stow acoplar; estivar (mar)
straight recto; estrecho
strain esfuerzo *m*; manera *f*; esforzarse; filtrar
strand costa; playa *f*; varar
strange extraño; extranjero
stranger extranjero *m*
strangle estrangular
straw paja *f*; **- bed** jergón *m*; **-berry** fresa *f*
streak raya *f*; rayar
stream corriente *f*; rio *m*; correr
street calle *f*
strength fuerza *f*
strengthen fortificar
strenuous valiente
stress violencia *f*; acente *m*
stretch extenderse
strict extricto; exacto; severo
strife lucha *f*
strike huelga *f*; golpear; declararse en huelga; sonar
striking sorprendente
string cuerda *f*; forrar de cuerda
strip tira *f*; privar; desnudar
stripe raya *f*; rayar
strive esforzarse
stroke golpe; rasgo *m*; acariciar
stroll paseo *m*; dar
stock material; capital *m*; provisión *f*; almacen *m*; fondos publicos *m/pl*; abastecer; proveer; **--exchange** vueltas
strong fuerte; **-hold** fortaleza *f*
structure construcción; edificio *m*
struggle lucha *f*; esfuerzo *m*; luchar; combatir
stubborn obstinado

stucco estuco *m*
student estudiante *m*
study estudio; gabinete *m*; estudiar; aplicarse
stuff género; paño *m*; materia *f*; llenar
stumble tropezar
stumbling-block obstáculo *f*
stun aturdir
stupendous prodigioso
stupid estúpido
stupidity estupidez *f*
sturdy brusco; vigoroso
stutter balbucear
style estilo; género *m*; llamar
stylish elegante
subdue subyugar
subject sujeto *m*; someter
subjugate subyugar
submarine submarino *m*
submerge sumergir
submit someterse
subordinate inferior; subordinado
subscribe suscribir; abonarse a
subscriber abonado; suscritor *m*
subscription subscripción *f*
subsequent subsiguiente
subside sumergirse; bajar
subsist subsistir
substantial sustancial; verdadero
substitute sustituir
subtract sustraer
subtraction sustracción
suburb suburbio *m*
subversive subversivo
subway galeria subterranea *f*
succeed tener exito; salir bien
success éxito *m*
successful próspero; dichoso
succession sucesion; herencia *f*
such tal; igual; semejante
suck chupar; sorber
sudden de pronto; de repente
suds agua de jabón; vacilación *f*
sue perseguir; implorar
suet sebo *m*
suffer sufrir; padecer; tolerar; **-able** soportable; **-er** víctima *f*; **-ing** dolor; sufrimiento *m*
suffice bastar; satisfacer
sufficient suficiente
suffocate sofocar
sugar azucar *f*; endulzar; **--basin** azucarero *m*; **-cane** caña de azucar *f*; **- tongs** pinzas para azucar *f pl*
suggest sugerir; inspirar
suggestion sugestión *f*
suicide suicidio *m*; **commit -** suicidarse
suit sucesión; petición *f*; traje; vestido *m*; sentar bien; adaptar(se) ; **-able** conveniente; conforme
suite série; continuación *f*
sulfur, sulphur azufre *m*
sum suma *f*; sumar
summary sumario *m*
summer verano *m*
summit cima; cumbre *f*
summon notificar; advertir; requerir; **-s** citación *f*; requerimiento
sun sol *m*; **--burnt** tostado por el sol; **-flower** tornasol *m*; **-ny** soleado; risueño; **-rise** salide del sol *f*; **-shine** brillo del sol *m*; luz del sol *f* **-stroke** insolación *f*
Sunday Domingo *m*
superannuated pensionado
supercilious arrogante;
superior superior; **-ity** superioridad *f*
supernatural sobrenatural *f*
superscription sobrescrito *m*
supersede remplazar
superstition superstición *f*
superstitious supersticioso
supervene suceder
supervise revisar
supper cena *f*; **the Lord's -** la sagrada Cena *f*
supplement suplemento *m*; **-al, -ary** suplementario
supply provisión *f*; socorro; suplir; completar
support sostén *m*; soportar; sostener
suppose suponer
suppress suprimir
supreme supremo
sure seguro; **to be -** seguramente
surf surge ola; onda *f*; rompiente
surgeon cirujano *m*

surgery cirujía *f*
surname sobrenombre; apellidar
surpass sobrepujar
surplus exceso *m*
surprise sorpresa *f*; sorprender
surrender rendición *f*; rendir(se)
surround rodear
surroundings alrededores *m pl*
survey examinar; medir
survival supervivencia *f*
survive sobrevivir
suspect sospechar
suspend suspender
suspender tirantes *m pl*
suspense suspensión *f*
suspicion sospecha *f*
suspicious sospechoso; suspicaz
sustain sostener; soportar
swallow golondrina *f*; tragar
swamp pantano *m*
swan cisne *m*
swarm enjambre; tropel; hormiguero *m*
sway autoridad *f*; agitar; dominar
swear jurar
sweat sudor *m*; sudar
Swede Sueco
Sweden Suecia *f*
sweep barrer
sweet dulce; oloroso; confitura *f*; **-bread** mollejas de ternera *f pl*; **-en** endulzar; azucarar; **-heart** enamorado; **-meat** confite *m*; **-ness** dulzura *f*
swell hinchazón *f*; oleaje *m*; inflar; hincharse
swift rápido; ligero
swim nadar; **-mer** nadador; **-ming** nado; natación *f*
swindle estafar
swing balancear; agitar
switch aguja *f*
sword espada *f*
syllable sílaba *f*
symbol símbolo *m*
sympathise simpatizar
symptom síntoma *m*
synagogue sinagoga *f*
synonym(ous) sinónimo
syrup jarabe *m*
system sistema *f*

T

table mesa; pintura *f*; **-cloth** mantel *m*
taciturn taciturno
tack tachuela *f*; atar; ligar
tackle jarcia *f* (mar)
tact tacto *m*
taffeta raso *m*
tag herrete *m*; herretear; unir
tail cola *f*
tailor sastre *m*
taint mancha *f*; manchar; ensuciar
take tomar; llevar; quitar; entender; **-off, - away** llevar (se)
tale cuento *m*; historia *f*
talent(ed) talento *m*
talk hablar; conversación *f*, charla; **-er** el que habla; **-ative** hablador; charlatán
tall alto; grande
talon garra *f*
tame domesticado; domar
tan casca *f*; curtir
tandem tandem
tangible tangible
tank cisterna *f*
tanner curtidor *m*; **-y** teneria *f*
tap palmada *f*; grifo *m*
taper cinta de hilo
taper cera *f*; acabar en punta
tar brea *f*; alquitrán *m*; embrear
tardy tardío
target blanco (tiro)
tariff tarifa *f*
tart agrio; picante
tassel borla *f*
taste gusto; sabor; saborear
tasteful sabroso
tatter trapo *m*
tattle charlatán *m*; charlar
tavern taberna *f*
tax impuesto *m*; contribución *f*; imponer derechos; acusar
tea té *m*; **-cup** taza *f*; taza para té; **-pot** tetera *f*; **--things** servicio de té

teach enseñar; instruir
teacher maestro; professor *m*
teak teca *f*
team tiro; tronco *m*
tear lágrima *f*
tear desgarrar
tease fastidiar; atormentar
technical técnico
tedious enojoso; fastidíoso
teens años (de 13 á 20)
telegram telegrama *m*
telegraph telégrafo *m*; telegrafiar; **-ic** telegráfico
telephone teléfono *m*; telefonear;
telephonic telefónico
telescope telescopio *m*
tell oir; oontar
temper naturaleza *f*; temperamento *m*; moderar; sosegar
temperature temperatura
temple templo *m*
temporary temporero
tempt tentar
temptation tentación *f*
tend cuidar; tender á
tendency tendencia *f*
tender oferta *f*; tender *m*; **legal -** moneda legal *f*; **-** tierno; **-ness** terneza *f*
tenement (**- house**) alojamiento *m*; habitación *f*
tennis juego de pelota con raqueta; tennis *m*
tenor tenor *m*; tenor; sentido
tense tiempo; tirante; tieso
tent tienda de campaña *f*
term término; límite *m*; condición: expresión; **come to - s** llegar *a* un acuerdo
terminate terminar (se); concluir
terrible terrible
terrify asustar
territory territorio
terror terror
test prueba *f*; probar
testament testamento *m*
testimonial certificado *m*
testimony testimonio *m*
text texto *m*; **-book** libro de texto *m*
thank dar gracias; agradecer
thankful reconocido; **-fulness** reconocimiento *m*; gratitud *f*
thanksgiving acción de gracias *f*
thaw deshielo; desholar
theater teatro *m*
theft robo *m*
then entonces; en este caso
there alli; allá; **- is, - are** hay; **-about** por alli; **-after** enseguida; **-fore** por esto; por consiguiente
thermometer termómetro *m*
thick espeso; grueso; denso; **-- headed** estúpido; **-set** rechoncho **-en** engrosar; **-ness** densidad; gor-dura *f*
thigh muslo *m*
thin delgado; fino; adelgazar
thing cosa *f*
think pensar; creer; **-er** pensador
thirst sed *f*; tener sed; **-y** sediento
thorough por; por medio, completo; perfecto; **-bred** de pura sangre; **-fare** pasaje *m*; calle frecuentada *f*
though aunque; aun cuando
thought pensamiento *m*; **on second -** bien pensado; **-ful** pensativo; **-fulness** meditación; abstracción *f*; **-less** aturdido; **-lessness** atur-dimiento
thread hilo *m*; enhebrar
threat amenaza *f*; **-en** amenazar
threshold umbral *m*
thrice tres veces
thrift economía *f*, frugal
thrill horadar; taladrar
thrive prosperar
throat garganta
throughout enteramente
through-train (**-ticket, -carriage**) tren billete, wagón directo
throw tiro *m*; echar; tirar
thrust golpe *m*; empujar
thumb dedo pulgar *m*
thump golpe; puñetazo; golpear fuerte
thunder trueno *m*; tronar; **-bolt** rayo *m*; **-clap** trueno *m*;

—storm tempestad f; **—struck** quedarse helado ó de una pieza
thus así; **– far** hasta aqui
tick crédito m; funda f; hacer tic-tac; **on –** á crédito
ticket billete m
tickle hacer cosquillas
tide marea f
tidy aseado; limpio
tie nudo m; ligar; anudar
tiger tigre
tight tirante; apretado; **–en** apretar; **–ness** tension; **–rope** cuerda f, tirante **–en** apretar; **–ness** tension; **–rope** cuerda f; tirante
tile teja f **–s** calzones (m pl)
till hasta; labrar
tilt tienda f; toldo m; inclinar
timber madera de construcción f; **–work** maderamen m; **—yard** astillero m
time tiempo m; medita; vez f, **in –** con el tiempo; **behind –** tarde
timid timorous tímido
tin estaño m; estanar
tinge tinte m; tenir
tint tinte; color; matizar; teñir
tiny delgado; pequeño; débil
tip extremo m; punta; propina f; hacer caer; dar propina; **–toe** punta del pié f; **–top** cumbre; cima f; excelente
tissue tejido; tisú m
title titulo m; titular
toad sapo m
toast testada f, brindis m; tostar; brindar
tobacco tabaco m
toboggan trineo para nieve m
to-day hoy
together junto; inudo
toil pena; fatiga f, cansarse
toilet tocador m
token marca; señal f
tolerable tolerable; pasable
tolerate tolerar
tomato tomate m
tomb tumba f, sarcófago m; **–stone** lápida f
tomboy marimacho
tomorrow mañana
ton tonelada f; tonel m
tone tono; acento m
tongue lengua f, **hold one's –** callar(se)
tonic tónico
too tambien; demasiado
tool herramienta f
tooth diente m; **—ache** dolor de muelas m; **—pick** limpiadientes m; **—powder** polvos de dientes; dentrifico
top altura; cima; cumbre; peonza f, dominar; sobresalir; **—hat** sombrero de copa m; **—most** lo más alto
torch antorcha; hacna f
torment tormento m; atormentar
tortuous tortuoso
torture tortura f; torturar
toss lanzar; agitar
total total m
touch tocar; tacto m; **—stone** piedra de toque f
towards hacia; para con
tower torre f; elevarse
town ciudad f, **—hall** ayuntamiento m
toy juguete m; caprícho m; bromear
trace track huella f, rastro m; trazar; marcar
trade comercio; tráfico; oficio m; **—mark** marca de fábrica f; **—r**, **—sman** comerciante m; **—s-union** asociación índustrial f; **—wind** vientos generales m pl
tradition tradición f
traffic tráfico m
tragedy tragedia f
tragic(al) trágico
train tren m; série f; arrastrar; enseñar
tramp vagabundo m
trance éxtasis m
transact negociar; tratar andar
transaction transacción f
transatlantic trasatlántico m
transept crucero m
transfer trasladar; transportar; **–able** transportable

transform transformar
transit tránsito m; **—ory** transitorio
translate traducir
translation traducción f
transmit transmitir
transparent transparente
transplant trasplantar
transport transporte; transportar; deportar
trap trampa f, **–door** escotillón m
trapper cazador m con trampas
trash basura f; desecho m
travel viaje m; viajar; ir
traveler viajero m
tray artesa f; azafate; cuezo m
tread pisa f; pisar
treason traición f
treasure tesoro m; atesorar
treasurer tesorero m
treasury Ministro de Hacienda
treat regalo m; regalar tratar; **–ise, –y** tratado m; **–ment** tratamiento m
treble triple; triplicar
tree árbol m
tremendous tremendo
trench foso m; trinchera f; **–er** trinchero m; mesa de comedor f
trespass culpa f; delito m; transgresión f
triangle triángulo m
triangular triangular
tributary tributario
tribute tributo m
trickle gota f; gotear
tricycle triciclo m
trifle bagatela f; juguetear
trifling insignificante
trigger gatillo; disparador m
trim elegante; ajustar; podar; cuidar; **–ming** guarnición f, adorno m
trip excursión f
triple triple
tripod tripode m
triumph triunfo m; triunfar
troop tropa f; reunirse en tropel
trophy trofeo m
tropic trópico m
trouble turbación f; turbar
troublesome fastidioso; molesto
trough artesa f; barreño m
trousers pantalón m
truant holgazán; ocioso
truck trueque; cambio; plataforma f
trudge andar con dificultad
true verdad f; verdadero
trumpet(er) trompeta f
trunk tronco m; maleta f; trompa (de elefante); **–line** línea principal f
trust confianza; esperanza f; confiar; esperar
trustee despositario
trusty fiel; leal
truth verdad f
truthful verídico
try probar; ensayar; procurar; **–ing** penoso; difícil
tub tina f; barril m
tube tubo m
tubular tubular
tug remolcador m; remolcar
tuition ensenanza f
tumble caida f; caer; volcar; **–r** vaso grande m
tumor tumor m
tun cuba f; tonel m
turn vuelta f; rodeo; gusto m; cambiar; dirijir; **by –s** por turno; alternativamente; **–out** huelga f, **–pike** barrera de peaje f, **–screw** destornillador m; **–pit** nabo m; **–stile** torniquete m
turnip nabo m
twice dos veces
twig rama f
two dos; **–edged** de dos filos; **–fold** doble
type tipo; símbolo m; letra f

U

ugliness fealdad
ugly feo
ulterior ulterior
ultimate decisivo; final
ultimatum ultimátum m
umbrella paraguas m
umpire árbitro m
unable incapaz

unaided sin socorro
unanimous unánime
unavoidable inevitable
unawares de improviso
unbelieving incrédulo
uncle tio m
unclean sucio
uncomfortable incómodo
uncommon poco comun
uncompleted sin acabar
uncontested incontestado
uncover descubrir
undeniable innegable
under bajo; debajo de; **–clothes** ropa interior f; **–cut** solomo m; **–done** poco cocido; **–go** sufrir; aguantar; **–graduate** bachiller m; **–ground** subterráneo; **–hand** clandestino; bajo cuerda; **–let** subarrendar; **–line** subrayar; **–most** infimo; **–neath** debajo; **–rate** despreciar; **–signed** abajo firmado; **–stand** comprender; **–standing** inteligencia f, **–take** emprender; **–taker** empresario; **–taking** empresa f, **–value** despreciar; **–wood** matorrales; **–write** suscribir; asegurar
underserved inmerecido; injusto
undeserving indigno
uneasiness inquietud f
unequal desigual
uneven desigual; impar
unexpected inesperado
unfailing infalible
unfasten desatado
unfavorable desfavorable
unfeeling insensible
unforgiving implacable
unfortunate infortunado
ungrateful ingrato
ungratefulness ingratitud f
unhappiness infelicidad; desgracia f
unhappy desgraciado; infeliz
unhealthy enfermizo; malsano
uninhabited deshabitado inhabitado
unintelligible ininteligible
uninterrupted no interrumpido; incesante
union unión f
unit unidad f
unite unir
unity unidad; concordia f
universal universal
universe universo m
university universidad f
unjust injusto
unkind cruel; duro
unknown desconocido
unload descargar
unlock abrir
unlucky desgraciado
unmarried soltero
unmask desenmascarar(se)
unmistakable evidente
unnatural contrantaural
unnoticed desapercibido
unpleasant desagradable
unpopular impopular
unpunished impune
unquestionable incontestable
unrelenting implacáble
unremitting incesante
unreserved sin reserva
unseemly inconveniente
unselfish desinteresado
unsettled inconstante
unspeakable indecible
unsteady inconstante
unsuccessful desgraciado
untaught iletrado
unthinking impensado; inconsiderado
until hasta que
untimely inoportuno; intempestivo
untiring infatigable
untrue falso; inexacto
untruth falsedad; mentira f
unusual raro; desusado
unwelcome inoportuno
unwell indispuesto
unwieldy pesado
unwillingly de mala gana nocivo
up en lo alto de; encima; sobre; **– to** a la altura
upbraid reprochar
uphill subiendo; trabajoso
upon sobre; encima; por

uplift elevar
upright recto; derecho; honrado
upstairs arriba
up-to-date de última moda
upward ascensional; para arriba; hacia arriba
urban urbano
urgency urgencia f
urgent urgente
usage uso; tratamiento m
use uso; empleo m; utilidad; costumbre f; tratar; emplear; **–ful** útil; **–fulness** utilidad; **–less** inútil; **usual** ordinario
utmost extremo; último
utter exterior; decir; **–ly** enteramente

V

vacancy vacío; reposo m; vacación f
vacant vacante
valid válido
validity validez f
valley valle m
valuable precioso
value valuar; estimar
vanish desaparecer
vanity vanidad f
variety variedad f
various diverso
varnish barniz m; barnizar
vary variar; cambiar
veal ternera f
vegetable vegetal m; legumbre f
vehicle vehiculo m
vein vena; disposición f
verb verbo m
verdict verdicto m
verify verificar; comprobar
verse verso; versiculo m
version versión f
vertical vertical
very muy; mucho; verdadero; enteramente; mismo
vice vicio; defecto m
vicinity vecindad f
vicious vicioso
victim victima f
victor vencedor
victorious victorioso
victory victoria f
vie emular; rivalizar
view vista; visión; mirar; examinar
villa villa f
village aldea f; aldeano m
vine vifia f
vinegár vinagre m; **– cruet** vinagrera f
vineyard vifia f
vintage vendimia; cosecha
violence violencia f
violent violento
virtue virtud f
visible visible
vision visión; vista f
visit visita f; visitar; **pay a –** pagar la visita
visitor visitante
vocabulary vocabulario m
vocation vocación f
vogue voga; moda f
voice voz f
void vacio; vano m; vaciar
vote voto m; votar
voter votante
vouch atestiguar; garantizar
vow voto; deseo m; dedicar
vowel vocal f
voyage viaje; viajar
vulgar vulgar

W

wages salario m; gages m pl
wagon wagon; carro grande m; **–er** carretero
waist talle m; cintura f
wait esperar; **–er** camarero; mozo m
walk paseo m; andar; pasear(se)
walker paseante m
wall pared f; muro m; **– in** cercar con tapia; **–fruit** fruta de espaldera f
want necesidad; falta; ausencia f; necesitar
war guerra f; hacer la guerra
ward pupilo m; **–en** guardian; guárda m
wardrobe guardarropa
warmth calor m

warn prevenir; avisar; **–ing** advertencia

wash lavadura; loción *f*; lavar(se); **–ing** lavado *m*

waste desperdicio; despojo *m*; malgastar; **–paper** papel viejo *m*

watch guarda; reloj *m*; vigilar; guardar; **–dog** perro de guarda *m* **–ful** vigilante; **–maker** relojero; **–man** sereno *m*; **–word** santo y seña *m*

water agua *f*; regar; **–fall** cascada *f*; **–fowl** ave acuática *f*; **–proof** impermeable *m*; **–wheel** rueda hidráulica *f*; **–works** máquina hidráulica *f*

wave ola *f*; flotar

way camino *m*; via; ruta; dirección; **this** – por aqui; **give** – ceder; **make** – dejar sitio; hacer lugar; **by the** – de paso; por incidencia; **lose one's** – perderse; **–lay** vigilar; **–ward** testarudo

weak débil; **–en** debilitar; **–ness** debilidad *f*

wear llevar; usar

weary fatigado; fatigar

weather tiempo; **–glass** barómetro *m*

wed casar; casar(se); **–ding** boda *f*; **–ding tour** viaje de nóvios *m*

week semana *f*; **this day** – de hoy en ocho; **–day** dia de trabajo *m*; **–ly** semanal; cada semana

weep llorar

weigh pesar; **–bridge** balanza *f*

welcome bienvenida *f*

well pozo *m*

well bien; – **off**, **–to-do** á gusto; **–being** bienestar; **–wisher** amigo *m*

west oeste; occidente *m*; **–erly**, **–ern** occidental

wet mojar; mojado

what qué; cuanto; el que

what(so)ever todo lo que

wheat trigo *m*

wheel rueda *f*; girar; rodar; **–barrow** carretilla *f*; **–er** velocipedista; ciclista

when cuando; desde que

when(so)ever siempre que

where donde; **–about** hacia donde; **–as** puesto que; pues que; **–ever** por todas partes donde; **–fore** por o que; por cuyo motivo; **–upon** entonces; después de lo cua

which(so)ever cualquiera

while tiempo; momento; **be worth–** mientras que; valer la pena

white blanco; **–hot** calentado al rojo blanco **–lead** albayalde *m*; **–bait** albur; bleca *f*; **–n** blanquear; **–wash** lechada *f*; blanquear

who quien; **–ever** cualquiera que

whole todo; completo

wholesale venta al pormayor; **–dealer** comerciante al por mayor

why por qué; para qué

wicked malo

widow viuda *f*; **–er** viudo *m*; **–hood** viudez *f*

width anchura *f*

wife mujer; esposa *f*

wind viento *m*; **–fall** fruta caida del arbol *f*; **–mill** molino de viento *m*; **–pipe** traquearteria *f*

wind rodear; cambiar; enrollar; serpentear

window ventana *f*; **–blind** cortina; cortinilla *f*

windy ventoso

wine vino *m*; **–cooler** heladora de vino

wing ala *f*; **–ed** alado

winter invierno *m*; invernar; **–y** invernal

wipe golpe *m*; enjugar

wisdom sabiduria *f*

wise sabio; manera *f*

wish desco; anhelo *m*; desear

wishful deseoso

with con; por; entre

without sin; fuera de

witness testigo; testimonio; atestiguar

woman mujer *f*; **–ish** afeminado; **–kind** bello sexo *m*; **–ly** femenino

wood madera *f*; bosque *m*; **–bine** madreselva *f*; **–cut** grabado en madera *m*; **–ed** cubierto de bosque; **–en** de madera **–pecker** pico *m*; **–y** leñoso

wool lana *f*; **–len** de lana

word palabra; voz; noticia *f*; **send** – aviso; recado *m*

work trabajo *m*; labor; fábrica *f*; trabajar; operar; **–er** trabajador; **–house** fábrica *f*; obrador; hospicio *m*

world mundo *m*; mundano; **–wide** universal

worm gusano *m*

worry incomodar

worse peor

worship culto *m*; adorar

worst el peor

worth valor; precio *m*; digno; **–less** sin valor; vil; **–y** digno; honorable

wrist muñeca *f*; **–band** puño (*m*)

writ escrito *m*

write escribir; **–r** escritor *m*

writhe torcerse

writing escritura *f*; – **book** cuaderno *m*; – **desk** escritorio *m*; – **paper** papel (*m*) de escribir

wrong errado; injusticia; culpa *f*; **–doing** maldad *f*; **–ful** injusto; perverso

X

Xmas Christmas

Y

yard patio *m*; yarda *f*

yarn hilo *m*

yawn bostezo *m*; bostezar

year año *m*; **–book** anuario *m*; **new year's gift** aguinaldo *m*; **–ling** añojo *m*; **–ly** anual

yearn desear; **–ing** anhelo *m*

yeast levadura *f*

yell aullido *m*; aullar

yellow amarillo; **–hammer** oropéndola *f*

yeoman hacendado *m*

yes *ad* si

yesterday ayer *m*

yet aun; todavía; pero

yew tejo *m*

yield producto *m*; producir; ceder

yolk yema (*f*); de huevo

yon(der) alli; allá

you vos; usted

young joven; hijuelos *m pl*; **–ster** jovencito *m*

your vuestro; **–s** lo vuestro

youth juventud *f*; joven; **–ful** juvenil

Yule Navidad; **–tide** tiempo (*m*) de Navidad; – **log** leño de Navidad

Z

zany bufón *m*

zeal celo *m*; **–ot** fanático *m*; **–ous** celoso

zero cero *m*

zinc zinc *m*

zoo jardin zoologico *m*

A

á to; in; at; for
Abacero m grocer
abad m abbot
abadesa f abbess
abadía f abbacy; abbey
abajo under; below
abalorios m pl beads
abandonar abandon; despair
abaratar va cheapen
abarca f sandal or sole
abarcar embrace
abarcón m ring; hoop
abarrotar bind
abastecedor m caterer
abastecer provide; supply
abate! take care!
abatimiento m depression
abatir overthrow; stoop
abdicar abdicate
abecedario m alphabet; spelling-
 book
abeja f bee
abejon m hornet
abertura f opening
abierto open; candid
abismar depress
ablandar sorten; assuage
ablandativo mild
abnegar renounce
abobado stupid; simple
abobar stupefy
abocado mild; tasty
abocamiento m interview
abochornar singe; mortify; blush
abogado m advocate
abohetado swollen
abolir va abolish
abollonar emboss
abominable odious
abominar abhor
abonado m subscriber
abonar subscribe
abonaré m bond; bail
abordar board a ship
aborrecedor abhorrent
aborrecer abhor; hate
aborregarse become over cast
abortar miscarry
aborto miscarriage; monster
abotagamiento m swelling
abozalar muzzle
abra f haven; bay
abracijo m embrace
abrasador m burner
abrasar burn
abrazar embrace
abrazo m embrace; hug
abrego m south-west wind
abrevadero m watering-place
abrevar water cattle; irrigate
abreviación f abbreviation
abreviadamente ad shortly
abridero m peach
abridor m nectarine; opener
abrigo m shelter; aid
abrir open; communicate
abrochar button
abrojo m thorn; thistle
abromado a dark; worm-eaten
abrumado a weary
absceso m abscess
ábside f arch
absolución f acquittal
absolutamente ad absolutely
absoluto absolute
absorber absorb
absorción f absorption
abstenerse abstain
absterger cleanse; purge
abstersión f cleaning
abstinencia f abstinence
abstraer abstract
absurdo m absurdity
abuela f grandmother
abuelo m grandfather
abultado bulky
abundancia f abundance
abundante abundant
abundantemente abundantly
abundar abound
aburrido a weary
aburrir weary
aburujado perplexed
abusar abuse
abusivo abusive
acá here; hither

acabadamente perfectly
acabalar finish
acaballerado gentlemanly
acabamiento m end
acabar finish; die
académico m academician; academic
acaecedero incidental
acaecer happen
acalcar compress
acallar quiet
acaloramiento m ardor; agitation
acalorar warm; inflame
acampamento m camp
acanillado striped
acantilado m cliff
acardenalar beat; bruise
acariciar caress
acarreadizo portable
acarreador m porter
acartonarse dry up
acaso m chance; – ad by chance
acatamiento m esteem
acatar respect
acatarrarse catch cold
acaudalado wealthy
acaudillar command
acceder accede
accesible accessible
accesso m access
accesorio m accessory
accidental accidental
accidentarse faint
accidente m accident; fit
acción f action; feat
acedamente bitterly
acedar sour
acedia f acidity
acedo acid
aceitar oil; anoint
aceite m oil
aceitera f oil cruet; oil can
aceitoso oily; greasy
aceleración, aceleramiento f accel-
 eration
acelerar accelerate
acémila f mule
acemite m bran
acendrado refined
acendrar purify; refine
acento m accent
acentuar accentuate
acepar take root
acepillar plane
aceptable a acceptable
aceptador, aceptánte m acceptor
aceptar accept
acequia f drain; canal
acera f side-walk
acerbamente harshly
acerbo harsh; cruel
acerca – de about
acercar approach
acerico, acerillo m pin-cushion;
 pillow
acerrimamente strenuously
acérrimo strong
acertadamente opportunely
acertado proper
acertar hit upon; succeed
acescencia f sourness
acetoso a acid
acetre m bucket
achacoso a ailing; sickly
acharolar va varnish
achatar va flatten
achicadura f reduction
achicar va diminish
achicharrar fry
achispado m drunkard
aciago miserable
acidez f acidity
acidificar acidify
ácido m acid; sour
acirate m boundary
acitara f partition
aclamación f applause
aclamar applaud
aclaración f explanation
aclarar illustrate; explain
acobardar intimidate
acocharse squat
acochinar murder
acodiciar covet
acodillar bend
acodo m shoot; layer
acoger admit; protect
acogida f reception

acogido m pauper
acolchar quilt
acometedor m aggressor
acometer attack; undertake
acometida m attack
acomodación f accommodation
acomodado convenient
acomodamiento m arrangement;
 convenience
acomodar accommodate
acomodo m employment; accommo-
 dation
acompañador m companion
acompañar accompany
acompasado measured
acondicionado amiable
acondicionar dispose
aconsejable advisable
aconsejador m adviser
aconsejar advise
acontecer happen
acontecimiento m event
acopiamiento m gathering
acopiar gather; store
acopio m gathering
acoquinar intimidate
acorcharse shrivel
acordado agreed
acordar resolve; tune
acordemente unanimously
acordeón m accordion
acorrer succor
acortamiento m contraction
acortar shorten
acosador m pursuer; persecutor
acosamiento m persecution
acostumbradamente customarily
acostumbrar accustom
acotar limit; quote
acotillo m sledge hammer
acre a bitter; sour
acrecencia f increase
acrecentar increase
acreditar credit; assure
acremente sourly
acriminar incriminate
acrisolar refine
acristianar baptize; christen
acta f act; record
actitud f attitude
activamente actively
activar va accelerate
activo m assets; active
acto m act
actor m actor; plaintiff
actriz f actress
actuado skilled
actual actual
actualidad f actuality; present time
actualmente ad actually
actuar plead; digest
actuario m actuary; registrar
acuarela f water-color drawing
acuario m aquarium
acuciar va desire
acuciosamente ad diligently
acuchillador m duelist; bully
acuchillar va hack; stab
acudimiento m aid
acudir vr assist; run to
ácueo a aqueous
acuerdado a straight
acuerdo m advice; – de unanimously
acuitar va afflict
acullá ad opposite
acumulación f accumulation
acumular va accumulate
acunar va coin; wedge
acusable a indictable
acusación f accusation; charge
acusador m informer
acusar va accuse; acknowledge;
 receipt
acústica f acoustics
acústico a acoustic
adagio m adage; proverb
adalid m chief
adamado a effeminate
adaptable a adaptable
adaptar va adapt
adargar va shield
adecuadamente ad adequately
adecuado a adequate; appropriate
adecuar va adjust
adelantado a premature
adelantar va advance; improve;
 augment; – vr excel
adelante ad forward

ademan m gesture; manner
además ad moreover; besides
adentellar va bite; indent
adentro ad within; inwardly
adepto m adept
aderesas f pl fittings; furniture
aderezar va dress; adorn
aderezo m adornment
adeudado indebted
adeudar pay duty; – vr be indebted
adeudo m duty; tariff
adherente a adherent; – m follower
adherir va adhere
adhesión f adhesion
adhesivo a adhesive
adición f addition
adicional a additional
adicionar va add
adicto a attached
adiestrador m teacher; critic
adiestramiento m training
adiestrar va teach
adietar va diet
adinámico a weak
adinerado a wealthy
adiós! i farewell!
adiposo a fat
adivino m fortune-teller
adjetivo m adjective
adjunto a annexed
adminículo m support
administrador m manager
administrar va manage
administrativo a administrative
admirable a admirable
admiración f admiration
admirador m admirer
admirar va admire
admirativo a marvelous
admisión f admission
admitir va admit
admonitor m monitor
adobe m sun-dried brick
adocenado a common
adolecente a sick
adolescencia f adolescence
adolescente a adolescent; – m young
 man
adonde a whither? where?
adondequiera ad wherever
adopción, adoptación f adoption
adoquinar va pave
adorable a adorable
adorar va adore
adormecedor a narcotic
adormecimiento m drowsiness
adornador m decorator
adornar va decorate
adorno m ornament
adquirir va acquire
adquisición f acquisition
adrede, adredemente ad purposely
adscribir va appoint
adscripción f appointment
aduana f custom-house
aduanar va pay duty
aduanero m custom-house officer
adúcar m coarse silk
aducir va allege
adufe m tambourine
adujas f pl a coil
adulación f flattery
adulador m flatterer
adular va flatter
adúltera f adulteress
adulteración f adulteration
adulterador m adulterer; forger
adulterar va adulterate; commit
 adultery
adulterio m adultery
adúltero m adulterer; – a corrupt;
 adulterous
adulto a adult
adulzar va soften
adunar va unite
adunco a curved
adusto a gloomy
advenedizo a foreign
advenimiento m arrival
adverbio m adverb
adversamente ad adversely
adversario m opponent
adversarios m pl notes; memos
adversidad f adversity
adverso a adverse; averse
advertido a skilful
advertir va advise; – vr take care
adviento m arrival

adyacente *a* adjacent
aechaduras *f pl* chaff; refuse
aéreo *a* aerial; airy
afaca *f* vetch
afamado *a* famous
afán *m* anxiety
afanadamente *ad* anxiously
afanar *va* toil; labor
afanoso *a* laborious
afección *f* affection; inclination
afectación *f* affectation
afectadamente *ad* affectedly
afectado *a* affected
afectar *va* affect; feign
afecto *m* affection
afectuosamente *ad* affectionately
afectuoso *a* kind
afeitar *va* shave; make up
afeite *m* paint; cosmetic
aferrado *a* headstrong
aferrar *va* grapple; – *vr* persist
afianzar *va* guarantee
afición *f* affection
aficionado *m* amateur; – *a* fond
aficionar *va* affect
afijo *m* affix
afilado *a* sharp
afilador *m* steel
afiliación *f* affiliation
afilosofado *a* eccentric
afin *m* relation; – *a* related
afinado *a* complete
afinar *va* complete; tune
afirmadamente *ad* firmly
afirmar *va* affirm
afirmativamente *ad* affirmatively
afirmativo *a* affirmative
aflicción *f* grief
afligidamente *ad* grievously
afligir *va* afflict; grieve
aflojar loosen; relax
afluente *a* abundant
afogarar *va* singe
afondar *va* sink; founder
aforador *m* appraiser
aforar *va* measure
aforismo *m* maxim
aforrador *m* liner
aforro *m* lining
afortunado *a* fortunate
afrailar *va* prune; trim
afrentar *va* affront; offend
afrentoso *a* disgraceful
afrontar *va* confront; face
afuera *ad* outward
afueras *f pl* suburbs
afufa *f* flight; escape
afufar *vn* run away
agachar *vr* stoop; crouch
agallas *f pl* glands; gills
agallón *m* bead
agangrenarse *vr* mortify
agarbado *a* graceful
agarbanzar *vn* bud
agarrador *m* bailiff
agarrar *va* grasp; seize
agarro *m* grasp
agasajo *m* kindness; gift
agazapar *va* kidnap
agencia *f* agency
agenciar *va* solicit; obtain
agencioso *a* diligent
agenda *f* note-book
agente *m* agent
agigantado *a* gigantic
agil *a* nimble; light
agilidad *f* agility
agiotador, agiotista *m* stock-jobber; bill-broker
agitación *f* agitation; flutter
agitador *f* agitator
agitar *va* agitate
aglomeración *f* accumulation
aglutinante *a* adhesive (plaster)
aglutinar *va* glue; cement
agobiar *va* oppress; – *vr* bow
agobio *m* bow
agolpamiento *m* crowd
agolparse *vr* crowd
agonía *f* agony
agonizante *a* agonizing; – *m* dying person
agorar *va* divine
agorero *m* augur; – *a* prophetic
agostar *va* parch
agosto *m* August; harvest-time
agotamiento *m* exhaustion
agotar *va* exhaust

agraceño *a* sour
agraciado *a* graceful
agraciar *va* adorn
agradable *a* agreeable
agradar *va* please
agradecer *va* acknowledge; thank
agradecido *a* grateful
agradecimiento *m* gratitude
agravación *f* aggravation
agravador *m* oppressor
agravar *va* aggravate
agravatorio *a* compulsory
agraviar *va* offend; grieve; wrong; – *vr* be aggrieved
agravio *m* offence
agrazar *va* disgust
agresión *f* aggression
agresivo *a* aggressive
agresor *m* aggressor
agreste *a* wild; rustic
agrete *a* sourish; tart
agriar *va* make sour
agrícola, agricultor *m* farmer; agriculturist
agricultura *f* agriculture
agrillarse *vr* shoot up
agrimensura *f* surveying
agrio *a* sour; sharp; brittle; rude
agrupación *f* group
agrupar *va* cluster
agua *f* water; fluid; – **fuerte** aqua fortis; – **llovediza, lluvia** rainwater; – **muerta** stagnant water; – **¡va!** look out below; – **viva** running water
aguacero *m* shower
aguado *m* teetotaler
aguamanil *m* washstand; water-jug
aguamarina *f* aquamarine
aguanieve *f* plover
aguanoso *a* watery
aguantable *a* bearable
aguantar *va* suffer; maintain; – **burlas** take a joke
aguante *m* firmness; patience
aguar *va* water; thin
aguadar *va* expect
aguardentería *f* liquor-shop
aguardentero *m* liquor-seller
aguardiente *m* brandy; – **de grano** whisky
aguardo *m* shooting-stand
aguarrás *m* spirits of turpentine
aguatocha *f* fire-engine
aguazal *m* pool
agudamente *ad* sharply
agudo *a* witty; smart
aguijar *va* spur; incite
aguijón *m* sting; goad
aguijonazo *m* puncture; sting
águila *f* eaglet
aguinaldo *m* Christmas box; New Year's gift
aguja *f* needle; skewer; steeple; hand (watch)
agujereador *m* punch
agujerear *va* pierce; bore
agujero *m* hole; rent
agujeta *f* strap
agujetas *f pl* gratuity
agur! *i* farewell!
aguzar *va* sharpen; grind
ahervorarse *vr* ferment
ahí *ad* there; yonder
ahidalgado *a* gentlemanly; noble
ahijado *m* godchild
ahijar *va* adopt; – *vn* bud
ahitera *f* indigestion
ahito *m* surfeit; – *a* disgusted
ahogadizo *a* harsh
ahogamiento *m* suffocation
ahogar *va* drown; smother; oppress; – *vr* founder
ahondar *va* dig
ahora *ad* now; – **mismo** at once
ahorcajarse *vr* sit astride
ahorcar *va* hang
ahormar *va* adjust; fit
ahornarse *vr* be scorched
ahorrado *a* free
ahorrador *m* emancipator; economizer
ahorrar *va* to emancipate
ahorrativo *a* thrifty
ahorro *m* economy
ahoyar *va* dig holes
ahuchar *va* hoard
ahuecar *va* excavate; – *vr* grow proud
ahumar *va* smoke; cure

ahuyentar *va* scare; put to flight
aína *a* quick; agile
aínas *ad* almost
airadamente *ad* angrily
airado *a* vehement
airarse *vr* grow angry
airear *va* ventilate; – *vr* take the air
airón *m* gale; heron
airosamente *ad* lightly
airoso *a* airy; graceful
aislado *a* isolated
aislamiento *m* solitude
aislar *va* isolate
ajar *va* tarnish; insult
ajaraca *f* snare; sling
ajedrez *m* chess
ajedrezado *a* checkered
ajeno *a* foreign; insane
ajesuitado *a* cunning
ajiaceite *m* garlic and oil
ajo *m* garlic
ajofaina *f* washhand-basin
ajonje *m* bird lime
ajorca *f* bracelet
ajornalar *va* hire by the day
ajuar *m* furniture
ajudiado *a* Jewish
ajustado *a* exact
ajustador *m* waistcoat; stays
ajustamiento *m* agreement
ajustar *va* adjust; – *vr* agree
ajuste *m* settlement
ajusticiar *va* execute
al *pn* to him; to it
ala *f* wing; flank; brim
Alá *m* Allah; God
alabador *m* flatterer
alabanza *f* praise
alabar *va* praise; – *vr* boast
alabe *m* olive branch
alabearse *vr* warp
alabeo *m* warping
alacena *f* pantry
alacrán *m* scorpion; swivel; link
aladrar *va* plough
alagadizo *a* marshy
alagar *va* irrigate
alagartado *a* variegated
alamar *m* frog (coat); loop
alambre *m* wire
alameda *f* avenue
álamo *m* poplar
alamparse *vr* crave
alancear *vr* dart; wound
alar *m* eaves; snare
alarde *m* review
alargar *va* lengthen
alarida *f* hue and cry
alarido *m* outcry
alarife *m* architect
alarma *f* alarm
alastrarse *va* squat
albacea *m* executor
albahaquero *m* flower-pot
albalá *m/f* warrant; receipt
albañel *m* sewer
albañil *m* mason
albar *a* white
albarazado *a* pale
albardilla *f* border
albaricoque *m* apricot
albayaldado *a* white-washed
albear *va* whiten
albedrío *m* free-will
albercón *m* pool
albérchigo *f* peach
albergador *m* innkeeper
albergar *va* lodge
albergue *m* shelter; asylum; cavity
albo *a* white
albor *m* whiteness; dawn
alborada *f* twilight
albornía *f* jug
albornoz *m* coarse cloth
alborotado *a* turbulent
alborotar *va* disturb
alboroto *m* tumult; riot
alborozo *m* merriment
albricias *f pl* reward
albufera, albuhera *f* pond; lake
alcabalero *m* tax collector
alcachofa *f* artichoke
alcafar *m* harness (horses)
alcahuetear *va* ponder
alcaide *m* jailer
alcalde *m* mayor; magistrate
alcaldesa *f* mayoress
alcalino *a* alkaline

alcance *m* attainment; balance (account)
alcándara *f* perch
alcanfor *m* camphor
alcanzado *a* needy
alcanzar *va* pursue; reach; acquire; comprehend
alcarracero *m* potter
alcarrana *f* door-plate
alcarraza *f* pitcher
alcatifa *f* carpet; mat
alcatraz *m* pelican
alcayata *f* hook
alcaza *f* oil-can
alcázar *m* castle
alcazuz *m* licorice
alcoba *f* bedroom
alcohol *m* alcohol
alcoholado *a* alcoholic
alcor *m* hill
Alcorán *m* Koran
alcorza *f* icing for pastry
alcotana *f* pick-axe
alcrebite *m* sulfur
alcubilla *f* reservoir
alcurnia *f* lineage
alcuza *f* cruet; oil-bottle
aldaba *f* knocker; hasp
aldabilla, aldabita *f* hook
aldea *f* village
aldeaniego *a* rural
aldeano *m* villager
aleación *f* alloy
aleatorio *a* accidental
aledaño *m* limit; – *a* adjacent
alefriz *m* mortise
alegación *f* allegation
alegar *va* allege; quote
alegato *m* plea
alegre *a* merry; gay
alegría *f* mirth
alejar *va* remove
alejijas *f pl* broth
alentada *f* breath
alentadamente *ad* bravely
alentado *a* courageous
alentar *vn* breathe; – *vn* encourage
alero *m* caves
alerto *a* alert
aleta *f* wing; fin
aletear *vn* flutter
alevoso *a* treacherous
alfabético *a* alphabetical
alfabeto *m* alphabet
alfajía plank
alfanje *m* hanger
alfar *m* potter; pottery
alfeñicado *a* delicate
alferecía *f* epilepsy
alférez *m* ensign
alfil *m* bishop
alfiler *m* pin; – **con** guard; safety-pin
alfombra *f* carpet
alfonsearse *vr* jest
alforión, alforjón *m* buckwheat
alforja *f* wallet
alforza *f* tuck
alga *f* sea-weed
algebra *f* algebra
algo *pr & ad* something
algodón *m* cotton
algodonal *m* cotton-plantation
algodonero *m* cotton-dealer
alguacil *m* police-officer
alguaza *f* hinge; joint
alguien *pl* anybody; someone
algún *pl m* some person (thing)
alguno *a* some; any
alhaja *f* jewel
alhajar *va* furnish; adorn
alhoja *f* lark
alhucema *f* lavender
aliacán *m* jaundice
aliado *m* ally
alianza *f* alliance
alias *ad* otherwise; alias
alicaido *a* drooping
alicates *m pl* pliers
alienar *va* alienate
aliento *m* breath
alifar *va* polish
aligación *f* alloy
aligador *m* alligator
aligerar *va* alleviate
aligero *a* quick
alijo *m* unloading
alimaña *f* beast of prey
alimentar *va* feed

alimenticio *a* nutritive
alimento *m* nourishment
alimentos *m pl* alimony
alimentoso *a* nutritious
alinear *va* level; – *vr* fall in line
aliñar *va* prepare
alisador *m* polisher
alisar *va* plane; polish
alistado *a* striped
alistamiento *m* enrolment
alistar *va* enlist
aliviar *va* ease; help
alivio *m* relief
aljaba *f* quiver
aljofar *m* pearl
aljofifa *f* mop
aljor *m* lime
alma *f* soul; mind
almacén *m* storehouse
almacenar *va* hoard
almacenero *m* storekeeper
almáciga *f* gum
almadreña *f pl* wooden shoe
almanaque *m* almanac
almeja *f* mussel
almendra *f* almond
almete *m* helmet
almiar *m* haystack
almíbar *m* syrup
almibarado *a* soft
almidón *m* starch
almirantazgo *m* admiralty
almirante *m* admiral
almocafre *m* hoe
almohada *f* pillow
almohadón *m* cushion
almohazador *m* groom
almojábana *f* cheese-pastry
almoneda *f* auction
almonedear *va* auction
almoré *m* ginger-bread
almorzar *vn* breakfast
almuerzo *m* breakfast
alocado *a* foolish
alocución *f* address
alojamiento *m* lodging
alojar *va* lodge
alón *m* wing
alondra *f* lark
alotar *va* stow; reef
alpargata *f* sandal
alquería *f* farm-house
alquiler *m* hire; fare
alquitrán *m* tar; pitch
alquitranado *m* tarpaulin
alquitranar *va* tar
alrededor *ad* around
altamente *ad* highly
altanería *f* pride
altar *m* altar
alteración *f* alteration
alterar *va* alter; change
altercar *vn* contend
alternar *va* alternate
alternativamente *ad* alternatively
alternativo, alterno *a* alternate
alteza *f* highness (title)
altitud *f* altitude; height
altivez *f* pride
altivo *a* haughty
alto *a* lofty; high; – *m* height; story;
alto – *i* halt!
alucinar *va* confuse
alud *m* avalanche
alumbrado *m* illumination
alumbrar *va* enlighten
aluminio *m* aluminum
alumno *m* pupil
alusión *f* allusion; hint
alustrar *va* polish
alutrado *a* livid; pale
álveo *m* bed of river
alzadura *f* elevation
alzaprima *f* lever
alzar *va* raise; build
alla *ad* there
allanar *va* level; raze
allegador *m* collector
allegar *va* gather; collect
allí *ad* there
ama *f* nurse, housewife
amable *a* amiable
amador *m* lover
amaestramiento *m* instruction
amaestrar *va* instruct
amainar *vn* relax
amaitinar *vn* observe
amamantar *va* suckle

amancebamiento *m* concubinage
amanecer *vn* dawn; develop
amansador *m* tamer
amansar *va* tame
amanate *m* lover
amanuense *m* secretary
amaño *m* expertness
amapola *f* poppy
amar *va* love; like
amargar *va* embitter; afflict
amargo, amargoso *a* bitter
amargo *m* bitterness
amargón *m* dandelion
amargura *f* pain; grief
amarillo *a* yellow; gold color
amarra *f* cable
amarrar *va* moor; fasten
amartelar *va* court; woo
amasar *va* knead
amasijo *m* dough; mortar
ámbar *m* amber
ambición *f* ambition
ambicionar *va* covet
ambicioso *a* ambitious
ambiguo *a* ambiguous
ambos *pn* both
amedrentar *va* threaten
amenaza *f* threat
amenidad *f* amenity
ameno *a* pleasant
amigable *a* friendly
amigo *m* friend; lover
amilanar *va* terrify
amillarar *va* assess
amistar *va* reconcile
amo *m* master; owner
amohinar *va* vex; worry
amojamado *a* lean; dry
amolar *va* whet; sharpen
amoldar *va* mould; polish
amondongado *a* pale
amonedar *va* coin
amonestación *f* advice
armonestar *va* admonish
amontonador *m* accumulator
amontonamiento *m* accumulation
armor *m* love
amoroso *a* loving; gentle
amortajar *va* shroud
amortecerse *vr* swoon
amortiguar *va* mortify
amostazar *va* irritate
amovibilidad *f* mobility
amovible *a* removable
amparador *m* protector
amparo *m* protection; help
ampliador *m* amplifier
ampliamente *ad* amply
ampliar *va* amplify
amplificar *va* amplify
amplio *a* ample
ampolla *f* blister; cruet
amputar *va* amputate
amuchachado *a* boyish
amueblar *va* furnish
amujerado *a* effeminate
amuleto *m* charm
amurallado *a* walled
ana *f* ell
anacarado *a* pearl-colored
anacoreta *m* hermit
anade *m/f* duck
anadeja *f*, anadino *m* duckling
análisis *m/f* analysis
analítico *a* analytical
analizar analyze
analogía *f* analogy
anarquía *f* anarchy
anarquista *m/f* anarchist
anasarca *f* dropsy
anatomía *f* anatomy
anatómico anatomical
anatomizar dissect
anchamente widely
anchuría *f* width
ancho broad; wide
anchoa *f* anchovy
anchura *f* width
anchuroso spacious
ancianar grow old
ancianidad *f* longevity; antiquity
anciano old; aged
ancla *f* anchor
anclar anchor
ancora *f* refuge
andadero accessible
andado worn; customary
andamio *m* platform

andana *f* row; tier
andar walk; go
andén *m* side-walk
anexo annexed
angarillas *f pl* hand-barrow
angel *m* angel
angosto narrow
anguila *f* eel
angulo *m* angle
angustia *f* anguish
anhelo *m* eagerness
anilla *f* circuit
anillo *m* ring
animación *f* animation
animal *m* animal
animar animate
animo *m* soul; courage
animosidad *f* animosity
animoso brave
aniquilar annihilate
aniversario *m* anniversary
ano anus
anoche last night
anochecer at night-fall
anonador to lessen
anonimo anonymous
anormal abnormal
ansia *f* anxiety
ansiar hanker
ansiedad *f* anguish; anxiety
ansioso anxious
antagonismo *m* antagonism
ante *m* before; buckskin – todo
above all
anteayer before yesterday
anteceder to precede
antecesor *m* predecessor
antemano de – beforehand
anteojo *m* spy-glass; – de larga vista
telescope
antepasados *m pl* ancestors
anteponer prefer
anterior previous
anterioridad *f* priority
antes before; first; rather; – de
before; – bien on the contrary
anticipar anticipate; –se out do
antídoto *m* antidote
antiguamente formerly
antigüedad *f* antiquity; –es antiqui-
ties
antiguo old; antique
antojo *m* caprice; longing
antorcha *f* torch
antro *m* den; cavern
anual annual
anuario *m* annual; almanac
anudar knot; join
anuencia *f* consent
anular annul; abolish
anunciar announce
anuncio *m* advertisement
añadir add
añejo stale; musty; vino – old wine
año *m* year
apacentar graze
apagar quench
apaisado lengthened
aparato *m* apparatus
aparear regulate
aparecer appear unexpectedly
aparejar get ready
aparejo preparation; harness
aparentar affect; feign
apariencia *f* appearance
apartado separated; distant; remote
apartar part; separate
aparte separately; apart; break in a
line; – de however; nevertheless
apasionado passionate
apatía *f* apathy
apear alight from a horse or carriage
apedrear throw stones
apelacion *f* appeal
apelar appeal
apellido *m* surname
apenas scarcely
apéndice *m* appendix
apeo *m* survey
apercibir provide
apestar corrupt
apetecer desire
apetecible desirable
apetito *m* appetite; concupiscence
apetitoso pleasing
apiadarse pity
ápice *m* summit; apex
apio *m* celery

aplacar appease
aplastar cake
aplaudir applaud
aplauso *m* applause
aplicación *f* application
aplicar apply; –se devote oneself
apoderarse seize
apodo *m* nick-name
aposento *m* room
apostadero *m* stand
apostar bet
apostura *f* gentleness
apoyar favor; –se to lean upon
apoyo *m* prop; stay
apreciable appreciable
apreciar appreciate
apremio *m* press; urge
aprender learn
aprendiz *m* apprentice
aprendizaje *m* apprenticeship
aprensivo apprehensive
apresar seize; grasp
aprestar prepare
apresto *m* preparation
apresurado hasty
apresurar accelerate; –se hasten
apretado mean
apretar compress
apretón *m* pressure; – de manos
shake-hand
aprieto *m* crowd
aprisa quickly
aprisionar confine
aprobar approve
aprontar help; tend
aprovechable profitable
aprovechamiento *m* profit; growth
aprovechar profit
aproximación *f* approximation
aproximar approach
aptitude *f* aptitude
apto apt; fit
apuesta *f* bet; wager
apuesto elegant; genteel
apuntador *m* observer
apuntalar prop; – apunten! present!
apuntar aim; level
apurado poor
apurar consume
apuro *m* want; pain
aquel – la – lo that; he; she
aquí here; – por this way
aquíescencia *f* consent
aquietar pacify
arado *m* plough
arancel *m* tariff
arañar scratch; scrape
arbitraje *m* arbitration
arbitrario arbitrary
arbol *m* tree; mast
arbolar hoist
arbusto *m* shrub
arca *f* chest; coffer
arcilla *f* argil; clay
arco *m* arc; arch; – iris rainbow
arder burn
ardiente ardent; burning
ardilla *f* squirrel
arduo arduous
area *f* area
arena *f* sand; grit
arenal *m* sandy
argamasa *f* mortar
argucia *f* subtlety
argüir argue
argumentar oppose
argumento *m* argument
arides *f* drought
árido dry; arid
arisco fierce; rude
aristocracia *f* aristocracy
arma *f* weapon; –s arms; armorial
ensigns
armada *f* navy; fleet
armadura *f* armor
armamento *m* armament
armar arm
armario *m* cupboard; – ropero
clothes-press; – de luna wardrobe
armazón *m* fishing-tackle
armisticio *m* armistice
armonía *f* harmony
aro *m* hoop
arpa *f* harp
arquitecto *m* architect
arrabal *m* suburb
arraigar root
arranque *m* extirpation

arras *f pl* earnest money; dowry
arrastrar crawl
arrastre lead (cards)
arrayán *m* myrtle
arrebatar carry off
arrebato *m* surprise
arredrar terrify
arreglar regulate
arremeter assail
arrendamiento *m* hiring
arrendar rent; let
arrepentirse repent
arrestar arrest
arresto *m* arrest
arriba above; over
aribada *f* arrival
arribar arrive
arriesgar risk; **–se** venture
arrimar approach
arrinconar reject
arrodillar bend knee; **–se** to kneel
arrogancia *f* arrogance
arrogante haughty
arrojado rash; intrepid
arrojar dart
arrojo *m* boldness
arrollar roll up
arropar dress; clothe
arrostrar encounter
arroz *m* rice
arruga *f* wrinkle
arrugar wrinkle; **– el ceño** frown
arruinar ruin; **–se** crack
arsénico *m* arsenic
arte *m* art; skill
artefacto *m* manufacture
artero cunning
artículo *m* article; section
artificial artificial
artista *m* artist
arzobispo *m* archbishop
as *m* ace
asa *f* handle
asado *m* roast
asador *m* spit
asaltar storm
asalto *m* assault
asamblea *f* assembly
asar roast
ascendencia *f* origin
ascender ascend
ascendiente *m* ancestor
ascensor *m* lift
asco *m* nausea
asear adorn; make clean
asegurar secure; assure
asemejarse resemble
asentar place; seat
aseo cleanliness
asequible attainable
aserrar saw
asesinar assassinate
asesinato *m* murder
asesino *m* assassin
asesorar advise
asestar aim
asfalto *m* asphalt
así so; so that; **– así** so so; **– como** as; as well as
asiduo assiduous
asiento *m* seat; chair
asignar assign
asilo *m* asylum; refuge
asimismo exactly
asistencia *f* presence; assistance; **– pública** poor-law relief
asistente *m* assistant; **–a** hand-maid
asistir be present **–a** minister
asociación *f* association
asociado partner
asolar destroy
asombro *m* dread
aspaviento *m* fear
aspecto *m* appearance
asqueroso nasty
astro *m* star
astucia *f* craft
asunción *f* assumption
asunto *m* subject; affair
asustar frighten
atacar attack
ataque *m* attack
atasco *m* obstruction
ataúd *m* coffin
atavío *m* dress; ornament
atemorizar terrify
atención *f* attention
atentado offence

atentar attempt
ateo *m* atheist
aterrar destroy
aterrorizar frighten
atesorar treasure
atestiguar testify
atinar find out
atizar incite
atleta *m* athlete
atmósfera *f* atmosphere
atolondrado careless
atónito astonished
atontarse be stupid
atornillar screw
atracción *f* attraction
atractivo charm
atraer attract
atrapar overtake
atrás backwards
atrasar retard; postpone
atraso *m* backwardness
atravesar cross
atrevido bold
atrevimiento *m* boldness
atribuir attribute
atributo *m* attribute
atril desk
atrocidad *f* atrocity
atropellar trample; **–se** hurry
atropello *m* accident
atroz enormous
aturdimiento *m* dullness
aturdir perturb; **–se** be perturbed
audacia *f* audacity
audiencia *f* audience
auditor auditor
augusto august
aullar howl
aullido, aullo howl
aumento increase
aún yet; as yet; **– cuando** in spite of everything
aunar unite
aunque though
aurora *f* dawn
ausencia *f* absence
ausente absent
austero austere
auténtico genuine
autógrafo *m* autograph
automóvil *m* motor-car
autor *m* author
autoridad *f* authority
auxiliar helping
auxiliar help
auxilio *m* aid
avalancha *f* avalanche
avance *m* advance; assault
avanzar advance
avasallar subdue
ave *f* bird; fowl; **– de paso** birds of passage; **– de rapiña** bird of prey
avecindarse dwell
avena *f* oats
avenida *f* flood
avenido agreed
aventajado advantageous
aventajar improve
aventura *f* adventure
aventurar risk
avergonzar shame
avería *f* average
averiguación *f* investigation
aviador *m* aviator
avivar revive
avocar appeal
ayer *m* yesterday; lately
ayo *m* tutor
ayuda *f* help; **–** *m* assistant; **– de costa** bonus; **– de cámara** valet
ayudador *m* assistant
ayudar help
ayunar fast
ayuno *m* fast; fasting
ayuntamiento *m* corporation
ayustar splice
azada *f* spade; hoe
azadonar dig
azadonero *m* digger
azafata *m* tray; waiter
azarbe *m* ditch; drain
azaroso unlucky
azoramiento *m* trepidation
azorar terrify; irritate
azote *m* whip; lash
azotea *f* flat roof; platform
azúcar *m* sugar; **– de pilón** loaf sugar; **– de lustre** powdered sugar

azucarado sweet; affable
azucarar sweeten
azucarero *m* sugar basin
azucarillo *m* confectionery
azucena *f* lily
azud *f* dam
azufrador *m* bleaching-box
azufrar bleach
azul blue; **–** *m* **lapis lazuli**; **– claro** light blue; **– subido** bright blue
azulado azure
azulaque *m* bitumen
azulejo *m* glazed tile
azumar dye the hair
azúmbar *m* plantain
azur *m* azure; blue
azuzador *m* inciter

B

babador, babero *m* bib
babazorro *m* rustic
babia *f* **– estar en** absent-minded
babieca *m* simpleton
babosilla *f* snail
babucha *f* slipper
bacalao *m* codfish
bacia *f* basin
bacinada *f* excrement
bacinete *m* headpiece
bachillerear babble
bachillería *f* babbling
badea *f* pumpkin
badén *m* ravine
badomía *f* nonsense
bafanear boast
bagaje *m* baggage
bagual fierce
bahía *f* bay; gulf
bahuno vile
bailador *m* dancer
bailar dance
bailarín *m* professional dancer
baile *m* dance; bailiff; judge
bailete *m* ballet
bajada *f* descent
bajamente meanly
bajar descend; fall; lower; crouch
bajel *m* ship
bajero lower; under
bajeza *f* meanness; inferiority
bajío *m* shoal; sands
bajo low; abject; *m* sand-bank; bass voice
bajón *m* bassoon
bala *f* ball; bullet
balada *f* ballad
balador bleating (sheep)
baladrón *m* boaster; bully
baladronada *f* boast
baladronear brag
balance *m* balance
balancear balance; weight
balanza *f* scale
balastar metal (railways)
balazo *m* gunshot
balbucencia *f* stammering
balbucir, balbucear stutter
balcón *m* balcony
balder cripple; trump
balde *m* bucket; **–en** in vain; **–de gratis**
baldío uncultivated
baldón *m* reproach
baldosa *f* fine square tile
balneario *m* watering place
balón *m* foot-ball
balsa *f* float
bálsamo *m* balm; balsam
ballena *f* whale (bone)
bambolear reel
bambú *m* bamboo
banana *f* plantain-tree
banasta *f* basket
banca *f* bench
bancarrota *f* failure
banco *m* form; bench
bandeja waiter; salver
bandera *f* flag
bandido *m* bandit
bandolero *m* robber
banquero *m* banker
banqueta *f* stool
banquete *m* banquet
bañar bathe
baño *m* bath
baraja *f* pack of cards
barajar shuffle cards

barato cheap
baratura *f* cheapness
barba *f* chin; beard
barbarie *f* cruelty
barbarismo *m* barbarism
bárbaro barbarous; cruel
barbería *f* barber's shop
barbero *m* barber
barbudo long-bearded
barca *f* **barco** *m* boat
barniz *m* varnish
barón *m* baron; **–esa** *f* baroness
barra *f* lever; bar
barraca *f* hut
barranco *m* gill
barrenar bore
barrendero *m* sweeper
barreño *m* earthen-pan; tub
barrer sweep
barrera *f* barrier; clay-pit
barriada *f* suburb
barrica *f* keg
barricada *f* barricade
barrido *m* sweep
barriga *f* abdomen
barril *m* barrel; jug
barrio *m* suburb
barro *m* clay
barruntar foresee
barullo *m* noise; bustle
báscula *f* lever; pole
base *f* ground; base
bastante enough
bastardear degenerate
bastardo *m* bastard
bastidor *m* frame
basto rude; gross
bastón *m* stick
basura *f* sweepings
bata *f* night-gown
batalla *f* battle
batata *f* potato
batería *f* battery; **– de cocina** kitchen furniture
batidor *m* scout
batir beat; dash
baúl *m* trunk
bautismo *m* baptism
bautizar baptize
beber drink
bebida *f* beverage
beca *f* pension
becerrillo *m* calf
becerro *m* a yearling calf
belleza *f* beauty
bello beautiful
bellota *f* acorn
bendecir bless
bendición *f* benediction
benedicite *m* grace
beodo drunken
berza *f* cabbage
besamanos *m* levee
besar kiss
beso *m* kiss
bestia *f* beast; idiot
biblia *f* Bible
bibliografía bibliography
biblioteca *f* library
bicicleta *f* bicycle
bicho *m* vermin
bien *m* good; **– es** property **– bien!** Well; all right; **– si** but if
bienaventurado blessed
bienhechor *m* benefactor
bienquisto beloved
bienvenida *f* welcome
bigote *m* moustache
billar *m* billiards
billete *m* billet; ticket; **– de Banco** bank note; **– de lotería** lottery note; **de ida y vuelta** return-ticket; **– de andén** station entrance-ticket
binóculo *m* opera-glass
biombo *m* screen
bisagra *f* hinge
bisoño *m* raw
bisutería *f* jewelry
bizarro gallant; brave
bizco squinting
bizcocho *m* biscuit
blanco white; **ropa –a** linen
blancura *f* whiteness
blando soft
blandura *f* softness
blanquear whiten
blindar blind

bloque *m* block
bobería *f* foolishness
bobo silly; stupid
boca *f* mouth; entrance; **– de fuego** fire arm
bocado *m* mouthful
bochorno *m* blush
boda *f* marriage
bodega *f* cellar
bofe *m* lung
bofetada *f* slap
boga *f*; **en –** fashionable
bogar row
boina *f* cap
boj *m* box
bol *m* bowl
bola *f* ball; globe
boletín *m* bulletin; **– oficial** official report
bollo *m* cake
bolsa *f* purse; purse-net
bolsillo *m* pocket; purse
bomba *f* pump; bomb; **– de incendio** fire-engine
bombardeo *m* bombardment
bombero *m* fireman
bonachón *m* good-natured person
bonanza *f* prosperity; calm weather
bondad *f* goodness
bonete *m* bonnet
bonito pretty
boquete *m* gap
borbollón (borbotón) *m* bubbling; **á –es** in hurry and confusion
bordado *m* embroidery
bordar embroider
borde *m* border; margin
borracho *a* drunk
borrar blot; erase
borrasca *f* storm
borrico *m* ass; fool
bostezar yawn
bostezo *m* yawn
bota *f* boot
botar cast; throw; **– al agua** launch a ship
bote *m* boat; sloop
botella *f* bottle; flask
botica *f* pharmacy
boticario *m* apothecary
botija *f* jug
botón *m* button; bud
bóveda *f* arch; vault
boya buoy
bozo *m* moustache
bramar roar
bramido *m* cry
bravata *f* boast; brag
bravo brave; bravo!
bravura boast
braza *f* fathom
brazalete *m* bracelet
brazo *m* arm; **– de mar** arm of the sea
brea *f* tar
brebaje *m* beverage
brecha *f* breach; opening
bregar contend
breve short; brief; **en –** shortly
brevedad *f* brevity
bribón *m* vagrant
brida *f* curb
brillante *m* brilliant
brillar shine; sparkle
brillo *m* brightness
brincar leap; jump
brinco *m* jump
brindar entice; toast
brindis *m* health; toast
brío *m* strength
brisa *f* breeze
brocha *f* pencil; brush
broche *m* brooch
broma *f* joke; clatter
bronce *m* bronze
bronquitis *f* bronchitis
broza *f* rubbish
bruja *f* witch
bruma *f* fog; haze
brusco rude; peevish
brutal brute; brutal
brutalidad *f* brutality
bruto coarse
bucear dive
buche *m* craw; crop
bucle *m* curl
buenaventura *f* good-luck
bueno good; simple; **–s dias** good

morning
búfalo *m* buffalo
bufar snort; grumble
bufete *m* desk
buho *m* owl
buitre *m* vulture

C

Cabal exact; complete
cabalgar ride
caballeresco chivalrous
caballería *f* horse; mule
caballeriza *f* stable
caballerizo *m* groom
caballero *m* gentleman
caballeroso generous
caballico, caballito *m* pony; hobby-horse
caballista *m* horseman
caballo *m* horse; knight (chess); trestle
cabalmente perfectly
cabañuela *f* cot
cabello *m* hair
cabelludo *a* hairy
caber contain
cabestrillo *m* sling
cabestro *m* halter
cabeza *f* head; chief
cabezal *m* pillow
cabida *f* content; extent
cabildo *m* chapter; corporation
cabilla *f* rod
cabizbajo dejected
cable *m* cable
cabriolar, cabriolear caper
cabritilla *f* tanned skin
cabrón *m* goat
caca *f* excrement; defect
cacao *m* cocoa
cacarañado pitted
cacarear crow
cacareo *m* crowing; boasting
cacera *f* canal; conduit
cacerola *f* stewing-pan
cacha *f* handle (knife)
cacharro *m* earthen pot
cachera *f* baize
cachetero *m* dagger
cachicán *m* overseer
cachidiablo *m* hobgoblin
cachifollar snub
cachigordo squat
cachillada *f* litter; brood
cacho *m* slice; red mullet
cachorro *m* puppy; cub
cachulera *f* den
cachupín *m* Spanish settler (in America)
cacillo *m* saucepan
cada every; each; **– y cuando** whenever
cadañero annual
cadáver *m* corpse
cadena *f* chain; series
cadeneta *f* lace
cadente decaying
cadera *f* hip
caduco worn out
caer fall; decline; **– enfermo** fall sick; **– en falta** at fault
café *m* coffee; café
cafetera *f* coffee-pot
caída *f* fall; **– del sol** sun set
caimán *m* alligator
caja *f* case; chest; **– de ahorros** savings-bank
cajero *m* cashier
cajetín *m* small box
cal *m* lime
cala *f* creek
calabaza *f* pumpkin
calabozo *m* prison; cell
calambre *m* cramp
calaña *f* character
calar pierce; **–se** enter; introduce
calavera *f* skull; mad-cap
calcañar *f* heel
calcar copy
calceta *f* stocking
calcetín *m* sock
calcular calculate
caldear heat; warm
caldera *f* boiler; **– de vapor** boiler
calderón *m* paragraph
caldo *m* broth; wine
calefacción heating; **– por aire**

caliente hot air heating; **– por vapor** steam-heating; **– por agua** hot water heating
calendario *m* calendar
calentador *m* warming-pan
calentar warm
calentura *f* fever
calenturiento feverish
caletre *m* judgment
calidad *f* quality; condition
cálido hot
caliente warm; hot
calificar quality; certify
cáliz *m* chalice; cup
calma *f* calmness
calmante *m* narcotic
calmar calm; quiet; **–se** fall calm
calmoso calm; soothing
calor heat
calva *f* bald head
calvicie *m* baldness
calvo bald; barren
calzar put on shoes
calzón *m* breeches
calzoncillos *m pl* drawers
callar be silent
calle *f* street
calleja *f* lane; narrow-street
callejero *m* loitering
callo *m* corn; wren; tripe
cama *f* bed
camaléon *m* chameleon
cámara *f* hall; cabin; **ayuda de –** valet
camarada *m* comrade
camarera *f* waiting-maid **– mayor** maid of honor; **– de café** waiter
camarero *m* waiter
camarín *m* cabin
camarón *m* shrimp
camarote *m* cabin
cambalache *m* barter
cambiante changing
cambiar exchange
cambio *m* change; barter; **a –** in exchange
camello *m* camel
camilla *f* stretcher
caminante *m* walker
caminar walk; march
camino *m* way; road; **– real** highway; **– de hierro** railway; **por el –** at way
camisa *f* shirt; shift
camiseta *f* undervest
camisola *f* linen shirt
camisón *m* long shirt
camorra *f* quarrel
campamento *m* encampment
campana *f* bell
campaña *f* campaign
campeón *m* champion
campeonato *m* championship
campesino rural
campiña *f* field
campo *m* field; country; **– de batalla** field of battle; **– santo** burial-ground
can *m* dog
cana *f* gray-hair
canal *m* canal
canalón *m* gutter; spout
canastilla *f* small basket
canasto *m* large basket
cancel *m* screen
cancelar cancel; annul
cáncer *m* cancer
canciller *m* chancellor
canción *f* song
cancionero *m* song-writer
candado *m* padlock
candente red-hot
candidato *m* candidate
cándido candid
candil *m* lamp
candor *m* honesty
canela *f* cinnamon
canilla *f* shin-bone
canino canine
canje *m* exchange
canjear exchange
cano, canoso gray-headed
canoa *f* canoe
canónigo *m* canon
cansancio *m* fatigue
cansar tire; weary; **–se** grow weary
cantante singer
cantar sing; creak

cántaro *m* pitcher
cantidad *f* quantity
cantina *f* canteen
cantinera *f* waitress
canto *m* singing; stone
cantonera *f* corner; angle
cantor singer
caña *f* cane; reed; **– de azucar** sugar-cane; **– de pescar** fishing-rod; **– de vino** wine-glass
cañada *f* glade
cáñamo *m* hemp
caño *m* tube; pipe
cañón *m* cannon
capa mantle; coat
capacidad *f* capacity
capataz *m* overseer
capaz capable
capellán *m* chaplain
capital *m* capital; **pena –** capital punishment
capitalista *m* capitalist
capitán *m* captain; **– general** field-marshal
capitular capitulate
capítulo *m* chapter
caprichoso capricious
captura *f* capture
capturar apprehend
capucha *f* cowl; hood
capullo *m* bud
cara *f* face; visage; **de –** opposite
carabinero *m* carabineer
caracol *m* snail; **escalera de –** winding staircase
carácter *m* character
característica *f* characteristic
carambola *f* cannon
caramelo *m* caramel
carátula *f* mask
caravana *f* caravan
carbón *m* charcoal; **– de piedra** coal
carbonear char
cárcel *f* prison
cardar card
cardenal *m* cardinal
cárdeno livid
cardinal cardinal
cardo *m* thistle
carear confront
carecer want; lack
carencia *f* want; need
carestía *f* scarcity
careta *f* mask
carga *f* load; burden
cargamento *m* cargo
cargar load; burden; **– en cuenta** charge to account
cargareme *m* discharge
cargo burden: loading
caricatura *f* caricature
caricia *f* caress
caridad *f* charity; kindness
caríes *f* caries
cariño *m* love; fondness
caritativo charitable
carix *m* aspect; look
carmesí *m* crimson
carnaval *m* carnival
carne *f* flesh; meat
carnero *m* sheep; mutton
carnicero *m* butcher
carnívoro carnivorous
caro dear; costly
carpeta *f* portfolio
carpintería *f* carpentry
carpintero *m* carpenter
carrera *f* career; course; **– de caballos** horse-race
carrete *m* bobbin; spool
carretera *f* highway
carretero *m* carter; carman
carril *m* rut
carrillo *m* cheek
carro *m* cart
carruaje *m* carriage
carta *f* letter; map; **– certificada** registered letter; **– de pago** receipt; **– comercial** commercial letter
cartel *m* placard
cartera *f* letter-case; pocket-book
cartero *m* postman
cartón *m* cartoon pasteboard
casa *f* house; **– de banca** bank
casaca *f* coat
casado married
casamiento *m* marriage
casar marry

cascada f waterfall
cascar crack
cascaron m rough
casco m helmet; skull
cascote m rubbish
casero m landlord
casi almost; just
casino m casino
caso m case; event
casta f race; breed
castaña f chestnut
castañuela f castanet
castidad f chastity
castigar punish
castizo genuine
casto chaste; pure
castor m castor; bearer
casual occasional
casualidad f chance
catadura f tasting
catálogo m catalogue
catarata f cataract
catedral f cathedral
catedrático m professor
caterva f crowd
católico catholic
cauce m drain
caución f caution warning
caudal m property
caudaloso (rio) carrying much water (river)
caudillo commander
causa f cause; trial
causar cause
cautela f precaution
cautivar captivate
cautiverio m captivity
cauto cautious
cavador m digger
cavar dig
cavidad f cavity
cayado m crook
caza f hunting; game
cazador m huntsman; – **furtivo** poacher
cazar hunt
cebar feed
cebo m food; bait
cebolla f onion
cecear lisp
cedazo m strainer
ceder resign; grant
cedro m cedar
cédula f schedule; order; – **de vecindad** identification paper
cegar blind; darken
ceguedad f blindness
ceja f eyebrow
cejar go backward
celar watch over
celda f cell
celebrar celebrate; praise; – **misa** say mass
célebre famous
celebridad f celebrity
celeridad f celerity
célibe m bachelor
celo m ardor; zeal
celosía f shutter
celoso jealous
cementerio m cemetery
cemento m cement
cena f supper
cenar sup
cenefa f frame
ceniza f ashes
censor m censor
censura f censure; blame
centella f lightning
centelleo m spark
central central
ceño m frown
cepillo m brush; plane
cepo m trap
cera f wax
cerca (cercado) f enclosure
cercanía f neighborhood
cercano near
cercar enclose
cerciorar assure
cerco m ring
cerdo m pig; hog
cereal(es) m pl cereal
cerebro m skull; brain
ceremonia f ceremony
cero m zero
cerradura f lock
cerrajero m locksmith

cerrar shut; close
cerril unpolished; rude
cerro m hill
certificación f certificate
certificado m registered
certificar assure; certify
cervercero m brewer
cerveza f beer; ale, – **fuerte** strong ale
cesante m ceasing
cesar cease; **sin** – forever
cesion f cession
césped m sod; grass-plot
cesta f basket
cestería f basket shop
cha f tea; palm wine
chabacanería f vulgarity
chabacano coarse
cháchara f chatter
chacharero m chatterer
chafarrinar blot; stain
chal m shawl
chalanear barter
chamarilero m gambler
chamuscar singe
chamusquina f scorching
chancearse joke
chancla, chancleta slipper
chanclo m rubber shoe; galoche
chanchullo m medley; jumble; scandal
chanza f joke; jest
chapa f plate
chaparral m plantation
chaparrón m violent shower of rain
chapear plate; veneer
chapotear paddle
chapucear botch
chapucería f clumsy
chapurrear speak gibberish
chapuzar duck
chaqueta jacket
charlar prattle
charlatán m charlatan
charnela f hinge
charol m polished leather
charolar varnish
charro, a churl
chasco m fun; joke
chasquear disappoint
chasquido m crack of a whip
chato a flat; flattish
chico, a little; small; little child
chichear call
chicheo m here; come here!
chichón m lump on the head
chichonera f roller
chifladura f whistling
chiflar whistle; mock; –**se** (Fam.) be crazy
chillar scream
chillido m shriek
chimenea f chimney
chinela f slipper
chinero m cupboard
chiribitil m crib
chiripa f fortunate chance
chirriar hiss; creak
chisme m slander
chismear tattle
chispazo m spark; flash
chispear rain
chisporrotear hiss
chisposo sparkling
chistar va exclaim
chiste m joke
chistoso a gay
chitón! i hush!
chivalete m composing frame
chocador striking; – m striker
chocar vn encounter
chocolate m chocolate
chocolatero m chocolate-maker
chofeta f chafing-dish
cholla f skull; brains
choque m collision
choqueznuela f knee-cap
chorizo m sausage
chorrear trickle
chorro m gush; – **a chorros** abundantly
chortal m spring
chozo m hut, hovel
chubasco m squall
chucho m switch
chufa f joke; boast
chufleta f jeer
chufletear taunt

chufletero taunting
chulada f rudeness
chulear jest
chuleria f elegance
chuleta f chop
chulo droll; – m jester
chupar suck
chupetón m gulp
churre m fat
churriento greasy
churrusco m toast
churumo m juice
chus ad, **no decir** – **ni mus** not to say a word
chusco pleasant
chusma f rabble; mob
chuzo m spear
cicatriz f scar
cidra f cider
ciclista m/f cyclist
ciego blind
cielo m heaven
ciencia f science
cieno m mud; mire
científico scientific
cierre m locksmith
cierta something
cierto to certain
ciervo m deer; hart
cigarrillo m cigarette
cigarro m cigar
cigüeña f stork
cilindro m cylinder
cima f summit; – **por** – above; over
cimbra f center of arch
cimbrear(se) bend
cimentar ground
cimiento m foundation
cincel m chisel
cincelar chisel
cinta f ribbon
cinto m belt; girdle
cintura f waist
cinturón m girdle
circo m circus
circuito m circuit; extent
circulación f currency
circular circular
círculo m circle; orb
circunstante by-stander
circunvalar surround
circunvecino m neighboring
ciruela f plum; prune
cirujano m surgeon
cisne m swan
cita f quotaion; rendezvous
cítara f zither; zithern
ciudad city
ciudadano m civil; citizen
civil civil; polite
civilización f civilization
cizaña f division
clamar cry out
clara f white of egg
clarinete m clarinet
claro clear; thin; obvious; – **oscuro** light and shade
clase f class; rank
clásico classical
clasificar classify
cláusula f clause
clavar nail
clave f keystone; clef
clavel m pink
clavija f pin; peg
clavo m nail; corn
clemencia f mercy
clérigo m clergyman
clero m clergy
cliché m negative; stereotype plate
cliente m purchaser; client
clientela f customers
clima f climate
cloaca f sewer
club m club
coartada f alibi
coautor m accomplice
coayudar assist; help
cobarde fearful; coward
cobardia f cowardice
cobrador m collector
cobrar recover; collect
cobre m copper
cobro m embankment
cocodrilo m crocodile
coche m carriage; coach; – **de punto** cab; – **al** –! take your seats please!
cochino, a nasty; pig

codear elbow
códice m old manuscript
codicioso covetous
código m code
codo m elbow
coetáneo contemporary
cofre m trunk
coger catch; seize
cohecho m bribery
cohete m rocket
cohibir restrain
coincidencia f coincidence
cojear limp
cojín m cushion
cojo lame
col f cabbage; – **de Bruselas** Brussels sprout
cola f cue; tail
colaborador m collaborator
colar strain
colchón m mattress
colección f collection
coleccionar collect
colectividad f grouping
colector m collector
colega m colleague
colegio m college
colgadura f tapestry
colgar hang; suspend
coliflor f cauliflower
coligarse blend
colina f hill
colisión f collision
colmar fulfil
colmo m heap; crown
colocación f employment
colocar place; put
colono m farmer; colonist
coloquio m talk
color m color; **de** – colored
colorado red
colorete m rouge
columna f column
columpiar swing
collado m hill
collar m necklace
coma f comma
comadre f midwife; godmother
comadrón m male midwife; –**a** f midwife
comba f curve; curvature
combate m combat
combatir combat
combinación f combination
combustión f burning
comedia f comedy
comediante m, –**a** f player; actor; comedian
comedimiento m politeness
comedor m dining-room
comenzar begin
comer eat; dine
comercial commercial
comerciar trade
cometer commit; attempt
cometido m task; work
cómico m comedian
comida f food; eating
comienzo m beginning
comisario m commissary
comisionista m commissioner
comité m committee
comitiva f suite
como how; as; – **si** as if
cómoda f bureau
comodidad f comfort
cómodo ease
compacto compact
compadecer pity
compadre m godfather
compaginar join
compañero m fellow
compañía f company
comparable comparable
comparación f comparison
comparar compare
comparecer appear
compensación f compensation
compensar compensate
competencia f rivalry
competente competent
competir compete
complacencia f pleasure
complacer please
complaciente pleasing
complemento m complement
completar finish; complete
completo complete

complicación *f* complication
cómplice *m/f* accomplice
componer repair; compose
comportamiento *m* behavior
composición composition
compositor *m* composer
compra *f* purchase
comprar buy
comprender embrace; include
comprensible comprehensible
comprensión *f* understanding
comprimir compress; restrain
comprometer expose
compromiso *m* compromise
comulgar communicate
común common; usual
comunicación *f* communication
comunicado *m* statement
comunicar communicate
comunidad *f* community
comunión *f* communion
con with; by; – **todo** nevertheless; – **que** then; therefore
cóncavo concave
concebir conceive; imagine
conceder allow
concejal *m* member of council
concepto *m* conceit; idea
conceptuar judge; think
concertar concert; agree
conciencia *f* conscience
concierto *m* concert
conciso short
conciudadano *m* fellow citizen
concluir finish; infer
conclusión *f* end
concordar accord
concreto concrete
concurrencia *f* competition
concurrir concur
concurso *m* crowd
concha *f* shell; oyster
condado *m* county; earldom
conde *m* count; **–sa** *f* countess
condecorar honor
condena *f* punishment
condenar condemn
condescender comply
condición *f* quality
condimento *m* seasoning
conducir carry; **–se** behave
conducta *f* behavior
conducto *m* drain
conductor *m* guide
conejo *m* rabbit
conexión *f* connection
confección *f* confection
confederación confederacy
conferencia *f* conference; meeting
conferir confer
confesar confess
confesión *f* confession; acknowledgment
confianza *f* confidence
confidencia *f* confidence
confiar confide; hope; **– en** trust in
confidente *m* confidant
confinar banish
confirmar confirm
confiscación *f* forfeiture
confitar sweeten
confitería *f* confectioner's shop
conflicto *m* conflict
conformarse con comply with
conforme suitable; according to; **¡–se!** well!
conformidad *f* agreement
confortar comfort
confrontar confront
confundir confound; perplex
confusión *f* confusion
congeniar sympathize
conglomerado *m* conglomerate
congoja *f* anguish
congratular congratulate
congregación *f* congregation
congreso *m* congress; **– de Diputados** parliament; court
congruencia *f* convenience
conjetura *f* guess
conjunto *m* mass
conjuración *f* conspiracy
conllevar aid; assist
conmemoración *f* remembrance
conmigo with me
conminar threaten
conmiseración *f* pity
conmoción *f* commotion

conmover move
conmutador *m* commutator
conocer know
conocimiento *m* knowledge
conquista *f* conquest
conquistador *m* conqueror
conquistar conquer
consagrar consecrate; **–se a...** devote one's self
consecuencia *f* consequence; **por –** therefore
conseguir attain
consejero adviser
consejo *m* advice; counsel; **– de ministros** cabinet-council
consentimiento *m* consent
consentir agree
conservar maintain
conservatorio *m* conservatory; preservative
considerable remarkable
consideración *f* consideration; regard
consigo with oneself
consistencia *f* consistency
consistir consist; **– en** depend on
consocio *m* partner
consolación *f* consolation
consolar consol; cheer
consolidar consolidate
conspiración *f* conspiracy
constancia *f* constancy
constar be evident
consternación *f* amazement
consternar terrify
constipado *m* cold (disease)
constiparse catch cold
constitución *f* building
constituir constitute
construcción *f* building
construir build; form
consultar consult
consumidor *m* consumer
contacto *m* contact
contador *m* accountant
contagioso contagious
contaminar contaminate
contar count; number
contemplar contemplate; study
contemperáneo *m* contemporary
contender contend
contener contain; comprehend
contentamiento *m* contentment
contentar content
contento contentment
contestación *f* answer
contestar reply
contextura *f* contexture
contigo with you
continuación *f* continuation
continuar continue
continuo continuous; **papel –** *m* machine paper
contorno *m* outline
contorsión *f* twist
contra against; **en –** in opposition to
contrabandista *m* smuggler
contrabando *m* smuggling; contraband trade
contradecir contradict
contradicción *f* contradiction; **sin –** without contradiction
contraer shrink; **– deudas** run into debt
contrahacer counterfeit
contrahecho counterfeit
contraproducente contrary; opposite
contrariar contradict
contrario contrary; opposite; *m* **al –** on the other hand
contrarrestar resist; counter
contrasentido *m* contrary
contrastar contrast; assay
contratar trade; contract
contratiempo *m* misfortune; disappointment
contrato *m* contract
contravapor *m* backward
contribución *f* contribution; tax
contribuir contribute
contribuyente contributory
contrincante *m* competitor
contristar afflict
controversia controversy
contumaz stubborn
contusión bruise
convencer convince

convencimiento *m* conviction
conveniencia *f* profit
convenir agree
convento *m* convent
conversación *f* conversation
conversión *f* conversion
convertir convert; change
convicción *f* conviction
convidado *m* invited; treated
convidar invite; treat
convite *m* invitation
convocatoria *f* convocation
convoy *m* convoy
conyuges *m pl* husband and wife
cooperar co-operate
cooperativo co-operative; **sociedad –a** co-operative Society
copa *f* cup; goblet; **– de vino** wine-glass
copete *m* summit; top **persona de alto –** great person
copia *f* copy; plenty
copiar copy; transcribe
copla *f* couplet; ballad
coraje *m* courage; bravery; passion
corazón *m* heart; courage
corcho *m* cork
cordel *m* cord; rope
cordero *m* lamb
cordial cordial; sincere
cordillera *f* ridge of mountains
cordón *m* cord
coriza *f* coryza
coro *m* choir; chorus
corola *f* corolla
corona *f* crown; coronet
coronar crown
coronel *m* colonel
coronilla *f* crown; summit
corporación *f* corporation
corporal corporal
corps *m*, **guardia de –** Life-guards
corpulento fat
corral *m* yard
correa *f* leather strap
corrección *f* correction; punishment; **casa de –** reformatory
correcto, a correct; exact
corredor *m* runner; corridor
corregir correct; amend
correlación *f* correlation
correligionario *m* colleague
correo *m* post; **a vuelta de –** by return post
correr run; flow
correspondencia *f* correspondence
corresponder correspond; agree
corriente current; course of rivers; **– de aire** draught; **al – de** acquaint oneself with
corroborar corroborate
corroer corrode
corromper corrupt; bribe
corrupción *f* corruption
corruptela *f* abuse
corsario *m* cruising
corsé *m* corset
corso *m* cruise; cruising
cortadura *f* cut; fissure
cortafuego *m* fire-proof; wall
cortalápiz *m* pencil cutter
cortapisa *f* restriction
cortar cut; separate; **– las libranzas** stop payment
corte *m* edge; cut; court; **cortes** *f pl* cortes (parliament)
cortedad *f* smallness; dullness
cortejar make love
cortejo *m* court; homage
cortés courteous; gentle
cortesana courtesan
cortesanía *f* civility
cortesano *m* court-like
cortesía *f* courtesy
corteza *f* bark; peel
cortijo *m* farm-house
cortina *f* curtain
cortinaje *m* curtain
corto, a small; scanty
corva *f* ham
corvo crooked; bent
cosa *f* thing
coscorrón *m* bruise
cosecha *f* harvest
cosechero *m* producer
coser sew; **máquina de –** sewing-machine
cosido *m* sewing

cosmopolita *m* cosmopolitan
cosquillas *f pl* tickling; **hacer –** be tickled
costa *f* cost; expense; **–s** costs
costado *m* side; flank
costal *m* sack
costalada *f* fall flat on ground
costar cost
costo *m* cost; price
costoso costly
costra *f* crust
costumbre *f* custom; habit
costura *f* seam
cotejar confront; collate
cotidiano daily
cotillón *m* cotillion (dance)
cotización *f* assessment; share
coto *m* landmark
coz *f* sick
cráneo *m* skull
crápula *f* intoxication
creación *f* creation
Creador *m* God
crecer grow; increase
crecida *f* grown
crecimiento *m* increase; growing
credito *m* credit; credence
credo *m* creed
credulidad *f* credulity
crédulo credulous
creer believe
creible credible
crema *f* cream; custard
cremación *f* cremation
cremallera *f* rack
cremor *m* cream of tarter
crepitar crack
crepúsculo *m* twilight
crespo crisp
creta *f* chalk
creyente *m* believing
criada *f* maid; servant
criado *m* servant; groom; **bien –** well-bred person
criar create; breed
criatura *f* creature
crimen *m* crime
criminal *m* criminal
criminalidad *f* criminality
crisis *f* crisis
crispar shrivel
cristal *m* crystal
cristianar baptize; christen
Cristiandad *f* Christianity
Cristianismo *m* Christendom
Cristiano Christian
Cristo *m* Christ
criterio *m* criterion
crítica *f* criticism
crítico *m* critic
croquis *m* sketch
cruce *m* crossing
crucero *m* cruise
crucificado *m* crucified
crucificar crucify
crucifijo *m* crucifix
crucifixión *f* crucifixion
crudo raw; crude
cruel cruel; hard
crueldad *f* cruelty
cruento bloody
crujía *f* flight
crujido *m* crack
cruz *f* cross; foil
cruzamiento *m* crossing
cruzar cross; cruise
cuadra *f* stable
cuadrado square; *m.* quadrate
cuadrar square
cuadrilla *f* crew; herd
cuadro *m* square; picture
cuádruple quadruple
cual which; he who; **tal –** so so
cualesquiera anyone
cualidad *f* quality
cualquier anyone; someone
cualquiera someone
cuan how; as; **¡cuán!** how much!
cuando when; if; though; **– más** at most; **de – en –** now and then
cuantía *f* quality; rank
cuantioso numerous
cuanto as much; how much; **– más** the more as; moreover; **– á** with regard to
cuaresma *f* Lent
cuartear split; quarter
cuartel *m* quarter

cuarteto m quartet
cuartilla f fourth part
cuarto m quarter; fourth part
cuarzo m quartz
cuba f cask
cubierta f cover; deck
cubilete m tumbler
cubo m cube; pail
cubrir cover; screen; **-se** be covered
cuclillas (en-) in a cowering manner
cuchara f spoon
cucharada f spoonful
cucharilla f tea spoon
cucharón m large spoon
cuchichear whisper
cuchicheo m whispering
cuchilla f knife
cuchillada f cut; gash
cuchillo m knife
cuchitril m hole; hovel
cuelgacapas m wardrobe
cuello m neck; collar
cuenca f wooden bowl
cuento m fable; lie
cuerda f rope; halter
cuerno m horn
cuero m leather; skin; **en -s** naked
cuerpo m body; corporation; **á -** without cover
cuervo m raven
cuesta f hill; quest; **a -s** on one's shoulders
cuestión f dispute
cuestionable questionable
cuestionar question
cueva f cave; cellar
cuidado m care; attention
cuidadoso careful
cuidar mind; look after; **-se** nurse oneself
cuita f affliction; trouble
cuitado, a wretched
culebrear glide
culo m bottom; socket
culpa f fault; failure
culpado transgressor
culpar blame
cultivación f cultivation
cultivador m cultivator
cultivar cultivate
cultivo m culture
culto elegant
cultura f culture
cumbre f top
cumpleaños m birthday
cumplidamente completely
cumplido large; courteous m compliment
cumplimiento m compliment
cumplir fulfil
cúmulo m heap
cuna f cradle; origin
cundir spread (liquids); increase
cunear rock
cuñada f sister-in-law
cuñadia f relationship
cuñado m brother-in-law
cuño m die
cuociente m quotient
cupo m assessment
cupón m coupon
cura m parson
curación f cure
curador m guardian
curar cure; heal
curiosidad f neatness; curio
curioso a curious; neat
cursado a skilled
curso m course
curtido experienced
curtir tan
curva f curve
custodia f custody; escort
custodiar guard
custodio m watchman
cúter m cutter (ship)
cutis m & f skin
cuyo of which; of whom; whose; whereof

D

dable possible
dádiva f gift
dadivoso generous
dado m die (pl dice)
dador m giver
daga f dagger

damisela f young lady
damnificar damage
danza f dance
danzar dance; meddle
dañable prejudicial
dañar hurt
dañino, dañoso hurtful
daño m damage; loss
dar give; bestow; strike; announce; **- abajo** fall down; **- buen pago** be grateful; **- buena acogida** honor; **- con** hit upon; find; **- cuerda** wind up; **- de si** expand; **- elsi** consent; **- fondo** cast anchor; **- higa** miss fire; **- parte** report; **- que** cause; **- punto** take vacation; **- sobre** attack
darse conform; **- prisa** make haste
data f date; item
dátil m date
de f the letter D; of; from; for; by; according to
debajo under; beneath; **- de** under
debate m debate; contest
debatir debate; contend
debelar conquer
deber m duty; debt; **debe salir** he must go out; **debe de salir** perhaps he is going out
debido just; due
debil a feeble
debilidad f weakness
debitar debit
débito m debt
decadencia f, **decaimiento** m decadence
decaer decline; decay
decano m senior
decena f ten
decenario m rosary of ten beads
decencia f decency
decenio m ten years
deceno tenth
decentar wear; weaken
decente decent; honest
decible expressible
decidir decide
décimo tenth
decisión f decision
decisivo final
declaracion f declaration
declaradamente manifestly
declarar va declare; explain
declinación descent
declinar decline; decay
decomisar confiscate
decoracion f decoration
decorar decorate; adorn
decorativo, a decorative
decoro m honor
decoroso a decent
decrecer decrease
decretar decree; determine
decreto m decision
dechado m model
dedicar dedicate; devote
dedicatoria f dedication
dedo m finger; toe; **- anular** ring-finger; **- de corazón** middle-finger; **- indice** fore-finger; **- meñique** little finger; **- pulgar** thumb
deducir infer
defecto m defect; failing
defectuoso, a defective
defender defend
defensa defensive; safe-guard
defensiva f defensive
defensor m defender
deficiente defective
déficit m deficit
definición f definition
definir define
deformar deform
deformidad f deformity
defraudar cheat
defunción f death
degenerar degenerate
degradar degrade
dehesa f pasture
dejación f resignation
dejar leave; let; **-se de ...** to do without
delación f accusation
delantal m apron
delante in presence of; **por -** in front
delatar accuse
delegar delegate

delegado m delegate
deleite m pleasure
deletrear spell
deleznable slippery
delgadez f thinness
deliberación f deliberation
deliberar consider
delicadeza f tenderness
delicado, a tender
delicia f delight
delicioso, a delightful
delincuente m delinquent
delito m fault; guilt
demandar demand
demarear mark out
demás besides; **lo-** the rest; **por lo -** nevertheless; however
demasía f plenty; excess
demasiado excessive
demencia f madness
demente mad; insane
demoler demolish
demonio m demon
demorar delay
demostrar prove
demudarse be changed
denegación f denial
denegar deny
denodado bold
denominar denominate
denostar insult
denotar denote
denso dense; thick
dentera f set teeth on edge
dentición f dentition
dentista m dentist
dentro within; inside
denuedo m boldness
denuesto m outrage; insult
denuncia f denunciation
deparar offer; furnish
departamento m department
departir speak; converse
dependencia f dependence
dependiente dependent; **- de comercio** m clerk
deponer depose; declare
deportar banish
deporte m sport
depositar deposit
deposito m deposit; trust
depredacion f ravage; havoc
depresión f depression; abasement
depresivo depreciating
deprimir depress
depurar cleanse
depurativo m purifying
derecha f right side; **mano -** right hand; **a la -** on the right side
derechamente rightly
derecho a right; just
derechura (en -) by the most direct road
derisorio derisory; derisive
derivar derive
derramar pour; leak
derrame m leakage
derredor m circuit; **al - en -** round about
derretir melt
derribar demolish
derrotar destroy
derrumbadero m precipice
desabrido tasteless
desabrigo m nakedness
desacato m disrespect
desacierto m blunder
desacomodado destitute
desacostumbrado unaccustomed
desacreditar discredit
desacuerdo m disagreement
desafiar defy; dare
desafio m challenge; duel
desaforado huge
desafortunado unfortunate
desafuero m excess
desagradable unpleasant
desagradar displease
desagradecer be ungrateful
desagrado m harshness
desaguar drain
desahogar(se) recover; cheer
desahuciar despair
desairar disregard
desaire m slight
desaliento m dismay
desalmado inhuman
desalojar dislodge

desamparar forsake
desangrar(se) bleed
desanimar discourage
desapasible sharp
desapego m coolness
desaprobar disapprove
despropiarse alienate
desaprovechar waste
desarmar disarm
desarrapado ragged
desarreglar disorder
desarrollar unfold
desarropar uncover
desaseo m dirtiness
desasosiego m restlessness
desastrado wretched
desastre m disaster
desastroso disastrous
desantender disregard
desatentado thoughtless
desatinado fool
desatino m extravagance
desautorizar disallow
desavisado misguided
desayunarse breakfast
desayuno m breakfast
desazón f uneasiness; displeasure
desazonar render tasteless
desbarajuste disorder
desbaratar destroy
desbarrar slip
desbastar plane
desbordamiento m overflowing
desbordar to overthrow
desbrozar clear away
descabellado absurd
descabullirse sneak
descaecer decline
descalabrar wound
descalabro m calamity
descalzo barefooted
descaminado misguided
descamisado m shirtless
descampado open
descansar repose; rest
descanso m repose
descarado impudent
descarga f discharge
descargar discharge
descarriar(se) be separated
descarrilamiento m derailment
descarrilar run off the rails
descasarse divorce
descendencia f descent
descender descend; flow
descendiente descendent; descendant
descercar demolish
descifrar decipher
descoco m impudence
descomedido haughty
descompasado excessive
descomponer decompose
descomposición f disturbance
descompostura f disagreement; disorder
descomunal enormous
desconcertar disturb
desconcierto m disorder
desconfianza f diffidence
desconfiar suspect
desconformidad f disagreement
desconocido unknown
desconsiderado inconsiderate
desconsolar afflict
desconsuelo m affliction
descontar discount
descontentamiento m, **descontento** discontent
descorazonar discourage
descorchar uncork
descorrer draw curtain
descortés impolite
descortezar decorate; polish
descoser rip
descrédito m discredit
descreído incredulous
describir describe; draw
descripción f description
descuajar dissolve
descuartizar quarter
descubierta f recognition
descubierto exposition; deficit
descubridor m discoverer
descubrimiento m discovery
descubrir discover; disclose
descuento m discount
descuidado careless

descuidar neglect; forget
descuido *m* carelessness
desde since; from; as soon as; – **luego** immediately; – **que** since
desdén *m* scorn
desdeñoso disdainful
desdichado unhappy
desdoblar unfold
deseable desirable
desear desire; wish
desecar dry
desembarcar disembark
desembarco *m* landing
desempeñar redeem
desencadenar release
desencuadernar unbind
desenfado *m* freedom
desenganchar unhook
desenlace *m* conclusion
desenmascarar unmask
desentenderse de ignore
desentonar humble
desentrañar disentangle
desenvolver unfold
deseo *m* desire; wish
desequilibrar upset
deserción *f* desertion
desertar desert
desesperación *f* despair
desesperar despair
desfallecer weaken
desfigurar disfigure
desflorar tarnish
desganar disgust; lose appetite
desgañitarse shriek
desgarbado unbalanced
desgarrar tear; rend
desgarro *m* rent; boast
desgarrón *m* rent; break
desgastar consume; gnaw
desgobierno *m* misgovernment
desgracia *f* misfortune
desgraciado unhappy
desgraciar displease
deshabitado uninhabited
deshacer undo; destroy
deshelar thaw
desheredar disinherit
deshielo *m* thaw
deshonestidad *f* dishonest
deshonesto dishonest
deshonor *m* dishonor
deshonrar dishonor
deshonra *f* dishonor
deshonrar affront; defame
deshora, a – untimely
desidia *f* idleness
desierto desert
designar design
desigual unequal
desinfectante *m* disinfecting
desleal disloyal
deslealtad *f* disloyalty
desleir dilute
desliar untie
desligar loosen
deslindar mark the limits of
desliz *m* slip; failure
deslizar(se) slip; slide
desmán *m* misconduct
desmaña *f* idleness
desmayar dismay; swoon
desmayo *m* swoon
desmedrarse decay; decrease
desmejorarse make worse
desmemoriado forgetful
desmenuzar crumble
desmesurado immeasurable
desmontar dismount
desmoronar(se) destroy
desnatar skim milk
desnaturalizado unnatural
desnaturalizar(se) denaturalize
desnucar break neck
desnudar denude; –**se** undress
desnudo naked; *m* bare
desobedecer disobey
desobediencia *f* disobedience
desocupado idle
desoccupar empty
desolar desolate
desorden *m* disorder
desordenado irregular
desorganización disorganization
despacio slowly
despacho *m* despatch; office; – **de billetes** box-office
desparpajo *m* disentangling

desparramar scatter
despecho *m* spite; despite; **a** – **de** in spite of
despedazar tear into pieces
despedida *f* farewell
despedir emit; dart; –**se** take leave
desperezarse stretch
desperfecto *m* damage
despertador *m* alarm-clock
despertar awaken
despiadado pitiless
despilfarrar waste
despistar track
desplegar unfold
despoblado desert
desposar marry; betroth
desposorio *m* betrothal
despreciable contemptible
despreciar depreciate
desprecio *m* contempt
desprender(se) unfasten
desprendido generous
despreocupación *f* carelessness
desprestigio *m* disenchantment
despropósito *m* absurdity
después after; afterwards; – **de** after; – **que** after; when
despuntar blunt; **al** – **el día** at break of day
desquiciamiento *m* downfall
desquitarse retrieve; retaliate
desquite *m* compensation
destajo *m* job
destapar uncover
desterrar banish
destetar wean
destierro *m* exile
destino destiny
destituir deprive
destornillador *m* turn-screw
destrozar destroy
destrozo *m* destruction
destruir destroy
desunión *f* separation
desvalido helpless
desvalijar rifle
desvanecer vanish; evaporate; –**se** faint; swoon
desvanecimiento *m* swoon
desvariar rave
desvarío *m* raving
desvelar(se) be watchful
desvelo *m* sleeplessness
desvencijado break
desventaja *f* disadvantage
desvergonzado shameless
desvío deviation
desvivirse por... desire
detallar detail
detalle detail
detener stop; hinder
deteriorar deteriorate
determinación *f* determination
determinar determine
detestar detest; abhor
detrás behind
deuda *f* debt
deudo *m* relation
deudor debtor
devanar reel
devastación *f* devastation
devengar acquire
devoción *f* devotion
devocionario *m* prayer-book
devolver return
día *m* day; – **de año nuevo** New year's day; **al** – from hand to mouth
diablo devil
diabólico devilish
diálogo *m* dialogue
diamante *m* diamond
diario diary; daily
diarrea *f* diarrhea
dibujar draw
dibujo *m* design
dicción *f* diction
diccionario *m* dictionary
dictado *m* dictation
dictamen *m* opinion
dictar dictate
dicterio *m* insult
dicha *f* happiness
dicho *m* said
dichoso happy
diestra *m* right hand
diestro dexterous; right
dieta *f* diet; assembly

diferencia *f* difference; variation; **á** – with the difference
diferente different
diferir defer; differ
difícil difficult
dificultad *f* difficulty
dificultar render difficult
difundir diffuse
digerir digest
digestión digestion
dignidad *f* dignity
digno suitable
dije *m* charm
dilación *f* delay
dilapidar waste
dilatar expand
dilucidar explain
diluir dilute
dimensión *f* dimension
dimitir relinquish
dineral sum of money
dinero *m* money; – **suelto** cash
dios *m* God; **a** – adieu; farewell
diplomático *m* diplomatic
diputado *m* deputy
dirección *f* direction
directo direct
director director; *m* conductor
dirigible air-ship
dirigir direct; lead
discernir discern
disciplina *f* discipline
discípulo *m* disciple
disco *m* disk
discolo peevish
discordancia *f* disagreement
discordar disagree
discreción *f* discretion; judgment; **a** – at the discretion
discrepar differ
discreto considerate
disculpa *f* excuse
discurrir run about
discusión *f* discussion
discutir discuss
disecar dissect
diseño *m* sketch; design
disfavor *m* disregard
disforme ugly; big
disfraz *m* mask; conceal
disfrazar disguise; –**se** masquerade
disfrutar enjoy
disgregar separate
disgustar disgust; –**se con** be displeased
disgusto *m* disgust; aversion; **á** – in spite of
dislate *m* nonsense
disolver loosen; untie
disparar shoot; discharge
disparate *m* nonsense; blunder
disparo *m* discharge; explosion
dispendioso costly
dispensa *f* exemption
dispensar dispense
displicente displeasing
disponer arrange; – **de** dispose of; –**se á** prepare
disposición *f* disposition; arrangement
dispuesto disposed; ready
disputa *f* argument
disputar dispute
distancia *f* distance
distante distant
distar be distant
distinción *f* distinction; prerogative
distinguido distinguished
distinguir distinguish
distintivo *m* distinctive
distinto distinct; clear
distracción *f* distraction
distraer distract; perplex
distibución distribution
distribuir distribute
distrito *m* district
disturbio *m* disturbance
disuadir dissuade
divagar ramble
diverso diverse; different
divertir amuse
divinidad *f* divinity
divino divine
divisar perceive
división *f* division
divorciar(se) divorce
divorcio *m* divorce
divulgación *f* publication

divulgar divulge; publish
doblar double; fold; –**se** bend
doble double
doblez *f* crease; fold
docena *f* dozen
dócil docile; mild
doctor *m* doctor
doctrina *f* doctrine
documento *m* document
dolencia *f* disease
doler feel; ache; –**se** repent
dolor *m* pain; ache
doloroso sorrowful
domar tame
domicilio domicile; home
dominante dominant
dominar domineer
dominguillo *m* child's toy
donación *f* donation; gift
donador *m* donor
donaire *m* grace
donairoso pleasant
donativo *m* free contribution
doncel *m* king's page; a sweet
doncella *f* virgin; lady's maid
doncellez *f* virginity
doncellueca *f* old maid
donde *ad* where; **de** – **?** from what place? – **quiera** anywhere
donoso elegant; graceful
doña *f* lady; mistress
dorado gilt; *m* gilding
dormilón dull; sleepy
dormitar doze
dormitorio *m* dormitory
dornajo *m* tray
dorso *m* back
dos two; second
dosel *m* canopy; door
dósis *f* dose
dotación *f* endowment
dotar endow
dote *m* dower; dowry
dovela *f* keystone; wedge
dozavo *m* twelfth part
dragar dredge
drama *m* drama
dramático dramatical
dramatizar dramatize
drástico drastic
drenaje *m* drainage
droguero, droguista *m* druggist; impostor
droguete *m* thin carpet
dromedario *m* dromedary
dual *m* dual
dubio *m* doubt; question
dubitativo doubtful
ducal ducal
dúctil ductile; soft
ductor *m* guide; probe
duda *f* doubt
dudable doubtful
dudar doubt
duelo *m* duel; affliction
duende *m* elf
dueña *f* matron
dueño *m* owner; master
dulce sweet; – *m* jam
dulcificar sweeten
dulzura *f* sweetness
dúo *m* duet
duodécimo twelfth
duplicación *f* duplication
duplicado *m* duplicate
duplicado duplicate
duplicar duplicate
duplo *m* double
dura, duración *f* duration
durable durable
duradero lasting
duramente harshly
durante during; while
durar endure
durazno *m* peach
dureza *f* hardness
durmiento *m* beam
duro hard; solid; – *m* dollar

E

ea! come now!; – **pues** well then!
ebrio *a* drunken
eclesiástico ecclesiastical; – *m* clergyman
eclipsar eclipse; outshine
eclipse *m* eclipse
eco *m* echo

economía *f* economy
economista *m* economist
economizar economize
ecuación *f* equation
echada *f* cast; throw
echadero *m* resting place
echadillo *m* foundling
echadizo prying
echar cast; place; start; impose (tribute) – *vn* bud; shoot; rest; **– de menos** find fault with; be sorry for; **– por alto** despise; **– por largo** make most of
edad *f* age
edificación *f* construction
edificador *m* builder
edificar build
edificio *m* building
editor *m* publisher
educación *f* education
educando *m* scholar
educar educate
educción *f* expansion; exhaustion
efectivo effective
efecto *m* effect; **en –** in truth; **–s** effects
egoísta egotist
eje *m* axle
ejecución *f* execution
ejecutar execute
ejecutivo executive
ejecutor *m* executor
ejemplar *m* pattern
ejemplo *m* example
ejercer exercise
ejercicio *m* exercise
ejército *m* army
elástico elastic
elección *f* election
elector *m* elector
electoral electoral
electricidad *f* electricity
electricista *m* electrician
electrico electric
electrizar electrify
elefante *m* elephant
elegancia *f* elegance
elegante elegant
elegible eligible
elegir choose
elemento element
elevación *f* elevation
elevar raise
eliminar eliminate
elocuente eloquent
elogiar praise
eludir elude
emancipar(se) emancipate
embajada *f* embassy
embajador *m* ambassador
embalaje *m* package
embalsamar embalm
embarazada *f* pregnant
embarazar embarrass
embarcación *f* ship
embarcar embark
embargar arrest
embeleso *m* amazement
embellecer embellish
embellecimiento *m* embellishment
embelma *m* emblem
embobar amuse; **–se** gazing
embocadura *f* mouthpiece
embotar blunt
embotellar bottle
embozar(se) muffle up
embravecer(se) enrage
embrear tar a ship
embriaguez *f* drunkenness
embrollo *m* fraud
embudo *m* funnel
embuste *m* fiction; fraud
embustero liar; cheat
emigración *f* emigration
emigrante *m/f* emigrant
eminencia *f* eminence
eminente eminent
emoción *f* emotion; anxiety
emolumento *m* emolument
empacho *m* bashfulness
empalagar loathe
empalago *m* loathing
empalme *m* branch
empantanar submerge
empapar(se) soak
empaquetar pack
emparentar be related
empastar paste

empate *m* stop
empedernido obstinate
empedrado *m* pavement
empedrar pave
empellón *m* push
empeñar pawn; pledge; **–se** be engaged
empeño *m* obligation; engagement
empeorar impair
empequeñecer diminish
empezar begin
empinar(se) stand on tiptoe
emplasto *m* plaster
emplazar summon
empleado *m* officer
emplear to employ; occupy
empleo *m* employment
empolvar powder
emponzoñar poison
emporcar soil
emprendedor undertaker
emprender undertake
empresario *m* manager
empréstito *m* loan
empujón *m* push
empuñadura *f* hilt; handle
empuñar clinch
emulo *m* competitor
en in; on; upon
enaguas *f pl* tunic; petticoat
enajenar alienate
enamorar make love; **–se** fall in love
enarbolar hoist
enardecer kindle; inflame
encabezar register; enroll
encabritarse rear up (horses)
encajar encase; insert
encaminar guide
encantar charm; enchant
encanto *m* spell
encapricharse become stubborn
encarado, **bien –** good-looking; **mal –** evil-looking
encaramar(se) raise
encararse con uno look one in the face
encarcelar imprison
encargado *m* agent
encargar charge; commit; **–se de** take charge of
encariñarse con... become fond of
encarnación *f* incarnation
encarnado red
encausar plunge
encender light
encerrar lock up
encía *f* gum
encierro *m* enclosure; cloister
encima above; on; **por –** above; over
encina *f* oak
encoger contract; **–se de hombros** shrug the shoulders
encogido timid
encogimiento *m* contraction
encolar glue
encolerizar(se) irritate; be in a rage
encomendar commend; **–se á...** commit oneself
encomiar praise
encomio *m* praise
encono *m* ill-will
encontrado opposite
encontrar meet; encounter
encordar string (musical instruments)
encrucijada *f* cross-way
encuadernar bind
encubrir hide; conceal
encuentro *m* knock; encounter; **al – de** go to meet
encumbramiento *m* raising
encumbrar elevate; **–se** be raised
encharcar dash
enchufar connect
endeble feeble; weak
enderezar erect
endulzar sweeten
endurecer harden
endurecimiento *m* hardness; obstinacy
enemigo *f*, **a** enemy; inimical
enemistar make an enemy
energía *f* energy; vigor
enérgico energetic
energúmeno *m* fury
enfadar vex; offend; **–se** to be cross
enfado *m* trouble
enfadoso troublesome

enfangar engulf; **–se en** get into difficulties
enfermar fall ill
enfermedad *f* illness
enfermero *m* overseer
enfermo sick; diseased
enflaquecer weaken
enfrenar bridle
enfrente in front
enfriamiento *m* refrigeration
enfriar cool; refrigerate; **–se** grow cooler
enfurecer(se) hook; ensnare
engañar deceive
engaño *m* mistake; deceit
engarce *m* link
englobar accumulate
engolfar sink
engolosinar allure
engomar gum
engorro *m* impediment
engorroso troublesome
engrandecimiento *m* increase
engrasar oil
engreimiento *m* presumption
engrosar grow strong
engrudo *m* paste
engruesar increase
enhiesto rigid; stiff
enhorabuena *f* congratulation
enjabonar soap
enjaezar caparison; harness
enjambre *m* swarm of bees
enjaular cage
enjuagar rinse
enjugar dry
enjuiciamiento *m* judgment
enjuiciar pass judgment
enjuto dried
enlace *m* link
enladrillar pave
enlazar bind; join
enlegajar pack up
enloquecer madden
enlosado *m* pavement
enlucir whitewash; clean
enmascarar mask
enmendar correct
enmudecer hush
ennegrecer to blacken
enojar vex; **–se** be fretful
enojo *m* anger
enorgullecer(se) grow proud of
enorgullecimiento *m* feeling of pride
enorme enormous
enramada *f* shed
enrasar smooth
enredadera *f* climber
enredar entangle
enredo *m* entanglement
enrevasado streaked
enriquecer(se) enrich; grow rich
enrojecer redden; **–se** grow red
enronquecer grow hoarse
enroscar(se) curl up
ensalada *f* salad
ensalmo **por –** for healing
ensambladura *f* joining
ensanchar stretch; enlarge
ensangrentar stain with blood
ensartar string
ensayar try; assay; **–se** to exercise oneself
ensebar grease
enseña *f* standard
enseñanza *f* instruction; **primera –** elementary school; **segunda –** secondary education; **– superior** higher school
enseñar teach; instruct
ensillar saddle
ensimismarse be absorbed
ensoberbecer(se) make, become proud
ensordecer deafen
ensortijar curl; ring
ensuciar stain
entallador *m* sculptor
entarimado *m* inlaid
entenado *m* stepson; **a –** stepdaughter
entender understand; conceive; **a mi –** I think
entendido wise; learned; **bien – que...** that's settled
entendimiento *m* knowledge; mind
enterar inform; instruct
enternecer soften; **–se** pity

entero entire; perfect
enterramiento *m* burial
enterrar inter; bury
entibiar to cool; damp
entidad *f* entity; value
entierro *m* burial
entoldar(se) cover with awning
entonces then
entornar turn; close (door)
entrada *f* entrance; entry
entrambos both
entrar enter
entre between
entredicho *m* prohibition
entredós *m* drawers
entrega *f* delivery; conveyance
entregar deliver; restore
entrelazar interlace
entremedias in the meantime
entremes *m* interlude; side-dish
entremeter(se) intermeddle
entremetido meddler
entrepaño *m* panel
entresacar garble; sift
entretanto meanwhile; yet
entretener amuse; entertain
entretenimiento *m* entertainment
entrever glimpse
entrevista *f* interview
entronque *m* railway-junction
entumecer(se) become
enturbiar muddle
entusiasmar enrapture
entusiasmo *m* enthusiasm
entusiasta *m* enthusiast
enumerar enumerate
enunciar enunciate
envalentonar encourage
envejecer make old
envejecido grown old
envenenador poisoner
envenenamiento *m* poisoning
envenenar poison
envés *m* wrong side
enviado *m* messenger
enviar send; **– por** send for
envidia *f* envy
envidiable enviable
envidiar envy
envidioso envious
enviudar become a widower
enyesar plaster
enzarzar excite dissension
epidemia *f* epidemic; disease
epitafio *m* epitaph
equidad *f* equity
equilibrio *m* equilibrium
equipaje *m* luggage
equipar equip
equipo *m* harness; outfit
equivocación *f* mistake; error
equivocar mistake
equívoco quibble; *m* mistake
era *f* era; threshing-floor
erección *f* foundation; erection
eremita *m* solitary
erguir erect ; **–se** be elated
erigir erect; build
erizar(se) stand on end
ermitaño *m* hermit
erosión *f* erosion
errado failure
errar ramble
erróneo erroneous
error *m* error
erudito learned
erupción *f* eruption
esbelto genteel
esbirro *m* bailiff
esbozo *m* sketch
escabroso rough; uneven
escabullírse escape
escala *f* ladder
escalar scale
escaldar scald
escalera *f* stair-case; **– de caracol** winding-stair
escalfar warm
escalinata *f* flight of steps; perron
escalofrío *m* shivering
escalón step
escama *f* scale
escamoso scaly
escamoteador *m* juggler
escamotear palm
escampado glade
escampar cease raining
escanciar empty

escándalo *m* scandal
escandaloso scandalous
escapar escape
escaparate *m* wardrobe
escapatoria *f* escape; flight
escape *m* escape; flight; **a –** swiftly
escarabajear scribble
escarchar be frozen
escardar weed
escarlata *f* scarlet
escarlatina *f* scarlatina
escarmiento *m* warning; caution
escarnecer scoff
escarnio *m* scoff
escarola *f* endive
escarpado sloped
escarpidor *m* comb
escarpin *m* sock; pump
escasamente scantily; scarcely
escasear spare; grow less
escaso small; short
escatimar curtail
escayola *f* plaster
escena *f* stage; scene
escenario *m* stage; scenery
escisión *f* scission; split
esclarecer lighten; illustrate
esclarecido illustrious
esclavitud *f* slavery
esclavizar enslave
esclavo slave
escoba *f* broom
escobilla brush
escocer smart
escoger choose; select
escolar scholar; student
escolta *f* escort; convoy
escoltar escort; guard
escollo *m* cliff; rock
escombro *m* rubbish; mackerel
esconder hide; conceal
escondidas (á –) privately
escorzo *m* contraction
escotado in a low dress
escote *m* low: tucker; **á –** dividend; share
escribano *m* notary
escribiente *m* clerk
escribir write; **máquina de –** type-writer
escrito *m* book; literary composition
escritor *m* writer; author
escritorio *m* cupboard; office
escritura *f* writing; deed
escrupuloso exact
escrutinio *m* scrutiny
escrutár scrutinize
escuadra *f* square; squadron
escuadrón *m* squadron
escuálido leave
escuchar listen
escudo *m* shield
escudriñar search
escuela *f* school
esculpir sculpture
escultor *m* sculptor
escultura *f* sculpture
escupir spit
escurridizo slippery
escurrir slip; drop; **–se** escape
ese that
esencial essential
esfera *f* sphere; globe
esforzado strong; valiant
esforzar strengthen; **–se** exert one-self
esfuerzo *m* courage; exertion
esgrimir fence
eslabonar link
esmaltar enamel
esmalte *m* enamel
esmeralda *f* emerald
esmerilar polish
esmero *m* accuracy
espaciar extend
espacio *m* space
espacioso spacious
espada *f* sword; brand
espalda *f* back
espantadizo timid; skittish
espantajo *m* scarecrow
espantar frighten
espanto *m* fright
esparcir scatter; **–se** divulge; amuse oneself
espárrago *m* asparagus
espasmo *m* spasm
especial special; **escuela –**

professional-school
especialidad *f* specialty
especialista *m* specialist
especie *f* species; event
especificación *f* specification
especificar specify
especifico *m* specific
especioso neat
espectáculo *m* spectacle
espectador *m* spectator
especulación *f* speculation
especulador *m* speculator
especular speculate
espejo *m* mirror
espera *f* expectation; pause; **sala de –** waiting-room
esperanza *f* hope
esperar wait; hope
espeso thick
espesor *m* thickness
espesura *f* density
espía *m f* spy
espiga *f* ear
epigadora *f* gleaner
espigar ear; grow
espin (puerco –) porcupine
espinaca *f* spinach
espinazo *m* back-bone
espinilla *f* shin-bone
espino *m* thorn
espirar exhale
espíritu *m* spirit; soul
espiritual spiritual
espirituoso spirituous
espita *f* faucet
esplendidez *f* splendor
espléndido splendid
esplendor *m* splendor
espolear spur
espleta *f* fuse
espolín *f* spool
espolón *m* spur; prow
espolvorear powder
esponja *f* sponge
esponsales *m pl* betrothal
espontáneo spontaneous
esposo, a husband; wife; **–as** handcuffs
esqueje *m* cutting
esqueleto *m* skeleton
esquilador *m* sheepshearer
esquilar shear
esquilmar harvest
esquina *f* corner; angle
esquinado angular; **estar –s** angry feeling
esquivar shun
esquivo scornful
estabilidad *f* stability
estable permanent
establecer establish
establecimiento *m* law; institution
establo *m* stable
estaca *f* stick
estación *f* position; season; station; **– termal** watering-place
estacionar(se) stop; stand
estadistica *f* deceit
estado *m* state; condition; **– mayor** staff; staff-office
estafa *f* deceit
estafador *m* swindler
estafar defraud
estafeta *f* courier; express
estallar crack
estallido *m* crack
estampa *f* print; stamp
estampar print; stamp
estampido *m* crash
estancamiento *m* detention
estancar stop; check; monopolize
estandarte *m* banner
estanque *m* pond; basin
estante *m* book-shelf
estantería *f* book cases; book shelves
estaño *m* tin
estarcir stamp; punch
estatua *f/m* statue
Este *m* East
este this
estenógrafo *m* stenographer
estera *f* mat
estéril sterile
esterilidad *f* sterility
esterilizar sterilize
estigma *f* scar; stigma
estilar use; **–se** be accustomed

estilo *m* style
estimación *f* estimation
estimar estimate
estimulante *m* exciting
estimular sting
estimulo *m* sting
estío *m* summer
estipendio *m* salary
estirar dilate; lengthen
estirpe *f* race; origin
estocada *f* stab
estofa *f* stuff; cloth
estofado *m* stew
estola *f* stole
estolidez *f* stupidity
estómago *m* stomach
estoque *m* sword
estorbar impede
estorbo *m* impediment
estornudo *m* sneeze
estrambótico strange; extravagant
estrangular strangle
estratagema *f* trick
estraza *f* **(palep de –)** brown paper
estrechar tighten
estrecho *m* strait; pass
estregar grind
estrella *f* star
estrellado starry
estremecer(se) shake
estrenar begin
estreno *m* commencement
estreñimiento *m* obstruction
estrépito *m* noise; clamor
estridente cracking
estropear to maim
estructura *f* structure; order
estruendo *m* clamor; noise
estrujar press; squeeze
estudiar study
estudio *m* study
estufa *f* stove
estupefacción *f* stupefaction
estupidez *f* stupidity
estupor *m* stupor
eter *m* ether
eternidad *f* eternity
eterno eternal
evacuación *f* evacuation
evadir evade; escape
evaluar value
evangelio *m* gospel
evaporarse vanish
evasión *f* evasion; escape
evento *m* event; accident
evidente evident
evitar shun; avoid
exactitud *f* exactness
exacto exact; punctual
exageracion *f* exaggeration
exagerar amplify
exaltado exalted
examen *m* examination
examinar examine
exanime weak
excedente exceeding
exceder exceed; excel
excelencia *f* excellence
excelente excellent
excelso elevated
excéntrico eccentric
excepción *f* exception
excepcional exceptional
exceptuar except
excesivo excessive
exceso *m* excess
excitar excite; rouse
exclamación *f* exclamation
excluir exclude
exclusivo exclusive
excogitar excogitate
excursión *f* excursion
excusa *f* excuse
exención *f* exemption
exhalar exhale
exhausto exhausted
exhibición *f* exhibition
exhibir exhibit
exigir exact; demand
eximir exempt
existencia *f* existence
éxito *m* success
exonerar exonerate
exornar adorn
expansión *f* extension
expedidor *m* sender
expediente *m* expedient
expedir expedite; dispatch

expedito prompt
expeler expel
expender spend
expensas *f pl* expenses
experiencia *f* experience; trial
experimentar experience; experiment
experto expert
expiar expiate
expirar die; end
explanación *f* explanation
explanada *f* esplanade
explanar explain
explayar extend; dilate
explicación *f* explanation
explicar explain
explicativo explanatory
explícito explicit
explorar explore
explosivo *m* explosive
explosión *f* explosion
explotación *f* exploitation
explotar exploit; work
exponente *m* exponent
exponer expose
exportación *f* export
exportar export
exposición *f* exposition
expósito *m* foundling
expositor *m* exhibitor
expresar express
expresión *f* expression
expresivo expressive
expreso express; clear; **–** *m* courier; express
expropiar dispossess
expulsar expel
expulsión *f* expulsion
exquisito exquisite
éxtasis *m* ecstasy
extático ecstatic
extender extend; swell
extensión *f* extent
extenso extensive; **por –** in detail
extenuación *f* extenuation
extenuar extenuate
exterior *a & m* exterior; external
exterminar exterminate
exterminio *m* extermination
externo external
extinción *f* extinction
extinguir extinguish
extra out; without; besides
extracto *m*, **extracta** *f* extract; abstract
extraer export; extract
extranjero foreign; *m* stranger
extrañeza *f* irregularity; estrangement
extraño foreign; rare
extraordinario strange
extravagancia *f* extravagance; irregularity
extravagante *a* extravagant; grotesque
extraviado missing
extraviar mislead
extremado extreme
extremaunción *f* extreme unction
extremidad *f* extremity; end
extremo *a & sm* extreme; last
extrinseco extrinsic; external
exudar exude

F

fábrica *f* fabric; factory
fabricación *f* manufacture
fabricados *m pl* manufactures; fabrics
fabricante *m* manufacturer
fabricar construct
fabriquero *m* manufacturer; artisan
fabuloso fictitious
fácil easy; docile
facilidad *f* facility
facilitar facilitate
facineroso wicked
factible feasible
factor *m* factor
factoria *f* factory
factura *f* invoice; bill; **– de carga** manifest
facultad *f* faculty; license
facultades *f pl* property; wealth
facundia *f* eloquence
facha aspect; mien
fachada *f* façade

faena f work
faisán m pheasant
faja f band; strap
fajuela f scarf
falacia f fallacy; fraud
falaz deceitful
falda f skirt; train
faldellín m apron
falibilidad f fallibility
falible fallible
falimiento m deceit; falsehood
falsamente falsely
falseador m forger
falsificación f falsification
falsificar falsify; forge
falso false; forged
falta f fault; want
faltar lack; fail; die
faltriquera f pocket; pouch; **–pequeña** fob
fallar sentence; trump (cards)
falleba f chain; bolt
fallecer die; fail
fallecimiento m death
fallido frustrated; bankrupt
fallo m judgment; revoke (cards)
fama f fame rumor
familia f family; domestics
familiar usual; – m confidant; servant
familiaridad f familiarity
famoso famous
fanal m lighthouse; lantern; **– giratorio** revolving light
fanático fanatical
fango m mud
fantasear fancy; imagine
fantasía f fancy; whim
fantástico fantastic
farmacéutico m chemist
farmacia f pharmacy
faro m light-house
farol m lantern
fascinar fascinate
fastidiar tire; weary
fastidio m tedium
fastidioso tedious; tiresome
fatal fatal; ominous
fatalidad f fatality; mischance
fatiga f toil; hard labor
fatigar tire
fausto happy; fortunate
favor m favor; help **entrada de –** bill of exchange; **por –** for mercy's sake!
favorable favorable
favorecer favor; protect
favorito favorite
faz f face
fé f faith; belief; **de buena –** sincerely; honestly
fealdad f ugliness
fechar date
fechoria f exploit
fehaciente agreement; concord
felicidad f happiness; **¡–es!** good wishes
felicitar congratulate
feligresía f district
feliz happy; lucky
felpa f plush
femenil, femenino feminine
fenecer finish; conclude
fenómeno m phenomenon
feo ugly; hideous
feraz fertile
féretro m bier; coffin
feria f fair
feriar sell; buy
fermentación f fermentation
fermentar ferment
ferrocarril m railway
fertil fertile
festín m feast; banquet
festival m festival
fetidez f stink
fétido fetid; rank
fiado, al – on credit
fiambre m cold (meat)
fianza f caution
fiar bail; trust
fibra f fiber; nerve
ficción f fiction
ficticio fictitious
ficha f counter
fidedigno worthy
fidelidad f fidelity
fiebre f fever

fiel faithful; needle of a balance
fieltro m felt
fiero fierce; cruel
fiesta f feast; festivity
figura f figure; shape
figurar figure; **–se** imagine
figurín m model
fijar fix; **–se** fasten
fijo fixed; firm
fila f row; line
filo m edge
filósofo m philosopher
filoxera f blight
filtrar filter; strain
filtro m filter
fin m end; **al –** at last
final final
finalizar finish
finca f property
fineza f fineness; goodness
fino fine; perfect
finura f fineness; purity; delicacy
firma f signature; subscription
firmamento m firmament
firme firm; stable
firmeza f firmness; hardness
fisico m physician
fisura f fissure
flagrante, flamante flagrant
flan m caramel cream
flanco m flank
flaquear flag; slacken
flaqueza f leanness
flato m flatulency
flauta f flute
flecha f arrow; dart
flete m freight
flexible flexible; docile
flojear slacken
flojo lax; slack
flor f flower; **a – de** even with; level with
floración f efflorescence
florecer flower; blossom
florecimiento m blowing-time
floresta f forest
florista f florist
flota f fleet
flotar float
fluctuar fluctuate; hesitate
fluido fluid
flujo m flux; flowing
foco m focus; flash; jib
fogón m hearth
fogoso fiery; vehement
foliar foliate
folio m folio; **en – a** folio book; **– vuelto** second page
follaje m foliage
folleto m pamphlet
fonda f hotel; inn
fondear sound
fondista m innkeeper
fondo m bottom; ground; **–s** stock; fund; **a – o** deeply
fonógrafo m phonograph
forastero stranger; guest
forecejear struggle; strive
forjar forge; frame
forma f form; shape
formación f formation; form
formal formal
formalidad f formality
formalizar(se) form; grow formal
formar form; frame
fórmula f formula
fornido robust
fornitura f leather straps
forrar line
forro m lining
fortaleza f fortitude; firmness
fortificación f fortification
fortificar fortify
fortuna f chance; fate
forzar force; compel
forzoso forcible
fosforera f match-box
fósforo m match
fotografia f photography
fotografiar photograph
fracasar crumble; shatter
fracaso m downfall; ruin
fracción f fraction
fractura f fracture
frágil brittle; frail
fragua f forge
fraguar forge; plan
fraile m friar; brother

frambuesa f raspberry
franco frank; **franc** (coin); **– de porte** pre-paid
franela f flannel
franja s fringe
franqueo prepaid
franqueza f freedom; frankness
franquicia f immunity
frase f phrase
fraternal fraternal; brotherly
fraternidad f brotherhood
fraternizar fraternize
fraude m fraud
fraudulento fraudulent
frecuencia f frequency
freceuentar frequent
frecuente frequent
fregar rub; cleans
freir fry
frenético mad; furious
freno m bridle; curb
frente f forehead
fresa f strawberry
fresco fresh; cool
frescura f freshness
fresquera f larder; safe
frialdad f coldness; dullness
fricción, friega f friction
frio cold; **hace –** it is cold
friolera f trifle
friolero chilly
frito fried
frondosidad f foliage
fronterizo opposite
frotar rub
fructífero fruitful
fructuoso fruitful; useful
frugal frugal; sparing
fruncimiento m frowning
fruncir (las cejas) wrinkle; contract
frustrar frustrate; mock
fruta f fruit
frutal m fruit-tree
fruto m fruit; product
fuego m fire; heat; **¡–!** fire! **–s artificiales** fireworks
fuente f fountain
fuera out; beyond; **de –** exteriorly; **¡–!** away with you!
fuerte fort; fortification
fuerza f force; strength; **a – de** by dint of; **por –** by force; **–s** troops
fuga f flight; escape; **– de gas** escape of gas
fugarse escape; fly
fugaz fugitive
fulano such a one; **– y zutano** such and such a one
fulgor m brightness
fulminante explosive
fumadero m smoking-room
fumador smoker
fumar smoke
fumívoro smoke-consumer
función f function; duty
funcionamiento m working
funcionar work; act
funcionario m officer
funda f case; sheath
fundador m founder
fundamental a fundamental
fundamento m foundation
fundar found; establish
fundo m inheritance
funeral funereal; – m funeral
funesto mournful; dismal
furgón m van; cart
furia f fury; rage
furioso enraged
furo m nozzle; – a shy
furor m fury; anger
fusil m gun; rifle
fustigar whip
futilidad f futility
futuro m future

G

Gabacho French
gabán m overcoat; sack
gábata f basin
gabela f tax; duty
gabinete m cabinet
gachón elegant
gachoneria f grace; caress
gachumbo m husk; shell
gafa f hook; tongs
gafetes m pl hooks and eyes

gafo paralyzed
gaje m wages; salary
gajo m branch
gala f court-dress; **de –** in full dress
galafate m thief; rogue
galán m gallant
galante courtly
galantear court; woo
galanteo m courtship
galanura f elegance
galápago m saddle; tortoise
galardón m reward
galardonar reward
galbana f laziness
galbanero, galbanoso lazy
galeno moderate; soft
gáleo m sword-fish
galeón m galleon
galera f galley; wagon
galería f gallery
galfarro m rogue; rascal
galga f boulder
galgo m greyhound
gálico m venereal disease
galimatias m nonsense
galon m lace; fringe
galop m galop
galopar, galopear gallop; canter
galope m gallop
gallardamente elegantly
gallardia f elegance
gallardo a gay; brave
gallina f hen; coward; **– ciega** blindman's buff
gallipavo m turkey
gallo m cock; boss
gambeto f short cape
gamella f yoke; bowl
gamuza f chamois
gana f appetite; desire
ganable obtainable
ganaderia f cattle breeding
ganadero m cattle-dealer
ganado m flock; swarm; **– mayor** black cattle; **– menor** sheep
ganancia f gain; profit **ganancias y pérdidas** profit and loss account
ganancial, ganancioso lucrative
ganapán m porter; drudge
ganar gain; win
gancho m hook; clasp
ganchoso hooked
gandaya f laziness
gandul, ganforro idle
ganga f gang; bargain
gangoso snuffling
gangrena f gangrene
ganoso desirous
gansada f silly act
ganso m, **gansa** f gander; goose
ganzúa f thief
gañán m porter
gañir howl; yelp
gañote m gullet
garabatear hook; scribble
garabato m hook; pot-hook
garabatoso elegant
garante m voucher
garantia f guarantee; bond
garantir garantizar guarantee
garapiña f ice-cream
garbanzo m chick-pea
garbo m gracefulness
garfio m hook
gargajear spit
gargantilla f necklace
gárgara f gargling
garlito m snare; **caer en el –** fall in a snare
garra f claw; hand
garrafa f decanter
garrafal great; vast
garrapato m scrawl
garrido handsome
gas m gas
gasa f gauze
gaseoso gaseous
gastador prodigal; pioneer
gastar spend; waste
gasto m expense; cost
gastrónomo m glutton
gatillo m trigger
gato m cat; purse
gatuperio m mixture
gaveta drawer
gaviota f sea-gull
gazmoñeria f demureness
gazmoño m demur

gaznápiro *m* dull; silly
gaznate *m* throttle
gazpacho *m* dish of food
gelatina *f* gelatin
gemelo twin; – **de camisa** cuff-link; – **de teatro** opera-glass
gemido *m* groan
gemir groan; moan
generación *f* generation; race
generador generator; generating
general general
generalidad *f* generality
género genus; species; –**s** goods
generosidad *f* generosity
generoso generous; liberal; **vino** – old wine
genialidad *f* geniality
genio *m* genius; nature
Génova *f* Genoa
gente *f* people; family; – **ordinaria** common people
gentilhombre *m* gentleman
gentío *m* crowd
genuino genuine
gerente *m* manager
germen *m* germ; bud
germinar germinate
gigante *m* giant
gimnasia *f* gymnastics
gira *f* feast
girar turn round
giro *m* gyration; rotation
glacial icy; cool
glándula *f* gland
globo *m* globe; sphere
gloria *f* glory; honor
gloriarse glory
glorificar glorify; praise
glorioso glorious; excellent
glosa *f* gloss
gnomo *m* gnomon
gobernación *f* government
gobernador *m* governor
gobernar govern; lead
gobierno *m* government; rule
goce *m* enjoyment
golfo *m* gulf; bay; sea
golondrina *f* swallow
golpe *m* blow; stroke; hit; **de** – all at once; – **de vista** glance; **dar** – strike; tap
golpear beat; strike
goma *f* gum
gordo fat; corpulent
gordura *f* fatness
gorra *f* cap
gorrión *m* sparrow
gota *f* drop; gout
gotear drop
gotera *f* gutter
gozar enjoy; rejoice
gozne *m* hinge
gozo *m* joy; pleasure
gozoso joyful; cheerful
grabado *m* engraving
grabar engrave; – **al agua fuerte** etch
gracejo *m* joke; jest
gracia *f* grace; gift; **en** – for the sake of
gracias! thank!
gracioso graceful; buffoon
grada *f* bar; gradual
gradación *f* gradation
gráfico graphic
gramática *f* grammar
gran great
grandeza *f* greatness
grandiosidad *f* grandeur
grandor *m* size; bigness
granel a – in a heap
granizo *m* hail
granja *f* grange; farm
granjear get; obtain
granjeria *f* profit
grano *m* grain; –**s** winter corn
grasa *f* suet; fat
graso fat; grease
gratificación *f* gratification
gratificar gratify
gratitud *f* gratefulness
grato grateful
gratulación *f* cheerful
gravamen *m* charge; obligation
gravar burden
grave weighty; heavy
gravedad *f* gravity
gravoso grievous
graznido *m* croak; cackle

greca *f* ornament
greda *f* chalk
gresca *f* clatter; confusion; quarrel
grev *f* flock of goats
Griego greek
grieta *f* crevice; crack
grillete *m* fetters
grillo *m* cricket
grima *f* fright; horror
gripe *f* influenza
gritar to clamor; halloo
gritería *f* outcry; confused noise
grito *m* cry; scream
grueso thick; bulky
grulla *f* crane
gruñido *m* grunt; growl
gruñir grunt; creak
grupo *m* group
gruta *f* cavern; grotto
guante *m* glove
guapo bold; clever
guarda *m* keeper; custody; – **barrera** gatekeeper; – **costas** coastguard; – **agujas** pointsman; – **bosque** forester
guardafuegos *m* fender
guardajoyas *m* jewel-case
guardamalleta *f* curtain pole
guardamuebles *m* storeroom
guardapiés *m* petticoat
guardar preserve guard; –**se** be upon one's guard
guardaropa *m* wardrobe
guardia *f* guard; watch; – **civil** national guard; – **municipal** policeman
guarecér(se) take refuge
guarida *f* den; haunt
guarnecer garnish
guarnir rig
guarro *m* pig; hog
guarte! look out! take care!
guasa *f* stupidity
guasón dull; heavy
guaya *f* sorrow
gubernamental governmental
gubia *f* gouge
guerra *f* war
guerrear fight; wage war
guerrero warlike; –**m** warrior
guía *m* & *f* guide; guidebook
guiar guide
guija *f* pebble; boulder
guijarro *m* stone
guillote *m* husbandman; lazy
guillotina *f* guillotine
guimbalete *m* pump-handle
guinchar prick
guincho *m* goad; pike
guinda *f* cherry
guindaleta *f* crank; rope
guindar raise; hoist
guindilla *f* red pepper
guiñapo *m* tatter; rag
guiñar wink; hint
guisado *m* hash; stew
guisandero *m* cook
guisante *m* pea
guisar dress; cook
guita *f* thread; twine
guitarra *f* guitar
guitón *m* beggar
guitonear tramp
gustar taste; like
gusto *m* taste; delight
gustoso tasteful
gutural guttural

H

haber have; exit; – **de** be compelled to; – *m* property
habil *a* clever
habilidad *f* skill
habilitado *m* paymaster
habilitar qualify
habitación *f* abode
habitante *m* inhabitant
habitar inhabit
habito *m* dress; custom
habituar accustom
habitud *f* habitude
habla *f* speech; **al** within hail
hablar speak; talk
hablilla *f* rumor
haca *f* pony
hacedero feasible
hacendado *m* landholder

hacendista *m* financier
hacer make; do; become; **hacerse á la vela** set sail
hacia towards; about; – **donde?** whither?
hacienda *f* land; estate
hacha *f* torch
hachear chop; hew
hacheta *f* chopper
hachuela *f* hatchet; axe
hado *m* fate
halagar flatter
halago *m* flattery
halagüeño flattering
halar haul; tow
halcón falcon; hawk
halda *f* sack; skirt
hálito *m* breath; vapor
halo, halón *m* halo; corona
hamaca *f* hammock; cot
hambre *f* famine; eagerness
hambrear starve
hambriento hungry; eager
haragán *m* idler
haraganería *f* idleness; laziness
harapo *m* rag
haraposo ragged
harina *f* flour; meal
harmonía *a* harmony
harnero *m* sieve
hasta until; – **luego** good-bye
hastiar loathe
hastio *m* loathing
hato *m* clothes; heap
hazaña *f* exploit; achievement
hazmereir *m* laughingstock
he! behold; – **aquí** look here
hebdomadario weekly
hebilla *f* buckle
hebra *f* needleful
hebrao Hebrew; Hebraic
hechicero charming
hechizar bewitch
hechizo *m* enchantment
hecho *m* action; act; **al** – incessantly
hechura *f* make; workmanship
heder stink
helada *f* frost
helado *m* ice-cream
helar congeal
hembra *f* female
hemorragia *f* hemorrhage
henchir fill up
hender slit; crack
heno *m* hay
heredad *f* property; farm
heredar inherit
heredero heir
hereje *m* heretic
herencia *f* inheritance
herida *f* wound
herir wound
hermanable fraternal
hermanar match; suit
hermandad *f* fraternity
hermano *m* brother
hermosear embellish
hermoso beautiful
hermosura *f* beauty
hernia *f* hernia
héroe *m* hero
heróico heroic
heroina heroine
heroismo *m* heroism
herradura *f* horseshoe
herramienta *f* instruments
herrar garnish
hervir boil
hiedra *f* ivy
hiel *f* gall; bile
hielo *m* frost; ice
hiena *f* hyena
hierba *f* herb; grass; – **buena** mint
hierro *m* iron
hígado *m* liver
higiene *f* hygiene
higiénico hygenic
higo *m* fig; – **chumbo Indian** fig-tree
higuera *f* fig-tree
hijastro *m* step-son
hijo *m* son; – **a** daughter
hijuela *f* strip of cloth
hilacha *f* filament
hilár spin
hilaridad *f* hilarity
hilera *f* row; line
hilo *m* thread
hilvanar baste

hincar thrust
hinchar(se) be elated
hinchazón *f* swelling
hiperbólico hyperbolic
hipnotizar hypnotize
hipo *m* hiccough
hipocondria *f* hypochondria
hipocresía *f* hypocrisy
hipócrita hypocrite
hipódromo *m* hippodrome
hipopótamo *m* hippopotamus
hipotecario on mortgage
histerismo *m* hysterics
historia *f* history
historiador *m* historian
hogar *m* fireplace; home
hoguera *f* bonfire; blaze
hoja *f* leaf; blade
hojarasca *f* foliage
hojear turn over; peruse
hola! hullo!
holandesa *f*, **en** – in boards (book-bind)
holgado loose; lax
holganza *f* repose; ease
holgar rest; –**se** delight
holgazán idler; lazy
holgazanear idle
holgazaneria idleness
holgura *f* width
hombre *m* man; mankind
hombría *f*, **de bien** honesty
hombro *m* shoulder
homicida *m/f* murderer
homicidio *m* murder
honda *f* sling
hondo profound; deep
hondura *f* depth
honestidad *f* honesty
honesto honest
hongo *m* mushroom; **sombrero** – bowler hat; pot hat
honor *m* honor; –**es** regalia
honorable honorable
honorario honorary
honra *f* honor; reverence; –**s** funeral honors
honradez *f* honesty
honrado honest
honrar honor
hora *f* hour; **por** –**s** hire by time
horadar bore; pierce
horcajadas (a –) astride
horizonte *m* horizon
hormiga *f* ant
hormigón *m* plaster
hornacina *f* urn
hornada *f* batch; ovenful
hornero *m* baker
horrible dreadful
horripilar(se) be terrified
horror *m* horror; fright
horroroso horrid
hortelano *m* **horticultor** *m* gardener
hosco dark; brown
hospedaje *m* lodgings; residence
hospedar receive; harbor
hospitalario hospitable
hospitalidad *f* hospitality
hostería *f* inn; tavern
hostia *f* host
hostigar vex; trouble
hostil hostile
hostilidad *f* hostility
hotel *m* hotel
hoy to-day
hoya *f*, **hoyo** *m* hole; pit
hueco hollow; empty
huelga *f* strike
huelguista *m* striker
huella *f* track; footstep
huérfano orphan
huero empty
huerta *f*, **huerto** *m* orchard
huesa *f* grave
hueso *m* bone; stone
huesoso, huesudo bony
huesped *m* guest; lodger
huevar lay eggs
huevo *m* egg; spawn
huída *f* flight
huidizo fugitive
huir fly; escape
humano human; humane
humear smoke
húmedo humid; moist
humero *m* funnel
húmero *m* shoulder-blade

humildad f humility
humilde humble; lowly
humillación f humiliation
humo m smoke; vapor
humor m humor
humoroso humorous
humoso smoky
huracán m hurricane
hurgar stir; agitate
hurgón m poker
hurtadillas a– ad secretly
hurtar steal; plagiarize
hurto m theft

I

ictericia f jaundice
ida f departure
ideador m planner
idear plan; plot
idéntico identical
identidad f identity
idilio m idyll
idioma m idiom
idiosincrasia f idiosyncrasy
idiota m idiot
idiotez f idiocy
idolatrar idolize
idolatría f idolatry
ídolo m idol; image
idoneidad f fitness
idóneo fit; suitable
iglesia f church; **– parroquial** rectory; **– pequeña** chapel
ígneo fiery
ignición f ignition
ignorancia f ignorance
ignorante ignorant
ignorar be ignorant
igual equal; similar; **sin –** nonpareil
igualar equalize; **–se** level; agree
igualdad f likeness
ijada f flank
ilación f inference
ilegal illegal
ilegible illegible
ilegítimo illegitimate
ileso unhurt
ilícito illicit; unlawful
iliterato illiterate
ilógico illogical
iluminación f illumination
iluminar illuminate
ilusión f illusion
iluso deluded; deceived
ilustración f illustration; explanation
ilustrado learned
ilustrar illustrate; enlighten
ilustre illustrious; noble
ilustrísimo most illustrious
imagen f image
imaginable imaginable
imaginar imagine; fancy
imaginario imaginary
imbécil weak; imbecile
imbecilidad f imbecility; weakness
imberbe beardless youth
imbuir to imbue
imitador m imitator
imitar imitate
impaciencia f impatience
impacientar vex; irritate
impaciente impatient
impalpable impalpable
impar unequal
imparcial impartial
impedido invalid
impedimento m impediment
impedir impede; hinder
impeler impel
impenetrable impenetrable
impenitencia f impenitence
impensado unexpected
imperar command; rule
imperativo imperative
imperceptible imperceptible
imperfecto imperfect
impericia f unskillfulness
impertérrito intrepid
impertinencia f impertinence
impertinente impertinent
impetrar f license
ímpetu m, **impetuosidad** f impetus; impetuosity
impetuoso impetuous
implantar implant
implicar implicate
implícito implicit

implorar implore
impolítico impolite
imponer impose; advise
impopular unpopular
importancia importance
importante important
importar import; concern; **no importa** no matter; **qué importa?** what matters it?
importe m amount; value
imposibilidad f impossibility
impostor m imposter
impostura f deceit
impotente impotent
imprescindible what cannot be put aside
impresión f impression; mark
impresionable impressionable
impresionar impress; move
impreso printed document; pamphlet
impresor m printer
imprevisión f improvidence
imprevisto unforeseen
imprimir print; stamp
improbo laborious; wicked
improcedente contrary
improductivo unproductive
impronta f mould
improperio m censure
impropiedad f impropriety
impropio improper
improviso (de –) unexpected(ly)
imprudencia f imprudence
imprudente imprudent
impudencia f impudence
impudente impudent; shameless
impúdico unchaste, lewd
impugnar impugn; contradict
impulsar impel
impulsión f impulsion; impulse
impune unpunished
impunidad f impunity
impuro impure
inaccesible inaccessible
inacción f inaction
inaceptable unacceptable
inadecuado inadequate
inadmisible inadmissible
inadvertencia f carelessness
inagotable inexhaustible
inaguantable insupportable
inalienable inalienable
inalterable unalterable
inamovible immovable
inanimado lifeless
inapeable irreducible
inapetencia f want of appetite
inaplicable inapplicable
inapreciable inestimable
inasequible unattainable
inaudito unheard
inaugurar inaugurate
incapaz incapable; unable
incauto incautious
incendiar kindle
incendiario m incendiary
incendio m fire; combustion
incidencia f **incidente** m incidence; incident
incierto untrue; false
incipiente beginning
incisivo incisive; **diente –** incisor
incitar excite
incivil uncivil; unpolished
inclemencia f inclemency; severity; **á la –** in the open air
inclinación f inclination
inclinar incline
inclito famous
incluir include
incógnito unknown; **–de** incognito
incoherencia f incoherence
incoloro colorless
incólume perfect; ideal
incomodar incommode; **–se** get angry
incomodidad f incommodity
incómodo troublesome
incomparable incomparable
incompatible incompatible
incompetencia f incompetency
incompleto incomplete
incomunicado solitary confinement
inconcebible inconceivable
inconsistencia f inconsistency
incontinente incontinent
incontrastable insurmountable
incontrovertible indisputable

inconveniente m inconvenient; troublesome
incorrección f incorrectness
incorrecto incorrect
incorregible incorrigible
incorruptible incorruptible
incredulidad f incredulity
incrédulo incredulous
increíble incredible
incrustación f incrustation
incuestionable unquestionable
inculto wild
incultura lack of culture
incumbencia f incumbency
incurable incurable
incuria f negligence
incurrir incur
indagar investigate
indebido undue
indecente indecent
indefectible certain
indefenso defenseless
indefinido indefinite
indeleble indelible
indeliberación f imprudence
independencia f independence
independiente independent
indescriptible indescribable
indestructible indestructible
indicacion f indication
índice m mark; sign
indicio m indication
indiferencia f indifference
indiferente indifferent
indegestión f indigestion
indigesto indigestible
indignación f indignation; anger
indignar irritate; tease
indiscreción f indiscretion
indiscreto indiscreet; foolish
indisculpable inexcusable
indisoluble indissoluble
indispensable indispensable
indisponer indispose; **–se** be unwell
indisposición f dislike
individual individual
individuo m individual; self
indócil indocile
índole f disposition; temper
indulgencia f leniency
indulgente lenient; considerate
indulto m pardon
industria f skill; business
industrial manufacturer
industrioso ingenious
inepto inept; unfit
inerme unarmed
inesperado unexpected
inevitable inevitable
inexacto inexact; inaccurate
inexperiencia f inexperience
inexplicable inexplicable
inextinguible unquenchable
infalible infallible
infamar defame
infame infamous
infamia f infamy
infantil childish
infatigable untiring
infatuar(se) infatuate; bewitched
infausto unhappy
infección f stench; infection
infeliz luckless; unhappy
inferior inferior; subordinate
inferioridad f inferiority
inferir infer; conclude
infernar vex; tease
infestar infect; harass
inficionar infect
infiel unfaithful
ínfimo lowest
infinidad f infinity
infinito infinite
inflamación f inflammation
inflexibilidad f rigidity
influencia f influence
infolio m folio (print)
información f inquiry
informalidad f informality
informar inform; acquaint
infortunado unfortunate
infundado groundless
ingeniero m engineer
ingenio m genius; engine
ingenioso ingenious
ingenuidad f ingenious
ingerencia f interference
ingerir graft

ingle f groin
inglés English; Englishman
ingrato ungrateful
ingrediente m ingredient
ingresar enter
ingreso m entry; entrance
inhábil unable; unfit
inhabilitar disqualify
inhalación f inhalation
inherente inherent
inhumano inhuman; cruel
inicial initial
iniciar initiate; admit
iniciativa f initiative
ininteligible unintelligible
injuria f injury; insult
injuriar injure; abuse
injusto unjust
inmediación f nearness; **–es** proximity
inmediato immediate
inmenso immense; huge
inmiscuir(se) mingle
inmodesto immodest
inmoralidad f immorality
inmóvil immovable
inmueble estate; reality
inmundicia f filth
inmundo unclean; impure
inmunidad f immunity
innecesario useless
innovación f innovation
inocencia f innocence
inocente innocent
inofensivo inoffensive
inolvidable unforgettable
inopinado unexpected
inoportuno inopportune
inquebrantable steady
inquietar trouble
inquieto restless
inquietud f anxiety; alarm
inquilino m tenant; lodger
inquirir inquire
insaciable insatiable
inscribir inscribe
inscripción f inscription
inseguro unsafe
insensato crazy; stupid
insensible insensible
inseparable inseparable
insertar insert
insistir insist
insociable unsociable
insolencia f insolence
insolentar(se) make bold
insomnio m sleeplessness
insoportable insupportable
inspección f inspection
inspeccionar inspect
inspector m inspector
inspirar inspire
instable unstable
instalar install
instancia f instance
instantánea f instantaneous
instantáneo instantaneous
instante m instant; moment
instigar instigate
instintivo instinctive
instinto m instinct
institución f institution
instituir institute
instituto m institute
instrucción f instruction
instruir instruct; teach
insuficiente insufficient
insultar insult
insulto m insult
intacto untouched; intact
íntegro integral; entire
intelectual intellectual
inteligencia f intellect; intelligence
inteligente intelligent
intención f intention; intent
intencionado intentioned
intensidad f intensity
intenso intense; violent
intentar enter
intento m intent
interceder intercede
interceptar intercept
interdicción f interdiction
interés m interest; concern
interesado interested
interesante interesting
interesar interest
interino provisional

interior interior; inward
interioridades *f pl* private life
interlocutor *m* interlocutor; speaker
intermediario *m* intermediate
intermedio *m* interlude
interminable interminable
internado *m* boarding-school
interno boarder
interpelación interpellation
interpelar appeal to
interpretar interpret
intérprete *m* interpreter
interrogatorio *m* examination
interrumpir interrupt
interrupción *f* interruption
intersticio interstice
intervalo *m* interval
intervención *f* intervention
intervenir intervene; interfere
interventor *m* controller
intimar notify; summon
intimidar intimidate
intimo intimate; familiar
intitular entitle
intolerable intolerable
intolerante intolerant
intraducible untranslatable
intranquilo uneasy
intrincado intricate
introducción *f* introduction
introducir introduce
intrusión *f* intrusion
intruso *m* intruder
intuición *f* intuition
inundación *f* inundation
inútil useless
inutilizar render useless
invadir invade
invalido invalid; infirm
invariable invariable
invasión *f* invasion
invencible invincible
invención *f* invention
inventar invent
inventario *m* inventory
invento invention
inventor inventor
invernadero *m* greenhouse
invernar winter
inverosimil unlike
inverso inverse; **a la –a** in contrary direction
invertir invert
investigación *f* investigation
investigar investigate
invierno *m* winter
invisible invisible
invitación *f* invitation
invitar invite; bid
involucrar confuse
inyección *f* injection
ir go; move; be; **– por** go to; **– a ver** endeavor; **– en coche** drive; **– para** become; **–se** go away; set out; **–se envejeciendo** become old
ira *f* anger; wrath
irascible irritable
iris *m*, **arco –** rainbow
ironia *f* irony
irracional irrational
irrazonable unreasonable
irregular abnormal; unsteady
irregularidad *f* irregularity
irreparable irreparable
irresistible irresistible
irresoluble insoluble
irresponsable irresponsible
irreverente irreverent
irrevocable irrevocable
irrigación *f* irrigation
irrigar water; irrigate
irrisión *f* mockery
irritabilidad *f* irritability
irritable irritable
irritación *f* irritation
irritar irritate; annul
irrito invalid
irrupción *f* inroad; outbreak
isla *f* isle
isleño *a* insular; *m* islander
isleta *f* islet
item item; also
itinerario *m* itinerary; route
izar hoist
izquierdear deviate
izquierdo left; *m* left side

J

jabalcon *m* bracket; tassel
jabardo *m* crowd; swarm
jabeque *m* xebec; **– latino** pink
jabón *m* soap; **– almagre Windsor** brown Windsor soap; **– blando** soft soap
jabonado *m* washing
jabonadura *f* soapsuds
jabonar soap
jactancia *f* boasting
jactancioso boastful
jactarse boast
jade *m* jade
jadear pant; palpitate
jaecero *m* harness maker
jaeces *m pl* trappings
jalbegar whitewash
jalea *f* jelly
jalón *m* landmark
jamás never; ever
jamba *f* brace; post
jamón *m* gammon; ham
jangada *f* raft; float
jaque *m* check (chess)
jaqueca *f* megrim
jaquelado *a* checkered
jaquemate *m* checkmate
jáquima *f*, **jaquimón** *m* halter
jarabe *m* syrup; juice
jarana *f* outcry
jarcia *f* bundle; coil; **– enredada** foul tackle
jardin *m* garden
jardinera *f* flower-stand
jardineria *f* gardening
jardinero *m* gardener
jareta *f* hem
jaro *a* red-haired
jarretar weaken
jarrete *m* ham; hock
jarro *m* pot; jug
jaspear marble; speckle
jaula *f* coop; cell; rack
jauría *f* pack of hounds
java *f* crate
jasmin *m* jasmine
Jedive *m* Khedive
jefa *f* lady superior
jefe *m* chief; head; **– de batallón** major; **– de construcción** chief engineer; **– de escritorio** chief clerk; **– de escuadra** commodore; **– de estación** station master; **– de tren** railway guard
jengibre *m* ginger
jerarquia *f* hierarchy
jerez *m* sherry
jira *f* excursion
jirafa *f* giraffe; camelopard
jirón *m* rent; tear
jornada *f* march; journey
jornalero *m* day-laborer
joroba *f* hump
joven young; youth; junior
jovial jovial
joya *f* jewel; gift
joyeria *f* jewelry
joyero *m* jeweler
jubilación *f* retreat
júbilo *m* joy; mirth
Judio *a* Jewish
juego *m* play; game
juez *m* judge
jugar play; trifle
jugarreta *f* foul play
jugo *m* sap; juice
jugoso juicy
juguetón playful
jumento *m* ass
junco *m* rush; junk (ship)
junquille *m* jonquil; beading plane
juntar join; unite
junto near; **en –** in all; **por –** in bulk
juntura *f* juncture; joint
jura *f* oath
jurado *m* jury; juryman; certificated
juramentar swear; take oath
juramento *m* oath
jurar swear
jurídico legal
jurisprudencia *f* jurisprudence
juro *m* ownership; **de –** certainly
justa *f* joust; tilt
justamente justly; exactly
justicia *f* justice
justificación *f* justification

jusitificado equal; just
justificar justify; adjust
justillo *m* doublet
justipreciar estimate; value
justo lawful; equal; justly
juvenil youthful
juventud *f* youth
juzgar judge

K

kilogramo *m* kilogram
kilometro *m* kilometer

L

la *f* definite article
labio *m* lip; brim
laboratorio *m* laboratory
laborear work
laboriosidad *f* industry
laborioso hard-working
labrador *m* laborer
labrar work; cultivate
labriego *m* peasant
lacayo *m* footman
lacena *f* cupboard
laceria *f* poverty
lacio faded
lacónico laconic; brief
lacra *f* scar; fault
lacre *m* sealing-wax; **– colorado** red sealing-wax
lacrimal lachrymal
lacrimoso tearful
lacteo milky
lacticinio *m* milk
lado *m* side; flank; **– de afuera** off side
ladrar bark; **á la oreja** importune
ladrido *m* barking; curse
ladrillero *m* brick-maker
ladrillo *m* brick; cake (chocolate); **– holandés** clinker
ladrón *m* thief
lagar *m* wine-press
lagarto *m* lizard; gusset
lago *m* lake; den
lagoteria *f* flattery
lágrima *f* tear; drop
laguillo *m* loch
laguna *f* lake; pond
lagunajo *m* pool
lagunoso marshy
laja *f* slab
lama *f* mud; slime
lamborda timber; sleeper
lamentar lament
lameplatos *m* glutton; parasite
lamer lick; lap
lámina *f* plate; print
lámpara *f* lamp
lampiño beardless
lana *f* wool
lance *m* cast; throw; **– de honor** duel; **de –** second hand
lancha *f* barge; launch
langosta *f* locust; lobster
langostino *m* crawfish
languidecer languish
languido *f* languid
lanza *f* lance; spear
lanzadera *f* shuttle
lanzar lance; dart
laña *f* cramp; cramp iron
lapicera *m* pencil-case
lapiz *m* pencil
lapso *m* lapse
largas (dar – a...) delay
largo long; large; **a lo –** all along
largura length
largueza *f* length
lascivia *f* lasciviousness
laso (cabello –) straight-hair
lástima *f* grief; pity; **es –** it is a pity
lastimar hurt; **–se** hurt one's self
lastimero sad; mournful
lastimoso grievous
lata *f* lath; **hoja de –** tin-plate
latente latent
lateral lateral
latido *m* pant; palpitation
latigazo *m* lash
látigo *m* whip
latir palpitate
latitud *f* breadth
lato large; ample
laton *m* brass; latten

latrocinio *m* theft
laud *m* lute
lauro *m* glory
lavadero *m* laundry
lavado *m* washing
lavar wash
laxante *m* laxative
laxitud *f* laxness
leal loyal; gentle
lealtad *f* loyalty; fidelity
lebrel *m* greyhound
lebrillo *m* tub
lección *f* reading; lesson; **dar –es** teach
lector *m* reader
lectura *f* reading
leche *f* milk
lecho *m* bed; litter
lechuga *f* lettuce
leer read; lecture
legado *m* legate; legacy
legajo *m* bundle of papers
legalidad *f* legality
legalización *f* legalization
legalizar legalize
légamo *m* slime; mud
legatario *m* legatee
legible legible
legislador *m* legislator
legislar legislate
legislatura *f* legislature
legitimar legitimate
legitimidad *f* legitimacy
legitimo legitimate; true
lego layman
legua *f* league (measure)
lejania *f* distance
lejano distant
lejia *f* lye; lie
lejos far; **á la –** at great distance
lenceria *f* linen-shop
lengua *f* tongue; language
lenguado *m* sole
lenguaje *m* language; idiom
lenguaras *m* fluent
lentitud *f* slowness
lento slow
leña *f* wood
león *m* lion
leopardo *m* leopard
lepra *f* leprosy
lerdo slow; heavy
lesión *f* hurt; damage
lesivo prejudicial
lesnordeste *m* E.N.E. wind
leso wounded
letra *f* letter; hand; type; **– de cambio** bill of exchange
letrado *m* advocate; counselor
letrero *m* inscription
leva *f* levy
levadura *f* ferment; leaven
levantamiento *m* elevation; revolt
levantar raise; lift up; **–se** rise
levante *m* Levant; east
leve light; trifling
ley *f* law; constitution
leyenda *f* legend; lecture
lezna *f* punch
liar tie; bind
libelo *m* petition; libel
liberal liberal; generous
libertad *f* liberty; freedom
libertar free; acquit
libra *f* pound; **– esterlina** pound sterling
libramiento *m* warrant
libranza *f* warrant
librar free; deliver; **– bien** escape
libre free; exempt
librería *f* book-shop; library
librero *m* bookseller; **– editor** editor; publisher; **– de viejo** dealer in old books
libreta *f* notebook
libro *m* book; **– de caja** cash-book; **– de memoria** memo-book
licencia *f* permission; liberty; license
licito licit; lawful
licor *m* liquor
licorera *f* liquor-flask
lid *f* contest
lidiar fight; combat
lienzo *m* linen; painting
ligero light; thin; **de –** rashly; easily
lima *f* lime; file
limaduras *f pl* filing
limar file; gnaw

limbo *m* limbo
limitar limit; restrain
limite *m* limit; border
limítrofe limiting
limón *m* lemon
limonada *f* lemonade
limosnero *m* charitable
limpiabarros *m* mat; door-mat
limpiaplumas *m* pen-wiper
limpiar clean
limpiauñas *m* nail-brush wiper
limpieza *f* cleanness
linaje *m* lineage; race
linajudo braggart
lince *m* lynx
lindante contiguous; adjacent
lindar be contiguous
lindeza *f* neatness; elegance
lindo neat; handsome
lio *m* bundle; parcel
liquidación *f* settlement
liquidar liquify; melt; dissolve
liquido liquid; fluid
lira *f* lyre
lirico lyrical
lirio *m* iris
liso plain; even
lisonja *f* flattery
lisonjear flatter; fawn
lista *f* list; catalogue
listeza *f* cleverness
listo clever; ready
lisura *f* smoothness
literal literal
literario literary
llaga wound
llama *f* flame
llamada *f* call; sign
llamamiento *m* calling
llamar invoke
llamarada *f* blaze; blush
llameante flaming
llanamente sincerely
llaneza *f* simplicity
llano even; simple
llanta *f* cabbage; tire
llantén *m* plantain
llanto *m* weeping
llegar arrive; reach; **– y besar** no
   sooner said than done
llena *f* overflow
llenar fill; occupy
llenura *f* plenty
llevadero tolerable
llevar carry; collect
llorar weep
lloro *m* crying
llorón tearful; **–** *m* weeping willow
lloroso mournful
llover rain
llovizna *f* drizzle
lluvia *f* rain; rainfall
lluvioso rainy
loar praise
lóbrego murky; sad
lóbulo *m* lobe
local local
loco mad; fool
locomoción *f* locomotion
locomotora *f* locomotive
locura *f* madness
locutorio *m* parlor
lodo *m* mud; mire
lograr obtain; gain
logro *m* gain
lomera *f* back (book); loin-strap
lomo *m* loin; ridge
loncha *f* steak
longaniza *f* sausage
longevidad *f* longevity
longitud *f* length; longitude
lonja *f* exchange; grocer's shop;
   warehouse; slice
lontananza *f* deepening
loor *m* praise
loquear rejoice
loro *m* parrot
losa *f* flagstone
losange *m* lozenge (heraldry)
lote *m* lot; chance
loteria *f* lottery
lozania *f* verdure; vigor
lucerna *f* lamp
lucérnula *f* lucern
lucidez *f* brightness
lúcido shining
lucimiento *m* splendor
lucio lucid; bright; **–** *m* pike (fish)

lucir shine
lucrativo lucrative
lucro *m* gain; profit
lucroso profitable
luctuoso sad
lugo immediately; therefore
lugar *m* place; spot; **– commun**
   water closer; **– de paso** thorough-
   fare
lugareño *m* villager
lugarteniente *m* lieutenant
lugre *m* lugger
lúgubre sad
lujoso lavish
lujuria *f* lewdness; luxury
lujurioso voluptuous
lumbrada *f* conflagration
lumbre *f* fire; splendor
lumbrera *f* luminary; skylight
luminaria *f* illumination; bonfire
luminoso luminous
luna *f* moon; lens
lunatico lunatic
luneta *f* stall; knife
lustrar purge; polish
lustroso bright
luto *m* mourning
luz *f* light; candle

M

maca *f* bruise; fraud
macareno boasting
maceta *f* flower-pot
macilento lank; lean
macis *f* mace; spice
macizar solidify
macizo, maciso solid
machacar beat; crush
machético *m* hunting-knife
machihembrada *f* grooving-plane
machihembrar dovetail
macho *m* male; mule strong
machucar crush; strike
madama *f* madam; lady
madera *f* timber
madero *m* log; beam
madrastra *f* stepmother
madre *f* mother; dam
madreperla *f* mother-of-pearl
madriguera *f* borrow; den
madrina *f* godmother
madrugada *f* dawn; **de –** at break of
   day
madrugar get up early
madurar ripen
madurez *f* maturity; ripeness
maduro ripe; mature
maestro *m* master; teacher; **– de**
   escuela school-master
magia *f* magic
magisterio *m* mastery
magistrado *m* magistrate
magnánimo magnanimous
magnético magnetic
magnifico magnificent
magnitud magnitude
magro meagre; lean
magullamiento *m* bruise
majaderia *f* nonsense
majadero gawk; bore
majestad *f* majesty; dignity
majestuoso majestic
majuelo *m* vine
mal *m* evil; harm; hurt; injury
mala *f* mail
malacondicionado ill-conditioned
malaconsejado badly advised
malandanza *f* misfortune
malbaratar squander
malcontento discontented
malcriado ill bred, unmannerly
maldad *f* wickedness
maldecir curse; detract
maledicencia *f* slander
maleficio *m* hurt; injury
maléfico mischievous
maleza *f* wickedness
malgastar waste; lavish
malhablado bold; foul-mouthed
maligno malignant
malograr(se) fail
malquerencia *f* ill-will
malquistar incur displeasure
malsano unhealthy
malsonante discordant
maltratar spoil; misuse
malvado wicked; malicious

mamila *f* breast; teat
mamotreto *m* large-book
mampara *f* screen
mamposteria *f* stone and mortar
manada *f* flock
manatial *m* source
manar drop; proceed; issue
mancebo *m* youth
mancilla *f* stain; spot
mancillar spot
manco handless
mancomún de – jointly
manchar stain
manda *f* offer; legacy
mandatario *m* agent
mandato *m* mandate; precept
mando *m* command; dominion
mándria *m* coward
manecilla *f* mark; hand of clock
manejable manageable
manejar manage; wield
manejo *m* conduct; management
manera manner; form; **sobre –**
   excessively; **–s** *pl* manners
manga *f* sleeve
mango *m* handle
manguito muff
mania *f* mania
manifestante *m* publisher; discov-
   erer
manifestar manifest; declare
manifiesto manifest
maniobrar work with the hands
manipulación *f* manipulation
manipular manipulate
manjar *m* food; victuals
mano *f* hand; **– de papel** quire of
   paper; **– de reloj** hand of watch; **a**
   la – at hand; with the hand; **a –s**
   llenas copiously
manosear handle
manotear strike
mansalva (a –) cowardly
mansedumbre *f* meekness; mildness
mansión *f* residence; stay
manso tame; meek
manta *f* blanket; **– de viaje** plaid
manteca *f* butter
mantecada *f* buttered toast
mantecado *m* butter-cake
mantecoso buttery
mantel *m* table-cloth
mantener maintain; support
mantenimiento *m* maintenance
manual manual; handy
manubrio *m* winch
manufactura *f* manufacture
manuscrito *m* manuscript
manutención *f* maintaining
manzana *f* apple
manzanilla *f* common; chamomile
mañana *f* morning; **de –** in the morn-
   ing; **passado –** after tomorrow
mapa *m* map; **– mundi** map of the
   world
máquina engine; machine
maquinaria *f* mechanics
maquinista *m* mechanic; machinist
mar *m/f* sea; **alta –** high sea
maraña *f* puzzle; perplexity
maravilla *f* wonder; **a –** marvelously
maravillar admire
maravilloso marvellous
marca *f* mark; landmark
marcar mark; brand
marco *m* case; frame
marcha *f* march
marchar go aft; depart
marchitar wither; fade
marea *f* tide; **– baja** ebb tide; **– alta**
   flood tide
marearse be sea-sick
mareo *m* sea-sickness
margarita *f* daisy
margen *m/f* margin; border; **dar –**
   para... to give an opportunity
marido *m* husband
marina *f* navy; marine; **– militar** the
   Navy
mariposa *f* butterfly
mariscal *m* marshal; blacksmith
marmita *f* kettle
marmol *m* marble
maroma *f* rope
marrano *m* pig; hog
martillar hammer
martillo *m* hammer
mártir *m/f* martyr

marzo *m* march
más more; besides; **– allá** beyond;
   further on; **todo lo –** at most; at
   the most
mas but; yet
mascar chew
máscara *f* masker; mask
mascarada *f* masquerade
masculino male; masculine
masticar masticate
mástil *m* top mast
mastín *m* mastiff
matadero *m* slaughter house
matador *m* murderer; matador
matadura *f* saddle-gall
matanza *f* slaughter
matar kill; execute; **–se** commit
   suicide
matarife *m* slaughterer
matasello *m* postage stamp
mate mate; unpolished
matemáticas *pl* mathematics
materia *f* matter; cause
material materials; ingredients
maternidad *f* maternity
matinal morning; early-rising
matizar shade
matrimonio *m* marriage
matrona *f* matron
matute *m* smuggling
matutero *m* smuggler
máxima *f* maxim; sentence
máxime principally
máximo chief; principal
mayor greater; larger; **por –** whole-
   sale
mayorazgo *m* entail
mayordomo *m* steward
mayoria *f* advantage; excellence
mayúscula capital
maza *f* club
mazorca *f* ear of corn
mecánica *f* mechanics
mecedora *f* rocking chair
mecer stir
mecha *f* wick
mechar lard
mechón *m* lock of hair
medalla *f* medal
media *f* stocking
mediador *m* mediator
medianeria *f* partition; wall
mediante by means of
mediar mediate; intervene
mediato mediate
medicación *f* medication
medicamento *m* medicament
medicina *f* physic; medicine
medición *f* measurement
médico physician; doctor
medida *f* measure; relation
medidor *m* measurer; surveyor
medio, a half; middle; **Edad, –a** mid-
   dle age; **por –** through
mediocridad *f* mediocrity
mediodia *m* mid-day; noon
medir measure
meditar meditate
mediterráneo *m* Mediterranean
medrar thrive; improve
medroso fearful
mejilla *f* cheek
mejor better; **tanto –** so much the
   better
mejora *f* improvement; melioration
mejorar improve; heighten
mejoria *f* repairs
melancólico *f* melancholy
melocotón *m* peach
melodía melody; harmony
melón *m* melon
meloso honeyed
mellar notch
membrana *f* membrane
membrete *m* note; label
membrudo strong; robust
memo silly
memorable memorable
memoria *f* memory; fame; **de –** learn
   by heart; **–s!** compliments!
memorial *m* memorial; brief
menaje *m* furniture
mencionar mention
mendigar beg
mendigo *m* beggar
menear move; manage
menesteroso needy
mengua *f* decay; decline

menor minor; less
menos less; except; **al –** at least; **ni más ni –** neither more nor less
menoscabar impair; lessen
menoscabo *m* diminution; loss
menosprecio *m* competent
mensaje *m* message
mensajería *f* office; stage
mensajero *m* messenger
mensual monthly
mental mental
mentar record
mente *f* mind; sense
mentecato foolish; stupid
mentir lie; feign
mentira *f* lie; falsehood
mentís *m* lie; contradiction
menudear repeat
menudeo *m* minutely
menudo small; minute
meñique little finger
meollo *m* marrow; judgment
mequetrefe insignificant; *m* noisy fellow
meramente merely
mercader *m* dealer; shopkeeper
mercadería *f* trade; traffic
mercancía *f* merchandise
merced *f* mercy
mercenario *m* day-laborer; mercenary
merecer deserve
merecimiento *m* merit
merendar lunch
merendero *m* public-house
merengue *m* meringue
merienda *f* luncheon
mérito *m* merit; desert
mermar waste; diminish
mermelada *f* marmalade
mero mere; pure; naked
mes *m* month
mesa *f* table; **– redonda** table d'hote
mesada *f* allowance
meseta *f* landing; staircase
mesón *m* inn
mesura *f* moderation
mesurar (se) measure
meta *f* boundary; limit
metal *m* metal; brass
meter place; put; **–se en.** interference
meticuloso timid
mezcla *f* mixture
mezclar mix
miaja *f* crumb
mico *m* monkey
microscopio *m* microscope
miedo *m* fear
miedoso fearful; timorous
miel *f* honey
miembro *m* member
mientras in the meantime; when
mierda *f* excrement; ordure
mies *f* corn; harvest
miga *f* crumb
mil one thousand
milagro *m* miracle; wonder
milagroso miraculous
milano *m* kite
militar soldier
militarismo *m* soldier-like
millar *m* thousand
mimar coax
mimbre *m* twig
mimo *m* mime; fondness
mimoso fond
mina *f* mine; conduit
minar mine; sap
mineral mineral; spring; source
minería *f* mines
minero *m* miner
miniatura *f* miniature
mínimo least; smallest
ministerio *m* ministry office
ministro *m* minister
minoría *f* minority
minucioso exact
minuta *f* minute
minutero *m* minute hand (watch)
miope *m* short-sighted
mirada *f* glance; gaze
mirado considerate
mirador *m* looker-on; belvedere
miramiento *m* awe; reverence
mirar look; behold
misa *f* mass
miserable miserable

miseria *f* misery
misericordia *f* mercy; clemency
misericordioso pious; merciful
misero unhappy
misión *f* mission
misionero *m* missionary
mismo same; similar; **por lo –** therefore
misterio *m* mystery
misterioso mysterious
mitigar mitigate; soften
mito *m* myth
mitón *m* mitten
mixto mixed; **tren –** mixed train
mixtura *f* mixture
moción *f* motion
mochila *f* knapsack
moda *f* fashion; custom
modales *m pl* manners
modelar model
modelo *m* model; pattern
moderación *f* moderation
moderar moderate
moderno modern; late
modestia *f* modesty
modesto modest
modicidad *f* smallness; moderateness
módico sparse; scanty
modificar modify; moderate
modista *f* dressmaker; milliner
modo *m* mode; method; manner; **de – que** so that
modoso well mannered
mofa *f* mockery
moho *m* moss; rust
mojadura *f* wetting
mojar wet; moisten
mojiganga *f* masquerade
mole *f* soft; mild
molar grind; pound
molestar vex; disturb
molestia *f* injury; hardship
molicie *f* softness
molinero *m* miller
molinillo *m* chocolate-mill
molino *m* mill
molleja *f* gland
mollera *f* crown (head)
momentáneo instantaneous
momento *m* moment; **al –** immediately
momia *f* mummy
monada *f* grimace
monarca *f* monarch; king
mondadientes *m* toothpick
mondar clean; busk
mondonguería *f* tripe-shop
moneda *f* money; cash
monja *f* nun
monje *m* monk
mono *m* monkey; ape
monopolio *m* monopoly
monotonía *f* monotony
monstruoso monstrous
montadar *m* setter; mounter
montante *m* skylight
montaña *f* mountain
montañoso mountainous
montar mount
montón *m* heap; pile
montura *f* harness
monumento *m* monument
moña *f* model; vexation
morada *f* home; abode
moralidad *f* morality
morar inhabit
morder bite
mordisco *m* bite
moreno brown
moribundo dying
morigerado moderate
morosidad *f* slowness
mortaja *f* shroud
mortal mortal; deadly
mortandad *f* mortality; massacre
mortero *m* mortar
mortífero mortal
mortuorio burial; funeral
mosaico *m* mosaic
mosca *f* fly
moscada (nues –) nutmeg
mosquete *m* musket
mosquitero *m* mosquito-net
mosquito *m* mosquito; gnat
mostaza *f* mustard
mostrador *m* counter
mostrar show
mote *m* motto; nickname

motivo *m* motive; cause
motocicleta *f* motorcycle
motor driver; motor
mover move; persuade
móvil *m* movable
movimiento *m* movement
moza *f* girl; lass
mozo *m* youth; bachelor
muchacha *f* girl; maid
muchacho *m* boy; lad
muchedumbre *f* multitude
mucho much; **por – que** try in vain
muda *f* change; mute
mudable changeable
mudanza *f* alteration; change
mudar change; **–se** undergo change
mudez *f* dumbness
mudo dumb; nute
mueble *m* furniture; utensil
mueca *f* grimace
muerte *f* death; **de –** mortal
muerto dead
mujer *f* woman; wife
mujeril womanly
mujerona *f* woman; matron
multiplicación *f*, **muliplicado** *m* multiplication
muliplicar multiply
mundillo *m* cushion
mundo *m* world; earth
munición *f* stores; ammunition
munificencia *f* liberality
muñidor *m* undertaker; beadle
muñir summon
muñón *m* muscle; stump
mural *f* rampart; wall
murciélago *m* bat (animal)
murga *f* brass band
muro *m* wall
murrio sad
musa *f* muse
muselina *f* muslin
museo *m* museum
musgo *m* moss; lichen
musgoso mossy
música *f* music; band
músico musical; **–** *m* musician
musitación *f* muttering
musitar mutter
mustio parched
mutación *f* change
mutilar mutilate
mutuante *m/f* lender
mutuatario *m* borrower
mutuo mutual
muy very; greatly; **– de Vd,** entirely at your service

N

nabo *m* rape; mast
nacer be born; bud
nacimiento *m* birth; growth
nación *f* nation; **De –** by birth
nadante swimming
nadie nobody; no one
nao *f* ship
ñapa *f* allowance
naranja *f* orange
nariz *f* nose; nozzle
narración *f* narration
narrar narrate
narrativa *f* narrative
narval *m* whale
nata *f* cream; scum; **– batida** whipped cream
natatil floating
natio, nativo native; natal
natural native; common
naturaleza *f* nature
naval naval; **escuela –** naval school
navegante *m* navigator
navegar navigate
navío *m* ship
neblina *f* mist; rain
nebuloso misty; cloudy
necedad *f* stupidity; folly
necesario necessary
necesidad *f* necessity; want; **–es** wants
necesitado needy
necesitar necessitate; want
necio stupid; foolish
nefasto unlucky
negación *f* negation
negado unfit; inapt
negar deny
negativo negative

negligente negligent
negociable negotiable; transferable
negociación *f* negotiation
negociado *m* department
negociador *m* negotiator
negocio *m* business; affair
negro black
negrura *f* blackness; darkness
nene *m* baby
nervio *m* nerve
neutral neutral; indifferent
neutralizar neutralize
neutro neuter; neutral
nevada *f* snow storm
nevar snow
nevoso snowy
ni neither; nor; **ni... ni...** neither... nor
niebla *f* fog; mist
nieto *m* grandson
nieve *f* snow
nimio silly
ningún, -o none; not one
niña *f* girl; **–do los ojos** pupil (apple of the eye)
niñez *f* childhood
niño *m* child; boy
níquel *m* nickel
nivelar level; make even
no no; not; **– por cierto** no indeed
noche *f* night
noche buena *f* Christmas-eve
nogal *m* common; walnut tree
nombrar name; nominate
nombre *m* name; title
nómina *f* catalogue; list
nominal nominal
norma *f* square; model
normal normal; **escuela –** normal school
norte *m* north; rule; guide
nos we
nostalgia *f* homesickness
noticia *f* news; notice
notificar notify
noviembre *m* November
novio *m* bridegroom
nube *f* cloud
núbil marriageable
núcleo *m* seat; source
nudo *m* knot
nuera *f* daughter in law
nueva *f* news; notice
nuevecito brand new
nuevo new; fresh
nulo null; void
numerar count
numérico numerical
número *m* number
numerosidad *f* numbers
nunca never; **– jamás** never at all
nupcial nuptial
nupcias *f pl* nuptials
nutricio nutritious

O

ó or; either
obcecar blind
obedecer obey; submit
obediencia *f* obedience
obediente obedient
obenques *m pl* shrouds
obertura *f* overture
obesidad *f* obesity
obeso fat
óbice *m* obstacle
obispo *m* bishop
óbito *m* disease
obituario *m* register of deaths
objeción *f* objection
objetar object; oppose
objeto *m* object; aim
oblación *f* offering
obligación *f* bond; debt
obligaciones *f pl* duties; liabilities
obra *f* work; power; **– de** about; nearly
obrador *m* workman
obraje *m* workshop
obrar manufacture
obrería *f* wages
obscenidad *f* obscenity
obsceno obscene
obscurecer obscure
obscuridad *f* darkness
obscuro dark; confused
observar notice

observatorio observatory
obstar oppose
obstinación f obstinacy
obstrucción f obstruction
obstruir obstruct
obtener attain; obtain
obvio obvious
ocasionar cause; move
océano m ocean
ocio m leisure
ociosidad f idleness
ocular ocular; m eye-glass
oculista m oculist
ocultar hide; conceal
ocupación f occupation
ocupar occupy
ocurrir meet; happen
odiar hate; detest
ofensa f offence; injury
ofensiva f offensive
ofensor m offender
oferta f offer; offering
oficial officer; clerk; workman
oficiar officiate
oficina f office
oficinista m clerk
oficio m employ; work
ofrecer offer; promise
ofrecimiento m offer; promise
oir hear; listen
ojear eye; view
ojeo m battue; beat
ojo m eye; **á –** by the bulk
ola f wave; flood
oleo m oil; extreme unction; **al –** in oils
oler smell; odor
olvidadizo forgetful
ombligo m navel
omisión f neglect; omission
omitir omit; neglect
omnimodo entire; total
onza f ounce
ópalo m opal
opción f option; choice
operación f operation
operar operate; act
operario m operator; laborer
opinar argue
opinión f opinion; judgment
opio m opium
opíparo gorgeous
oponer oppose; contradict
oportunidad f opportunity
oportuno seasonable
oposición f opposition
opositor m opposer
opresión f oppression
oprimir oppress
optar choose; elect
óptico m optician
opuesto opposite
oración f prayer; oration
orador m orator
oral oral
orangután m orangutan
oratoria f oratory
oratorio m oratory; oratorio
orbe m orb
órbita f orbit
orden m order; method; **a su –** order
ordenar order; command
ordinario common; customary
orear cool; dry
oreja f ear; handle
orfandad f orphanage
organizacion f organization
organizar organize
orgía orgy
orgullo m pride
oriental eastern
orientar trim
orificar stop with gold
origen m origin
original original; genuine
originario native
orilla f border; margin
orillar arrange; conclude
orina f urine
oriundo originated
orla f border; fringe
ornamento m ornament
ornar adorn; ornament
oro m gold
orquesta f orchestra
ortiga f nettle
orto m rising (of a star); sunrise
ortografía f orthography

ortógrafo m orthographer
ortopédico a orthopedic
oruga f rocket (flower); caterpillar
orujo m dregs
orza f jampot; skin
orzar luff
orzuelo m trap; snare
os pl you; ye
osadia f boldness
osado bold; daring
osar dare
osculo m kiss
oseo, ososo bony
oso m bear
ostensión f manifestation
ostensivo showing
ostentar show; boast
ostentoso ostentatious
ostra f oyster; **– joven** spat
osudo bony
osuno bear-like
otear spy
otero m hill
otoñal autumnal
otoño m autumn
otorgado m grantee
otorgar grant
otro another; other
otrosí moreover
ovación f ovation
oval, ovalado oval
ovalo m oval
ovar spawn
oveja f sheep; ewe
ovejaro m shepherd
ovillo m ball; skein
ovule m germ
oxidación f oxidation
oxidar oxidize
óxido f oxide
oxigeno m oxygen
oxte! keep off!; begone
oyente m/f auditor

P

pabellón m pavilion
pabulo m food
pacato pacific
pacer graze
paciencia f patience
paciente patient
pacificar pacify
pacifico pacific
pactar contract; bargain
pacto agreement
pachorra f delay
padecer suffer
padecimiento m suffering
padilla f frying-pan
padrastro m step-father
padre m father
padrino m godfather
paga f payment
pagable, pagadero due
pagado calm; happy
pagamento m payment
pagano pagan
pagar pay; **por –** outstanding
pagaré m bill
página f page
paginación f pagination
paginar page; number
pago m payment; paid; **– porsaldo** payment in full
pagote m scapegoat
paila f pan; boiler
pairar lie to (ship)
pais m country; field
paisaje m landscape
pajarero m fowler; joyous
pájaro m bird
paje m attendant; **– de escoba** cabin boy
pajero m straw dealer
pajizo thatched
pajuela f match; whipcord
palabra f word; **de –** by word of mouth
palabrero talkative
palacial palatial
palacio m palace; house
palada f shovelful
paladeo m tasting
paladino clear; public
palafrenero m groom
palamenta f set of oars
palanca f lever

palan(gana) f basin
palatino palatine
palco m theater box
palestra f wrestling-place
paleta f palette; fire shovel
paletó m over-coat
paliar palliate; excuse
palidecer become pale
palidez f paleness
pálido pale; pallid
palillo m tooth-pick
palomilla f support
palpable palpable
palpar feel; touch
palurdo rustic
pan m bread; **– de azucar** sugar-loaf
panadero m baker
pandilla f plot
pánico terrified; m panic
pantalón m trousers
pantano m moor; marsh
panza f belly
paño m cloth
pañuelo m handkerchief
papa m pope
papá m papa
papagayo m parrot
papel m paper **– de calcar** tracing paper
papelería f stationary
papaleta f slip of paper
paquete m packet
par pair; couple; alike; **á la –** jointly; **al –** at par; **de – en –** openly
para for; to; in order to
parabién m congratulation
paracaídas m parachute
parada f halt; pause; **– y fonda!** stop; buffet!
paraiso m Paradise
paraje m place; residence
paralelo parallel
parálisis f paralysis
paralizar paralyze
paramento m ornament
páramo m desert
parangón m model
parar stop; halt; **–se** stop; pause
pararrayos m lightening rod
parásito m parasite
parcela f portion
parcial partial
pardo gray
parecer m opinion; advice; seem; **–se** be like
parecido m resembling
pareja f pair; couple
parentela f, **parentesco** m kindred; parentage
paréntesis m parenthesis
pariente m relation
parir produce; breed
parlamentario member of parliament
parlamento m parliament
parque m park
párrafo m paragraph
parroco m parson
parroquiano m parishioner; customer
parte f part; party; **en ninguna –** nowhere; **a – apart**
partera f midwife
partición f partition
participar participate
particular private; peculiar
particularidad f particularity
partida f departure
partido m party; decision
partir leave; divide; **a – de** from
partitura f score
pasáda passage; **de –** on the way
pasadero tolerable
pasado past time; **– mañana** day after tomorrow
pasaje m passage; road
pasante m assistant
pasaporte m passport
pasar pass; strain; **– por alguno** replace; **– poralgo** endure
pascuas f/pl Easter
pase m permit; passport
pasear walk
paseo m walk
pasión f passion
pasivo passive
pasmar(se) stupefy; wonder
pasmo m spasm
pasmoso wonderful
paso m pace; passage

pasta f paste
pastar graze
pastel m cake
pastor m shepherd; pastor
pastoril pastoral
pata f foot; leg
patán m countryman
patata f potato
patente patent; warrant
paternidad f paternity
patín m skate
patinar skate
patio m court; pit (theater)
patriota m patriot
patrocinar favor
patron m patron; master
patronato m patronage
patrulla f patrol
paulatino slow; gradual
pausa f pause; stop
pausado slow; calm
pauta f rule; model
pavimento m pavement
pavo m turkey
pavor terror; dread
payaso m clown
paz f peace; ease
peatón m pedestrian
peca f freckle; spot
picador m sinner
pecar sin
pecera f glass-bowl
peculiar peculiar; special
pedalear tread
pedazo m piece; pit
pedernal m flint
pedestre pedestrian
pedicuro m chiropodist
pedido m order
pedigüeño craving
pedimento m petition
pedir ask; solicit
pedregoso stony
pegajoso sticky
pegar unite; stick
peinado m hair dressing
peinador m dressing gown
peinar comb
peine m comb
peineta f side comb
pelar pick; clean; sift
peldaño m step
pelea f battle; combat
pelear fight
pelele m scarecrow
peletero m furrier
peligrar be in danger
peligro m danger; risk
peligroso dangerous
pelo m hair
pelota f ball
pelotón m platoon; crowd
peludo hairy
peluqueria f hairdresser's shop
peluquero m hairdresser
pelusa f bloom on fruit; fluff
pelleja f skin
pellejo m hide; pelt
pellizco m pinch
pena f pain; punishment
penable punishable
penalidad f suffering
penar suffer
pendencia f quarrel
pendenciero quarrelsome
pender depend
pendón m standard
péndolo m pendent; hanging
penetrar penetrate
pensador m thinker
pensamiento m thought
pensar think; consider
pensión f pension
peña f rock
peñón m rocky mountain
peon m pedestrian; laborer; gig; **– caminero** road-man
peor worse; **– que –** worse and worse
pepino m cucumber
pequeño little
pera f pear
percatar take care
percibir perceive
percusión f percussion
percha f perch
perder lose; miss; **–se** be lost
pérdida f loss; damage
perdido m lost; strayed

perdón *m* pardon; grace
perdonable pardonable
perdonar pardon
perdulario careless
perdurable perpetual
perecedero perishable
perecer perish
peregrino pilgrim
perejil *m* parsley
perenne perpetual
pereza *f* laziness
perezoso lazy; idle
perfeccion *f* perfection
perfeccionar perfect
perfecto perfect
perfidia *f* perfidy
pérfido perfidious
perfil *m* outline; profile
perfumador *m* perfume
perfume *m* perfume
pergamino *m* parchment
pericia *f* skill; knowledge
periódico newspaper
periodo *m* period
perito skilful
perjudicar prejudice
perjuicio prejudice
perjurio *m* perjury
perla *f* pearl
permanecer persist
permiso *m* permission
permitir permit
permuta *f* barter
permutar exchange
pernil *m* ham
pernoctar pass the night
pero out; yet
perpetuo perpetual
perrera *f* kennel
perro *m* dog
persecución *f* persecution
perseguir persue
perseverancia *f* perseverance
persister persist
persona *f* person
personal personal
perspectiva *f* perspective
perspicuo remarkable
persuadir persuade
persuasion *f* persuasion
persuasivo persuasive
pertenecer belong; concern
pertiguero *m* verger
pertrechos *m pl* ammunition
perturbar perturb
perverso perverse
pervertir pervert
pesadez *f* heaviness
pesado peevish
pesantez *f* weight
pesar sorrow; weigh
pesaroso sorrowful
pesca *f* fishing
pescado *m* fish
pescador *m* fisherman
pescante *m* crane; coachbox
pescuezo *m* neck
pesebre *m* crib
peso *m* weight; balance; **a – de oro** weight in gold
pesquisa *f* inquiry
peste *f* pest
pestillo *m* bolt
petardo *m* cheat
petición *f* petition
petróleo *m* petroleum
pez *m* fish
pezón *m* stalk; nipple
pezuña *f* sabot; horse's hoof
piadoso pious
piafar prance
pianista *m* pianist
pica *f* pike; prong
picadero *m* riding-school; block
picador *m* riding-master
picadura *f* pricking; puncture
picante piquant
picapedrero *m* stone-cutter
picaporte *m* latch
picar prick
picardia *f* knavery
picaresco roguish; knavish
pico *m* beak; bill
picor *m* itching
pichón *m* pigeon
pié *m* foot; base
piedad *f* piety; mercy
piedra *f* stone; **– preciosa** gem; **–**

pomez pumicestone
piel *f* skin; hide
pienso *m* cud; **ni por –** certainly not
pierna *f* leg
pieza *f* piece
pignorar pledge
pildora *f* pill
piloto *m* pilot
pimienta *f* pepper
pincel *m* pencil
pinchar prick
pinche *m* under-cook
pincho *m* thorn
pingajo *m* tatter
pino sheer; *m* pine
pinsapo *m* fur tree
pinta *f* spot; scar
pintar paint
pintor *m* painter
pintura *f* picture; painting
piñón *m* pine cone; pinion
pió picus; holy
pique *m* pique; **á – de** on the point of
pirata *m* pirate
piropo *m* flattering
piscina *f* fish-pond
piso *m* tread; floor; **– bajo** ground floor; **– principal** first-floor
pisotear trample
pista *f* trace
pistera *f* ewer
pisto *m* thick broth
pistola *f* pistol
pistón *m* sucker; bucket
pitillo *m* cigarette
pizarra *f* slate
placa *f* plate
placentero joyful
placer *m* pleasure; please
placido placid
plagiario *m* plagiarist
plan *m* plan; design
plana *f* towel; page
plancha *f* plate; smoothing-iron
planchado *m* ironing
planchadora *f* ironer
planchar iron
planeta *f* planet
planicio *f* plain
plano plain; smooth
planta *f* plant
plantación *f* plantation
plantar plant; set up; **– a uno en la calle** turn out of doors
plantear plan; trace
plantificar plant; beat
plantilla *f* vamp; model
plástica *f* plastic
plata *f* silver
plataforma *f* platform
platear plate
plática *f* discourse
platino *m* platinum
plato *m* dish; plate
playa *f* shore; strand
plaza *f* place; market place; **– de toros** bullring
plazo *m* term
plebe *f* populace
plegadera *f* folder
plegar fold
pleito *m* lawsuit; process
pliego *m* sheet of paper
pliegue *m* fold
plomizo leaden
plomo *m* lead; **a –** perpendicularly
pluma *f* feather; **– metálica** pen; **– estilográfica** fountain-pen
plúteo *m* shelf
población *m* population
pobre poor; indigent
pobreza *f* poverty
pócima *f* potion
poco little; **– a** nearly about; **dentro de –** in a short time
podar prune
poder power; faculty; **–se hacer** be possible
poderío *m* power
poderoso powerful
podredumbre *f* putrid matter
poema *m* poem
poeta *m* poet
policía *f* police
polilla *f* moth
política *f* politics
político politician; political; **padre –** father in law

póliza *f* police; policy
polo *m* pole
poltrón poltroon
polvareda *f* cloud of dust
polvo *m* dust; powder
pólvora *f* gun powder
polvoriento dusty
pollo *m* chicken
ponderar weigh; ponder
poner place; set; **–se** set about
ponlante *m* west
pontífice *m* Pope; pontiff
ponsoña *f* poison
popa *f* poop
popular popular
popularidad *f* popularity
populoso populous
por for; by; about; through; to
porción *f* part; lot
porche *m* porch
pordiosero *m* beggar
pormenor *m* detail; minute; **al –** sell by retail
porque why?
porqueria *f* nastiness
porra *f* club
portabotellas *m* wine-rack
portada *f* portal; porch
portador *m* carrier
portal *m* porch; entry
portalápiz *m* pencil-case
portamantas *m* portmanteau
portamonedas *m* purse
portarse bien behave
portero *m* porter
porvenir *m* future
posada *f* dwelling-house; inn
posar(se) repose
poseedor *m* owner
poseer own; possess
posesión *f* possession
posesor *m* owner
posibilidad *f* possibility
posible possible
posición position
positivo positive
posponer postpone
posta *f* post; postage
postal postal; **tarjeta –** post-card
postergar leave behind
postizo artificial
postrarse prostrate oneself
postre dessert
postrer postremo last
póstumo posthumous
postura *f* posture; position
potable drinkable
potencia *f* force
potestad *f* power
potestativo in power of
poyo *m* bench
pozo *m* well
practica *f* practice; manner
practicable practicable
practicar practice
práctico practical; practitioner
pradera *f* meadow
prado *m* lawn
preámbulo *m* preamble
precaución *f* precaution
precaver prevent
precedencia *f* precedence
precedente precedent
preceder precede
preciar(se) boast
precinta strap
precinto *m* custom-house; seal
precio *m* price; cost; **– fijo** net price
preciosidad *f* preciousness
precioso precious
precipitación *f* precipitation
precipitar(se) hurry
precisar compel; want
precisión *f* necessity
precoz precocious
precursor *m* precursor
predecesor *m* predecessor
predecir foretell
predisposición *f* tendency
preferencia *f* preference
preferible preferable
preferir prefer
pregunta *f* question
preguntar inquire
prejuicio *m* prejudice
prelación *f* preference
preliminar preliminary
preludio *m* prelude

prematuro premature
premeditación *f* premeditation
premiar reward
premio *m* price; premium
premioso tight; pinching
premura *f* baste
prenda *f* pledge
prendar(se) become fond of
prender seize; catch
prendero *m* broker
prensa *f* press
prensapapeles *f* paper weight
prensar press
preñez *m* pregnancy
preocupación *f* preoccupation
preocupar preoccupy; **–se** be preoccupied
preparación *f* preparation
preparar prepare
preparativo *m* preparative
prepósito *m* custom
presbítero *m* clergyman
prescindir abstract
prescripción *f* prescription
presencia *f* presence
presenciar assist
presentación *f* presentation
presentar present
presente present; gift
presidencia *f* presidency
presidente *m* president
presidio *m* prison
presión *m* pressure
preso *m* prisoner
prestamista *m* lender; borrower
préstamo *m* loan
prestar lend; credit; **– oldo** give hearing; **–se á** give way
presteza *f* haste
prestigiar juggle
prestigio *m* prejudice
presto ready; quick
presumir presume
presunción *f* presumption
presuntuoso presumptuous
presuponer presuppose
pretencioso assuming
pretender pretend
pretendiente *m* pretender
preterir forget
pretextar pretend
prevalecer prevail
prevalerse take advantage
prevenir foresee; prevent; **–se** be prepared
prever foresee
primacía *f* priority
primario primary
primavera *f* spring
primero first; rather
primitivo original; primitive
primo cousin; **– hermano** first cousin
primor *m* accuracy
primoroso neat; elegant
principiar begin
principio *m* beginning; **–s** manners
prioridad *f* priority
prisa *f* haste
privado favorite
privanza *f* favor
privilegio *m* privilege
probable probable; likely
probar try; prove
problema *f* problem
procedencia *f* source
producir produce
productivo productive
producto *m* product
profecía *f* prophecy
proferir utter
profundidad *f* depth
profundizar deepen
profundo profound; deep
progreso *m* progress
prohibir forbid
prohijar adopt
prójimo *m* neighbor
prometer promise
promoción *f* promotion
promontorio *m* cape
promover promote; heir
promulgar publish
pronosticar predict
prontitud *f* promptness
pronto soon; shortly; **de –** suddenly
propaganda *f* propaganda
propensión *f* tendency

propicio propitious
propiedad f property
propina f present
propio peculiar
proponer propose
proporción f proportion
propósito m purpose; á – purposely;
  fuera de – untimely
propuesta f proposal
prorateo m average
prosperar prosper
prosperidad f prosperity
prosternarse fall down
protección f protection
proteccionismo m protection;
  defense
protector m protection
protectorado m protectorate
proteger protect
protegido m favorite
protesta f protest
protestar protest
provecho m profit; advantage;
  buen –! much good may it do you
proveer provide; fit
provenir arise; proceed
proximidad f nearness
próximo next; nearest
proyectar project
proyecto m project
prudencia f prudence
prudencial prudential
prueba f proof; taste; a – by way of
  trial
publicidad f publicity; agencia de –
  advertising office
público public
pudor m bashfulness
pudrir rot; –se be rotten
pueblo m town; village; population
puente m bridge; – colgante suspen-
  sion bridge – levadizo drawbridge
puerco dirty; nasty
puerta f door; doorway; – cochera
  courtyard gate; – falsa back door
pues then; therefore
pugnar fight; strive for
puja f auction; bid
pujador m bidder
pujante robust
pujanza f power; strength
pujar bid; excel
pulcritud f beauty; neatness
pulidez f neatness
pulido bright; neat
pulpero m grocer
pulpeta f rissole
púlpito m pulpit; platform
pulsar touch; feel the pulse; pulsate
pulso m pulse; care
pulular bud
punición f punishment
punta f point; tip; de – en blanco
  point blank; de puntas on tip-toe
puntear dot; stipple
puntería f aim
puntillazo m kick
punto m point; aim
puntoso punctilious
puntuación f punctuation
puntuar punctuate
puntura f puncture; prick
punzada, punzadura f heart spasm
punzar punch; sting
pupila f eyeball
pupilaje m boarding school
pupilo m pupil; scholar
pupitre m reading-desk; writing case
puramente ad purely
purgar purge; purify
purgatorio m purgatory
purificadero, purificatorio purifying
purificar purify; cleanse
púrpura f purple
purpúreo purple
pútrido rotten

Q

que that; who; which; what; than
quebradizo brittle; frail
quebrado m vulgar fraction
quebradura f fracture
quebraja f crack; flaw
quebrar break –vn become bankrupt
  – vr be ruptured
queche m ketch
quedar remain

quedo quietly; gently
quehacer occupation
queja f complaint
quejarse complain
quema f burning
quemadura f burn; scar
quemar ignite; scald
querella f accusation
querelloso quarrelsome
querer wish; love
querubín m cherub
quesadilla f cheesecake
quien who; which; one; the other
quieto quiet; still
quietud f quietness
quilla f keel
quimera f dispute; chimera
quimerista quarrelsome
química f chemistry
quimico chemical; m chemist
quinceno fifteenth
quincuagésimo fiftieth
quintería f farm; grange
quintero m farmer; laborer
quinteto m quintet
quisicosa f riddle
quisquilloso fastidious
quitación f discharge
quitar remove; redeem
quite m obstacle
quito free

R

rabanillo m acidity
rabano m radish
rabi, rabino m rabbi
rabia f rabies; rage
rabieta f impatience
rabillo m mildew
rabioso furious
rabo m tail; handle
raboso ragged
racimo m bunch; cluster; – de
  metralla grapeshot
raciocinar reason; argue
raciocinio m reasoning
ración f ration
racional rational
racha f gust
radiación f radiation
radiar radiate
radio m radius; ray
radioso radiant
raedura f scraping; paring
raer scrape; erase
raimiento m erasure
raíz f base; basis
raja f splinter; crack
rajadura f rent; crevice
rajar cleave
ralea f race; species
rambla f sandy beach
ramblazo m bed of a torrent
ramera f whore
rameria f brothel
ramificarse ramify
ramilla f twig; spray
ramo m branch; cluster
ramonear lop
ramoso branched
rampa f slope; stairs
ramplón coarse. rough
rampollo m cutting
rana f frog
rancajo m splinter
rancidez f staleness
rancio, rancioso rancid
rancho m hut; mess
randa f lace
rango m rank; class
ranura f slit
rapacidad f rapacity
rapar shave
rape(al –) shaving
rapido rapid; quick
rapiña f robbery
rasgar tear
rasgo m dash; stroke
rastrear trace; inquire
rastro m rake
rasurar shave
rata f rat
ratero m pickpocket
ratificar ratify; approve
rato m short; time
razón f reason; judgment; social firm;
  con mas – all the more reason

razonable reasonable
razonamiento m reasoning;
  argument
reaccion f reaction
reactivo m reactive
realizar realise
realzar heighten
reasumir retake
rebajar abate; lessen
rebanada f slice of bread
rebelde rebel; rebellious
rebeldía f rebelliousness; en – by
  default
rebelion f rebellion
rebozo m muffler; sin – clearly;
  plainly
rebuscar seek again
recabar obtain
recado m message; errand
recaer relapse
recaida f relapse (sickness)
recalcar squeeze
recalcitrante stubborn
recatar(se) take care
recelar apprehend; –se be afraid
recepción f reception
receta f recipe; receipt
recibi m discharge
recibir receive
recibo m receipt
recién, reciente recent
recinto m district; circuit
recio strong; stout
recitar recite
reclamar reclaim; demand
reclinar recline
recluir shut up
recluta m recruiting; recruit
recobrar recover
recoger retake; –se shelter
recogimiento m collection; retreat
recolección f recollection
recomendable commendable
recomendación f recommendation
recomendar recommend
recompensas f reward
reconcentar introduce
reconciliación f reconciliation
reconciliar reconcile
reconocer examine
reconocimiento m recognition;
  gratitude
reconstrucción f rebuilding
reconvenir accuse; retort
recordar remind
recordatorio m remembrance
recortar cut away
recostarse rest
recrear amuse oneself
recreo m recreation
recrudecerse grow worse
rectángulo m rectangle
recto right; just
rector m rector
recuento m account
recuerdo m remembrance; –s kind
  regards
recular fall back
recuperar recover
recurrir recur
recurso m recourse; –s resource
recusar decline; challenge
rechazar repel; repulse
rechifla f whistle
redactar compile
rededor(al –) round about
redención f redemption
redentor m redeemer
redimir redeem
redite m rent; revenue
redituar yield; profit
redoblar redouble; rivet
redondear round
redondo round; a la –a round about
reducir reduce; exchange
redundante redundant
reedificar rebuild
reelección f re-election
reelegir re-elect
reembolso m reimbursement
reemplazar replace
reemplazo m replacing; de – substi-
  tute
reengancharse enlist again
referencia f reference; relation
referir refer; relate
refinamiento m refinement
reflejar reflect

reflejo m reflex
reflexión meditation
reflexionar reflect
reflujo m ebb
reforma f reform; correction
reformar reform; correct
reforzar fortify
refrescar refresh
refresco m refreshment
refrigerio m refrigeration
refugiarse take refuge
refutar refute
regalo m present
regañar snarl; growl
regar water; irrigate
regatear haggle; wriggle
regazo m lap
regenerar regenerate
regente m regent director
regicidio m regicide
regimen m management
regio royal
región f region; ground
regional local
regir rule; govern
registrar survey; inspect
registro examining; m register
regla f rule; ruler
reglamentar regulate
reglamento m regulation
regocijo m joy; pleasure
regresar return
regular regulate; adjust
regularidad f regularity
regularizar settle
rehacer mend
rehén m hostage
rehusar deny; refuse
reina f queen
reinado m reign
reincidir relapse
reino m kingdom; reign; – animal
  animal kingdom
reintegrar reintegrate; restore
reir laugh
reiterar reiterate
reivindicar claim; demand
rejuvenecer grow young
relación f relation; report
relajación, f relajamiento m relax-
  ation; extension
relámpago m lightning
relatar relate
relativo relative
relato m narration
relegar relegate; banish
relevante eminent
relieve m relief; poner de – spread;
  show
religión f religion
religiosa f nun
religioso religious; friar
relinchar neigh
reloj m clock; watch
relucir shine
relumbrante brilliant; sparkling
rellenar refill
remachar flatten
rematar close
remate m end; edge
remedar imitate
remediar remedy; mend
remedio m remedy; sin – surely
remendar patch
remitente m sender
remitido m insert
remitir remit; transmit
remo m oar
remoción f removal
remolcador m tug
remolque m towing a vessel; á –
  leadership
remontar frighten away; –se tower
rémora f obstacle
remoto remote
remover remove; –se stir
remunerar reward
renacer grow again
renacimiento m renaissance
rendir subject; subdue; –se yield
renegar deny; disown
renglón m line
reno m reindeer
renovar renew
renta f rent; tax
rentar rent
rentero m renter
reñir quarrel

reparar repair; restore
reparo *m* repair; reparation
repartir distribute
repaso *m* revision
repeler repel
repente (de –) suddenly
repentino sudden
repercutir reverberate
reperir repeat
repicar chop; chime
replica *f* reply
replicar reply
repliegue *m* fold; plait
reponer replace
reporte *m* reproduction
reposar rest; repose
reposo *m* rest; repose
reprender blame
represalia *f* reprisal
representación *f* representation
representante *m* representative
representar represent
reprimenda *f* reprimand
reprobar reject; condemn
reprochar reproach
reproducción *f* reproduction
reproducir reproduce
reptil *m* reptile
república *f* republic
repugnar oppose
repulsa *f* refusal
repulsivo repulsive
reputación *f* renown
reputar repute; estimate
requebrar woo
requerir notify; require
requisa *f* visit
requisto *m* requisite
resabio *m* vicious habit
resaca *f* ravine; surge
resaltar rebound
resarcir compensate
resbalar slip; slide
rescatar ransom
rescate *m* ransom
resentimiento *m* resentment; grudge
resentir(se) fail; resent
reseña *f* review; signal
reseñar take note of
reserva *f* reserve
reservado reserved; circumspect; **– de señoras** ladies compartment
reservar reserve
resfriado *m* cold
resfriarse catch cold
resguardo *m* guard
resignación *f* resignation
resignar resign
resina *f* resin
resistencia *f* resistance; defense
resistir resist; oppose
resma *f* ream
resolución *f* resolution; decision
resolver resolve; determine
resonancia *f* resonances
resoplido *m* breathing
resorte *m* spring; elastic
respaldo *m* back; endorsement
respecto *m* relation; proportion; **con – á** relatively
respetabilidad *f* respectability
respetable respectable
respetar respect
respeto *m* respect; regard
respetuoso respectful
respiración *f* breathing
respiradero *m* breathing hole
respirar breathe
respiro *m* pause; resting place
resplandecer glitter; gleam
responder answer; **– de** be responsible for
responsabilidad *f* responsibility
responsable responsible
resquesta *f* reply
resquebrajar(se) chap; crack
resta *f* residue
restablecer restore; reestablish
restañar stanch; re-tin
restar subtract
restauración *f* restoration
restituir restore
resto *m* remainder; rest
restricción *f* restriction; modification
restringir restrain
resucitar resuscitate
resuelto resolute; bold
resultar result

retahíla *f* file; range
retal *m* remnant
retardar retard; defer; **–se** come later
retardo *m* delay
retazo *m* cuttings; remnant
retener retain; guard
retirado solitary; remote
retirar retire
reto *m* challenge
retocar mend; retouch
retoñar sprout
retorcer twist
retornar return
retorno *m* return
retractarse retract; re-cant
retraerse draw back; reclaim
retraido *m* solitary
retraimiento *m* retreat
retrasar defer; delay
retraso *m* delay
retratar portrait
retratista *m f* portrait-painter
retrato *m* portrait; **– de busto** half length portrait; **– de cuerpo entero** full length portrait
retreta *f* retreat; tattoo
retrete *m* water-closet
retribución *f* reward
retribuir reward
retroceso *m* retrocession
retrógrado retrograde
retrospectivo retrospective
retruécano *m* pun; quibble
reunion *f* reunion; meeting
reunir reunite
revalidar ratify
revelar reveal; develop
reventar toll; harass
revés *m* back; disappointment
revestir clothe
revisar revise
revisor *m* auditor; **– de billetes** ticket collector
revista *f* review; survey; **pasar –** review
revolución *f* revolution; sedition
revolucionario *m* revolutionary
revolver stir; return
revuelta *f* return
rey *m* King
reyerta *f* quarrel
rezagarse remain behind
rezar pray
rezumarse ooze; leak
ría *f* mouth of a river
ribera *f* shore; strand
ribete *m* seam
rico rich; wealthy
ridiculizar ridicule; laugh at
ridiculo ridiculous
riego *m* irrigation
riel *m* rail
riesgo *m* danger
rigido rigid; rigorous
rigor *m* rigor; **en –** strictly speaking
rima *f* rhyme
rimar rhyme
rincón *m* corner; angle
riña *f* quarrel
riñón *m* kidney
rio *m* river
riqueza *f* riches; wealth
risa *f* laugh
risible laughable
ristra *f* row; file
risueño smiling
rival *m* rival
rivalidad *f* rivalry
rivalizar rival
robar rob
robo *m* robbery
robustecer strengthen
roca *f* rock
rociar sprinkle
rocío *m* dew
rodapié *m* fringe
rodar roll
rodear surround
rodilla *f* knee
rodillo *m* roller
rojo red; ruddy
rol *m* list; roll
rollizo plump
rollo *m* roll
romantico romantic
rompecabezas *m* puzzle
romper break; crash; **– a** burst into
ron *m* rum

roncar snore
ronco hoarse; husky
ronda *f* rounds
rondar roam; ramble
ronquera *f* hoarseness
roñoso scabby
ropa *f* cloth; **– blanca** linen
ropaje *m* drapery
roperia *f* clothes-shop
rosa *f* rose
rosal *m* rose-tree; rose-bush
rosario *m* rosary
rosca *f* screw
rostro *m* feature; beak
rota *f* rout; route
rotación *f* rotation
rotular label
rotundidad *f* roundness
rotundo round
rotura *f* rupture; crevice
roya *f* rust; blight
rozadura *f* chafing
rozagante trailing; magnificent
roznar grind with teeth; bray
rua *f* street
ruano roan; round
ruar ride (in coach, etc.)
rúbeo reddish
rubí *m* ruby
rubicundo, rubio reddish
rubificar redden
rubor *m* red; blush
rubro red; reddish
ruda *f* rue
rudeza *f* roughness
rudo rude; rough
rueda *f* wheel; sunfish; **– catalina** cogwheel
ruedo *m* rotation; circuit; rug; mat
ruego *m* request
rufianesco obscene; lewd
rufo red-haired
ruginoso rusty
rugoso wrinkled
ruido *m* noise; tumult; **– sordo** rumble
ruidoso noisy
ruin mean; vile
ruina *f* ruin
ruindad *f* meanness
rulo *m* ball; globe
ruló *m* roller
rumbo *m* bearing; course
rumor, runrún *m* rumor; report
runa *f* rune
runfla *f* series; file report
ruptura *f* rupture
rústico rustic; *m* peasant
ruta *f* route
rutina *f* routine

s

sábado *m* Saturday; sabbath
sábalo *m* shad
sábana *f* sheet; altar cloth
sabedor *m* educated person
saber know; experience; **a –** namely; *m* learning
sabiamente wisely
sabido learned
sabiduría *f* learning
sabiendas á – knowingly
sabino roan
sabio wise; *m* sage
sabor *m* relish; taste
sabroso palatable
sabueso *m* hound; bloodhound
sábulo *m* sand; gravel
sabuloso sandy
saca *f* extraction
sacamiento *m* exportation
sacamuelas *m* dentist
sacerdocio *m* priesthood
sacerdote *m* priest
saciar satiate
saciedad *f* satiety
saco *m* bag; pocket (billiards)
sacramento *m* sacrament
sacrificar sacrifice
sacrificio *m* sacrifice
sacro holy
sacudida *f/m* shake; jerk
sacudir shake beat
sacudo *m* ballot box
sacha, sachadura *f* hoeing
sachar hoe
saeto *f* arrow

sagacidad *f* sagacity
sagaz sagacious
sagrado sacred
sahumar fumigate
sainete *m* flavor; relish
sajar scarify
sal *f* salt; wit
sala *f* hall; board; **– de descanso** waiting-room
salar salt
salario *m* salary; wages
salaz salacious
sachicha *f* sausage; hose
saldo *m* settlement; balance
salida *f* departure; way out
salir go out; cost
saliva *f* saliva
salmon *m* salmon
salsa *f* sauce
salsera *f* saucer
saltamontes *m* grasshopper
saltar leap; hop
salteador *m* highwayman
salud *f* health; welfare
saludar salute
saludo *m*, **salutación** *f* salutation; greeting
salvador *m* savior
salvaguardia *f* safeguard; rescue
salvaje savage
salvar salve; **–se de –** avoid danger
salvavidas *m* (**bote –**) life-boat
salvia *f* sage
salvoconducto *m* safeguard
san saint
sanar heal; cure
sanción *f* sanction
sancionar sanction
sanear repair
sangrar bleed
sangre *f* blood; **á – fria** in cold blood
sangria *f* bleeding
sanguinario bloody
sanidad *f* sanity
sanitario sanitary
sano healthy; sane
santiguarse make the sign of the Cross
santo saint; holy
saña *f* anger; rage
sapo *m* toad
sarampión *m* measles
sarao *m* ball; dance
sargento *m* sergeant
sarna *f* itch
sarta *f* string
sartén *f* frying-pan
sastre *m* tailor
satisfacción *f* satisfaction; amends
satisfacer satisfy; content
saturar saturate; surfeit
sazón *f* maturity; flavor; **á la –** then; at that time
sazonar season; mature
sebo *m* tallow
secar dry
sección *f* section
secretario *m* secretary
secreto secret; hidden
secuestrar sequester
secular secular
secundar second; assist
secundario secondary
sed *f* thirst
sedal *m* fishing-line
segar reap; mow
segregar segregate
seguida / de – successively; **en –** afterwards
seguir follow; **hacer –** be forwarded
según according to; **– eso** then; in such a case
segundo second
seguridad *f* security; surety
selección *f* choice
selva *f* wood; forest
sellar seal; stamp
sello *m* seal; **– de correos** postage stamp
semana *f* week
semanario *m* weekly
semblanza resemblance
semejante similar
semejanza *f* likeness
semejar resemble
semestre *m* half year
semi half
semilla *f* seed

seminario *m* seminary
sempiterno eternal
senado *m* senate
senador *m* senator
sencillo simple; light
senda *f* path
senil senile; old
sensación *f* sensation; feeling; **hacer** – cause a sensation
sensibilidad *f* sensibility
sensible sensible; sensitive
sensitivo *f* mimosa
sentar sit down; fit
sentencia *f* sentence
sentenciar sentence
sentido *m* sense; reason
sentimental sentimental
sentimiento *m* sentiment; grief
sentir feel; hear
seña *f* sign; mark; –s address; **por** –s beckon
señal *f* sign; mark
señalamiento *m* assignation; description
señalar signalize
señor *m* Lord; master; owner; Sir
señoría *f* lordship
señorita *f* lady; girl
señorito *m* young man
separación *f* separation
separar divide
sepultar bury; hide
sepultura *f* grave
sepulturero *m* grave-digger
sequedad *f* dryness
ser being; exist; happen
serenarse become calm
serenidad *f* serenity
sereno serene; fair; *m* night watch-man
serie *f* series; order
seriedad *f* seriousness
serio serious
serrar saw
servicio *m* service; – **divino** divine service
servidor *m* servant
servilleta *f* napkin
servilletero *m* napkin-ring
server serve; wait on; –se serve one's self
sesión *f* session
sestear take a nap
setenta seventy
severidad *f* severity
severo severe
sexo *m* sex
sexual sexual
si if; when; **sí** yes; indeed
sidra *f* cider
siembra *f* sowing; seed time
siempre always; ever; – **que** as long as
siempreviva *f* house leek
sien *f* temple
sierra *f* saw; mountain ridge
siervo *m* serf; slave
sifón *m* siphon; watersprout
sigilo *m* seal; secret
siglo *m* century
signatura *f* sign; mark
significación *f* signification
significar signify
signo *m* sign; mark
sílaba *f* syllable
silbar hiss
silbato *m* whistle
silencio *m* silence
silencioso silent; still
silvestre wild
silla *f* chair; seat
sillería *f* chairs; saddlery
sillón *m* arm chair
símbolo *m* symbol
simiente *f* seed
similar similar
simpatía *f* sympathy
simple simple; silly
simpleza *f* simpleness
simplificar simplify
simultáneo simultaneous
sin without; besides
sinceridad *f* sincerity
sincero sincere
sindicato *m* syndicate
singular singular
siniestro sinister
sinnúmero *m* numberless

sino *m* fate
sinó if not; but; except
sinónimo synonymous
sinrazón *f* wrong
sinsabor *m* displeasure
síntoma *m* symptom
sisar pilfer
sitiar besiege
sitio *m* place; siege
situación *f* situation
situado allowance; salary
so under; below; – **pena** unless
sobar handle
soberbia *f* haughty; proud
soberbio proud
sobornar bribe
sobra *f* surplus; **de** – too much; too many
sobrante *m* residue
sobrar remain
sobre *m* above; over; wrapper; – **todo** above all; chiefly
sobrecama *m f* coverlet
sobrecoger surprise
sobremanera beyond measure
sobremesa (de –) after dinner
sobrenadar float
sobrenatural supernatural
sobrentender understand
sobreponer override
sobrepuerta *f* tapestry
sobrepujar surpass
sobretodo *m* overcoat; above all
sobrevenir happen
sobrevivir survive
sobrio temperate
socaliña *f* cunning
socarrón sly; crafty
socavar excavate
social social
sociedad *f* society
socio *m* partner
socorrer aid; help
socorro *m* succor; support; ¡–! help!
soez mean; vile
sofa *m* sofa
sofión *m* sorrow
sofocación *f* suffocation
sofocarse be suffocated
soga *f* rope; halter
sojuzgar subdue
sol *m* sun
solapado cunning
solaz *m* solace; consolation
solazarse rejoice
soldada *f* wages
soldado *m* soldier
soldar solder; mend
soledad *f* solitude; desert
solemne solemn; high
solemnidad *f* solemnity
soler accustom
solfa *f* harmony
solicitar solicit
solicitud *f* solicitude
sólido solid; firm
solitaria *f* tape-worm
solitario hermit
solo solo; alone; single
solomillo *m* loin; chine
soltar untie; loosen
soltero bachelor
soltura *f* release
solución *f* solution
sombra *f* shade; shelter
sombrero *m* hat; – **de copa** tall-hat
sombrío shady; gloomy
somero shallow
someter subject; submit
sompesar weigh
son *m* sound; noise
sonar sound; –se blow one's nose
sondar sound
sonreír smile
sonrisa *f* smile
soñar dream
soñoliento heavy
sopa *f* sop; soup
soplar blow; fan
soplo *m* blowing; blast
sopor *m* heaviness
soportable bearable
soportar suffer
soporte *m* support; prop
sorber sip
sorbete *m* ice
sordo deaf; – **mudo** deaf and dumb
sorprendente surprising

sorprender surprise
sorpresa *f* surprise
sortija *f* ring
sosegar appease
sosiego *m* tranquility
soslayo *m*, **de** – obliquely
sospecha *f* suspicion
sospechar suspect
sospechoso suspicious
sostén *m* support
sostener support; sustain; –se maintain oneself
sota *f* knave
sotabanco *m* attic; garret
sótano *m* cellar
su his; her
suave smooth
subastar auction
súbdito *m* subject
subir mount; ascend
súbito sudden
sublime sublime
submarino submarine
subordinado *m* subordinate
subsanar exculpate
subsiguiente subsequent
subsistencia *f* subsistence; –s livelihood
subsistir subsist
subterfugio *m* subterfuge
suburbio *m* suburb
subvención *f* help
subvencionar help; assist
subvenir aid; assist
subversivo subversive
suceder succeed; inherit
sucesión *f* succession; inheritance
suceso *m* success
suciedad *f* nastiness
sud *m* south; south wind; –este south-east; –oeste south-west
sudar sweat; toil
sudor *m* sweat
sueco Swedish
suegro *m* father in law
sueldo *m* wages
suelto loose; swift
suerte *f* chance; lot
suficiente sufficient
sufragio *m* vote; suffrage
sufrir suffer
sugerir suggest
sugestión *f* suggestion
suicidio *m* suicide
suizo *m* Swiss
sujetar subdue
sujeto subject; matter
sulfurarse rage
suma *f* sum; amount
sumar add
sumario *m* summary
sumergir submerge
sumidero *m* sewer
suministrar supply
suministro *m* furnishing; supply
sumirse be sunk
sumisión *f* submission
sumiso obedient
sumo loftiest; **á lo** – at most
supeditar overpower
superar overcome
superchería *f* fraud
superficial superficial
superficie *f* surface
superior superior; higher
superioridad *f* superiority
supernumerario *m* supernumerary
superstición *f* superstition
supersticioso superstitious
súplica *f* request; petition
suplicar supplicate
suplicio *m* pain; torment
suplir supply
suponer suppose
suposición *f* supposition
supremacía *f* supremacy
supremo supreme
supresion *f* suppression; deletion
suprimir suppress
supuesto *m* supposition; supposititious; – **que** granting that
surco *m* furrow
surgidero *m* road; road-stead
sursudeste *m* south-south-east
sursudoeste *m* south-south-west
surtido *m* assortment
surtimiento *m* provision
surtir furnish; provide

suscitar excite
suspender suspend; astonish
suspicacia *f* suspiciousness
suspicaz suspicious; jealous
suspirar sigh; long for
suspiro *m* sigh
suspiroso short of breath
sustancia *f* substance
sustancioso nutritious; substantial
sustentar sustain
sustento sustenance
sustituir substitute
susto *m* fright
susurrar whisper
susurro *m* murmur
sutil subtle; thin
suyo his; hers; theirs; **de** – spontaneously
suyos *m pl* friends; servants

T

tabaco *m* tobacco; – **picado** shag
tabalada *f* fall; blow
tabanazo *m* slap
tabaola *f* uproar
taberna *f* tavern
tabla *f* table; map
tablajero *m* gambler
tabuco *m* hut; inn
taburete *m* stall (theater)
tácito silent
taco *m* plug; cue
táctica *f* tactics
tacto *m* contact
tacha *f* fault; nail
tachar find fault with
tafetán *m* court plaster
tafilete *m* morocco leather
tahalí *m* shoulder-belt
tahur *m* gambler
taimado sly
tajada *f* slice
tajo *m* cut; incision
tal such; like; **un** – so and so; – **cual** so so
taladrar bore; perforate
talante *m* aspect; disposition; **estar de mal** – be out of temper
talar desolate; fell trees
talega *f* bag
talento *m* talent
talud *m* slope
talla *f* raised work
tallar cut; chop
talle *m* shape; size
taller *m* workshop
tamaño *m* size; shape
también also
tambor *m* drum
tampoco neither
tan so; so well
tanda *f* turn; task
tangible tangible
tantear measure; consider
tanto so much; as much; – **mejor** so much the better; **por** – therefore
tañido *m* tune; sound
tapa *f* lid; cover
tapaboca *m* muffler
tapadera *f* cover; lid
tapar cover; hide
tapete *m* carpet; rug
tapiz *m* tapestry
taponar stop; stuff
tardanza *f* slowness
tardar delay
tarde *f* late
tardío tardy
tarea *f* task; care
tarifa *f* tariff
tarjeta *f* card; – **postal** postcard
tarta *f* baking-pan; pie
tartamudo *m* stuttering
tasa *f* measure; rule
tasar appraise
tartarabuelo *m* great grandfather
taxímetro *m* taxi
taza *f* cup
te *m* tea
teatral theatrical
teatro *m* theater
techo *m* roof; house-top
tedio *m* disgust; dislike
teja *f* roof-tile
tejado *m* tiled roof; thatch
tejedor *m* weaver
tejer weave

tejido *m* texture; fabric
tela *f* cloth; linen-cloth
telar *m* loom
telefonema *m* telephone message
teléfono *m* telephone
telegrafía *f* telegraphy; **– sin hilos** wireless telegraphy
telegrafiar telegraph
telégrafo *m* telegraph
telegrama *m* telegram
temblar tremble
temblor *m* trembling; **– de tierra** earthquake
temer fear
temerario rash
temeroso fearful
temible dangerous
temor *m* dread
témpano *m* ice-berg
temperamento *m* temperament
temperatura *f* temperature
tempestad *f* storm
templar temper
temple *m* temperature
temporada *f* season
temporero *m* temporary laborer
temporizar temporize
temprano early; soon
tenaz tenacious; firm
tenazas *f/pl* tongs; pincers
tender unfold; expand
tendero *m* shopkeeper
tendido long
tendón *m* tendon
tenedor *m* fork; holder; **– de libros** book-keeper
teneduría *f*, **– de libros** book-keeping
tener take; hold; adhere
tenia *f* tapeworm
teniente *m* lieutenant
tenor *m* contents; tenor
tension *f* tension
tentación *f* temptation
tentar touch; try
tentativa *f* attempt; trial
teñir dye; tinge
tercero *m* third; **–a** procuress
tercio *m* third part
termal thermal; **aguas –es** hot springs
terminación *f* conclusion
terminante ending; definite
terminar end
termino *m* end
termómetro *m* thermometer
ternero *m* calf; veal; **–á** heifer calf
terneza *f* tenderness
ternura *f* tenderness
terrado *m* terrace
terraplén mound
terraza *f* jar
terremoto *m* earthquake
terreno land; ground
terrible terrible
territorio *m* territory
terrón *m* clod; lump
terror *m* terror
terso smooth; glossy
tersura *f* smoothness
tertulia *f* club; assembly
tesón *m* tenacity
tesorería *f* treasury
tesorero *m* treasurer
tesoro *m* treasure
testamento *m* will
testar will
testera *f* forepart
testificar testify
testigo *m f* witness
testimonio *m* testimony
testuz *m* poll
tetera *f* tea pot
tetilla *f* small dog
tétrico grave; gloomy
texto *m* text; **libro de –** textbook
tez *f* grain
tia *f* aunt
tibia *f* tepid
tibieza *f* coldness
tibio tepid
tibor *m* jar; pot
tiburón *m* shark
tiempo *m* time; term; **hacer –** make up time; **a –** in time
tienda *f* tent; shop
tiento *m* touch; stick; stroke; **sin –** carelessly
tierno tender; soft

tierra *f* earth; land
tieso stiff; tight
tigre *m* tiger
tijera *f* scissors
tildar blot
timbrar stamp
timbre *m* bell; stamp
tímido timid
tino *m* prudence
tinta *f* ink; tint; **– de China** Indian ink
tinte *m* tincture; tinge; dye
tintero *m* ink-pot
tío *m* uncle
típico typical
tipo *m* type
tira *f* strip; fees
tirada *f* printing
tirador *m* thrower
tirante gear; **–s** suspenders
tirantez *f* tightness
tirar throw; dart; print
tiro *m* cast; shot
tirón *m* beginner
titubear stutter
título *m* title
toalla *f* towel
tobillo *m* ankle
tocado *m* coiffure
tocador *m* dressing-room
tocante á... concerning
tocar touch handle
tocayo *m* namesake
todavía still; yet; nevertheless
todo all; entire; whole; **ante –** first of all; before all; **con –** in spite; **sobre –** above all; especially
toldo *m* awning
tolerancia *f* tolerance
tolerante tolerant
tolerar tolerate
toma *f* taking; **– de posesión** taking possession; **– de razón** entry of receipts; bills
tomar take; receive; have; **– por** take for
tomate *m* tomato
tomillo *m* thyme
tomo *m* bulk; value
tonel *m* cask; barrel
tonelada *f* ton
tonelero *m* cooper
tono *m* tone; **de gran –** fashionable
tontería *f* folly; nonsense
tonto stupid; foolish
topar collide
tope *m* top; **al –** conjointly
topo *m* mole; stumbler
toque *m* touch; trial
torcer twist
toreo *m* bull fighting
torero *m* bull-fighter
toril *m* bull-pen
tormenta *f* storm
tornar return; restore
tornear turn (on lathe)
torneo *m* tournament
torno *m* wheel; gyration; **en –** round about
toro *m* bull
torpedo *m* torpedo
torpeza *f* heaviness; dullness
torre *f* tower
torrente *m* torrent
tórrido torrid
torso *m* chest; torso
torta *f* cake; tart
tortilla *f* omelet
tortuga *f* tortoise
tortura *f* torture; pain
torturar torture
torvo stern; grim
tosco coarse; rough
toser cough
tósigo *m* poison
tostada *f* toasted
total *m* whole
totalidad totality
traba *f* ligature; obstacle
trabacuenta *f* error
trabajador laborer
trabajar work
trabajo *m* work; labor; **–s** poverty
trabar join
trabazón *f* juncture
trabucar derange
tradición *f* tradition
tradicional traditional

traducción *f* translation
traducir translate
traer bring; carry
tráfago *m* traffic; trade
traficante *m* merchant
traficar traffic
tráfico *m* traffic
tragadero *m* gullet; gulf
tragar swallow; glut
tragedia *f* tragedy
traición *f* treason; falsehood; **a –** treacherously
traicionar betray
traidor *m* treacherous
traílla *f* leash
trajín *m* carriage
trajinar transport
trama *f* deceit; fraud
trámite *m* path; procedure
tramo *m* piece; morsel
tramoya *f* scene; craft
tramposo deceitful
trance *m* danger; critical moment; **á todo –** resolutely
tranquilidad *f* tranquility; rest
tranquilizar tranquilize
tranquilo tranquil
transcendencia *f* transcendency
transcendental transcendent
transcribir transcribe
transcurrir pass away
transeúnte transient; *m* passenger
transferir transfer
transformar transform
tránsfuga *m* deserter
transición *f* transition
transido wretched
transigir compound
transitar pass by
transito *m* passage; way
transmitir transmit
transparente transparent
transpirar transpire; sweat
transportar transport
transporte *m* transport
trapisondista *m* bustler
trapo *m* cloth; rag
tras blow; after
trasera *f* back part
traslación *f* translation
trasladar remove
trasnochar watch
traspapelarse be mislaid
traspasar remove; trespass
trasto *m* furniture
trastornar overthrow
trastorno *m* upset
tratado *m* treaty; convention
tratamiento *m* treatment; usage
tratante *m* negotiator
tratar treat; discuss
trato *m* conduct; manner
través *m* bias; misfortune; **a – de** across
travesta *f* voyage; crossing
travesura *f* liveliness
travieso turbulent
trayecto *m* passage; journey
traza *f* trace; outline
trazar trace; scheme
trázo *m* sketch; plan
trecho *m* space; **a – s** at intervals
tregua *f* truce; rest
tremendo tremendous
tremolar shiver; wave
tren *m* train; pace; way; **– directo** through-train; **– especial** special train; **– exprés, rápido** fast-train; **– mixto** mixed train; **– de recreo** excursion-train; **– relámpago** fast-train
trencilla *f* braid
trepar climb; crawl
trepidación *f* dread
triangular triangular
triángulo *m* triangle
tribu *f* tribe
tribuna tribune; gallery
tribuno *m* tribune
tributación *f*, **tributo** *m* tribute
tricolor tricolored
trigo *m* wheat
trillar thrash
trillo *m* thrashing-machine
trimestral quarterly
trimestre *m* quarter
trinar trill
trincar chop; skip

trío *m* trio
tripa *f* gut; tripe; **–s** core
triple triple; treble
triplical triplicate
tríplice *f* triple; treble
tripulación *f* crew
tris *m* trice; instant; **en un –** be on the verge
triscar stamp
triste sorrowful; sad
tristeza *f* grief; sorrow
triturar pound; grind
triunfar conquer
triunfo *m* triumph; trump
trivial trivial; common
trivilidad *f* triviality
triza *f* mite; cord
trocar exchange; barter
trofeo *m* trophy
trompa *f* trumpet; trunk
trompeta *f* trumpet
trompo *m* whipping-top
tronar thunder
tronchar truncate
tronera *f* dormer; loop-hole
trono *m* throne
tropa *f* troop; crowd
tropel *m* confusion; **en –** tumultuously
tropelía *f* injustice
tropezar wrangle; stumble
tropical tropical
trópico *m* tropic
tropiezo *m* stumble; trip
trotar trop
trote *m* trot
trovador *m* troubadour
trozo *m* piece
trucha *f* trout
trueque *m* exchange; barter; **á – de** so that
tuberia *f* tubing; piping
tubo *m* tube; pipe
tuerto wrong
tuétano *m* marrow
tul *m* tulle
tullirse be crippled
tumba *f* tomb
tumbarse lie down
túmulo *m* tomb; monument
tumulto tumult; uproar
tunel *m* tunnel
túnica *f* tunic
tupido pressed
turbante *m* turban
turbar disturb; alarm
turbio muddy
turbión *m* heavy shower; torrent
turbulencia *f* turbulence
turbulento muddy
turista *m* tourist
turno *m* turn; tour
turquesa *f* turquoise
turrar toast; roast
tusa *f*, **– de maiz** corncob
tutiplén, **a –** abundantly
tutor *m* tutor
tuyo yours

U

ú (before o) or; either
ufanía *f* ease
ufano arrogant
ultimar terminate
último ultimate; last
ultrajar outrage; despise
ultraje *m* outrage
ultrajoso outrageous
úlula *f* owl
umbral *m* threshold; sill
umbrío, umbroso shady
un (for **uno**); a; an; one
unánime unanimous
undécimo *a* eleventh
undoso wavy
ungir anoint
ungüento *m* ointment; liniment
unidad *f* unity
unidamente jointly
unificar unify
uniforme uniform; steady; *m* uniform
unión *f* union
unir unite; blend
unisonancia *f* monotony
universidad *f* university; universality
universo *m* universe
uno one; only; *m* unity

untar anoint; bribe
unto *m* grease; blacking
urgencia *f* urgency
urgir urge
urna *f* urn
usanza *f* use; custom
usar use; enjoy
uso *m* use; **usted** *m* you
ustorio burning
usual usual
utensilio *m* tool; gear
util useful; *m* utility
utilidad *f* utility; gain
uva *f* grape

V

vaca *f* cow; beef
vacación *f* holiday
vacante *f* vacancy; vacation
vaciadero *m* drain; sink
vaciadizo molded
vaciadura *f* groove
vacio void; *m* vacuum
vaco vacant
vacunación *f* vaccination
vacunar vaccinate
vacuno vaccine
vade *m* case; portfolio
vadear wade; ford
vadoso shallow
vagamente vaguely
vagancia *f* vagrancy
vago vagrant; vague
vagón *m* wagon; **vagoneta** *f* wag-
    onette
vaguada *f* waterway
vaguío *m* typhoon; hurricane
vahear steam
vahido *m* giddiness
vaho *m* steam; vapor
vale *m* bond; note
valentía *f* valor; courage
valer be worth; **más vale** it is better
valeroso valiant; brave
validez *f* validity
valiente robust; valiant
valija *f* sachel; mail
valor *m* value; courage
valorar value
vals *m* waltz
valsar waltz
valva *f* valve
valla *f* barrier; barricade
vanaglorio *f* vainglory
vanagloriarse boast
vanguardia van; vanguard
vanidad *f* vanity
vanidoso vain; showy
vano vain
vapor *m* vapor; steam
vara *f* rod; pole; shaft
variar change; alter
variedad *f* variety
vario various
varón *m* man; male
varonil manly
vaso *m* vase; glass
vástago *m* stem; bud
vasto vast
vaticinar divine; foretell
vecindad *f* vicinity
vecindario *m* neighborhood
vecino *m* neighbor; neighboring
veda *f* prohibition
vedar forbid; impede
vegetal vegetable
vehemencia *f* vehemence
vehemente vehement
vehículo *m* vehicle
vejez old age; decay
vejiga *f* bladder; blister
vejigatorio *m* plaster
vela *f* watch; candle
velada *f* watch
velado *m* husband
velar watch; guard
veleidoso fickle
velo *m* well; curtain
velocipedista *m* cyclist
veloz swift
vena *f* vein
venado *m* deer
venalidad *f* venality

vencedor *m* conqueror
vencer conquer; defeat
venda *f* bandage
vender sell
vendimia *f* vintage
veneno poison
venenoso poisonous
venerable venerable
venerar venerate
vengador *m* avenger
venganza *f* vengeance
vengar revenge
vengativo revengeful
venia *f* permission; pardon
venida *f* arrival
venir come; arrive; **– á ser** become
venta *f* sale
vantaja *f* advantage
ventajoso advantageous
ventana *f* window
ventilar ventilate; discuss
ventura *f* luck; **por –** by chance
ver see; observe; consider; **–se** be
    seen
verdadero true; real
verde green
vereda *f* path
veredicto *m* verdict
vergüenza *f* shame; **sin –** shameless
verídico truthful
verificar verify
verosímil likely
verruga *f* wart; pimple
versátil versatile
version *f* translation; version
verso *m* verse
vertebral (columna –) *f* backbone
verter spill; shed
vertical vertical
vértigo *m* giddiness
vestíbulo *m* vestibule
vestido *m* dress; clothes
vestir clothe; dress
veta *f* vein; seam
veterinario *m* veterinary
vetusto ancient
vez *f* turn; time; return; **en – de** in
    place of; **rara –** rarely
vía *f* way; road; route; **por – de** in
    the manner of
viable viable
viajante *m* traveler
viajar travel
viaje *m* travel; trip
viajero *m* traveler
viceversa vice-versa
vicio *m* vice; corruption
vicioso vicious
victoria *f* victory
victorioso victorious
vid *f* vine
vida *f* life; **de por –** for life
vidrio *m* glass
viejo old; ancient
viento *m* wind
vientre *m* belly; abdomen; intestines
viga *f* beam
vigente in force
vigilia *f* vigil; watch
vigor *m* vigor; energy
vigoroso vigorous; strong
vihuela *f* guitar
vileza *f* vileness
vilipendio *m* contempt
vilo (en –) insecurely
villa *f* town; city
villanía *f* meanness
vinagre *m* vinegar
vino *m* wine; **– blanco** white wine; **–
    común** dinner wine; **– de Jerez**
    Sherry; **– tinto** red-wine
viña *f* vineyard
viñeta *f* vignette
viola *f* viol
violación violation
violencia *f* violence
violentar force; compel
violento violent; impetuous
violeta *f* violet
violín *m* violin
virar tack; shift
virgen *m & f* virgin; maiden; pure
virginal virginal
viril manly; virile

virilidad *f* virility
virtud *f* virtue; efficacy; **en – de** by
    virtue of
virtuoso virtuous
viruela *f* smallpox
virus *m* virus
viruta *f* shaving
visible visible
vision *f* sight; vision
visita *f* visit
visitado *m* surveyor
visitor visit
vislumbrar glimmer
viso *m* eminence; lustre
víspera *f* eve; vesper
vista *f* sight; view; **– cansada** impaired
    eye-sight; **corto de –** short-sighted;
    m **– de aduanas** custom-house
vital vital
vistoso beautiful
vitalicio lasting for life
vitalidad *f* vitality
vitorear shout
vituperio *m* blame
viudo *m* widower, **–s** widow
viveres *m/pl* provisions
viveza *f* liveliness
vividor long-lived
vivienda *f* dwelling-house
viviente living; alive
vivificar vivify
vivir live; reside; **¿quién vive?** who's
    there?
vocabulario m vocabulary
vocación *f* vocation
vocinglero *m* brawling
vogar ride; sail
volante *m* veil
volantón fledged
volar fly; blow up
volátil *a* volatile
volatín *m* acrobat
volcar upset
voltario fickle
volteador *m* tumbler
voltear whirl
volteo *m* tilting
volumen *m* volume
voluminoso bulky
voluntad *f* will; intention
voluntario voluntary; *m* volunteer
voluntarioso self-willed
voluptuoso voluptuous
vórtice *m* whirlpool; whirlwind
vos, vosotros *pl* you
votación *f* voting
votante *m* voter
votar vow; swear
voto *m* vow; vote
voz *f* voice; word
vuestro your; yours
vulgacho *m* mob
vulgar vulgar
vulgo *m* populace

Y

y and
ya already; now; **–se ve** forsooth;
    – que seeing that
yacer lie; lie down
yacija *f* bed; tomb
yate *m* yacht
yedra *f* ivy
yegua *f* mare; **– de cria** brood mare
yeguacería *f* paddock
yeguada *f* stud
yelmo *m* helmet; helm
yema *f* bud; yolk
yemar bud
yerba *f* herb grass; **– buena** pepper-
    mint
yerbas *f pl* greens
yerboso grassy
yermar devastate
yermo *m* desert
yerno *m* son-in-law
yerto rigid
yeso chalk; **– mate** plaster of Paris
yo I; **– mismo** I myself
yodo *m* iodine
yola *f* yawl
yunta *f* couple; pair

Z

zabuear shake
zabullida *f* plunge
zacapela *f* strife
zafada *f* flight
zafir, zafiro *m* sapphire
zafo tree; clear
zafre *m* bismuth
zaga *f* footboard; **á –** behind
zaguán *m* vestibule
zaguanete *m* ante-chamber
zaguero last
zahareño fierce
zaherimiento *m* censure
zaherir reproach
zahonado brownish
zahorra *f* gravel
zahurda *f* pigsty
zaino *a* chestnut-colored
zalagarda *f* ambush
zalameria *f* flattery
zalamero *m* wheedler
zalema *f* bow
zamacuco *m* dunce
zambardo *m* fluke
zampuzar plunge
zampuzo *m* submersion
zanahoria *f* carrot
zancada *f* stride
zancadilla *f* trip
zancajo *m* heel
zanco *m* stilt; stilt-walker
zanjeador *m* ditcher
zanquear waddle
zapador *m* miner
zapapico *m* pickaxe; bill-hook
zapar excavate
zapata *f* leather hinge
zapatear strike
zapatero *m* shoemaker; **– de viejo**
    cobbler
zapatilla *f* shoe; washer
zapato *m* shoe
zapatón *m* wooden shoe
zape God forbid
zapo *m* rat trap
zaque *m* wine bag
zaquizami *m* garret
zar *m* Czar
zaragüellas *m/pl* drawers; breeches
zaramullo *m* busybody
zaranda *f* sieve
zarapito *m* curlew
zaraza *f* cambric; chintz
zarceta *f* moorhen
zarcillo *m* ear-ring
zarco blue
zarina *f* Czarina
zarpar weigh anchor
zarposo muddy
zarrapastroso ragged
zarza *f* bramble
zarzamora *f* blackberry
zarzo *m* hurdle
zarzuela *f* farce
zascandil *m* swindler
zequi *m* sequin (coin)
zinc *m* zinc
zoca *f* left hand
zodiaco *m* zodiac
zofra *f* thong
zolocho stupid
zollipar sob
zona *f* zone; girdle
zonceria *f* insipidity
zoología *f* zoology
zoológico zoological
zopo lame; clumsy
zueco *m* clog
zulacar cement
zumaya *f* barn owl
zumbar *vn* buzz; jest
zumbido *m* hum; buzz
zumiento, zumoso *a* juicy
zurriaga *f* thong; whip
zurriar buzz; mutter
zurriburri *m* ragamuffin
zurrido *m* humming
zurrir buzz; tinkle
zurrón *m* sack; wallet
zurrullo *m* rolling-pin